RÉPERTOIRE DU DROIT ADMINISTRATIF

TRAITÉ DE L'ADMINISTRATION

DES

CAISSES D'ÉPARGNE

PAR

Paul WALLET

Ancien chef du Cabinet du Ministre du commerce,
Ancien Directeur de la Sûreté générale.

Historique — Organisation — Législation

PARIS

SOCIÉTÉ D'IMPRIMERIE ET LIBRAIRIE ADMINISTRATIVES ET CLASSIQUES

PAUL DUPONT, Éditeur

41, RUE JEAN-JACQUES-ROUSSEAU (HÔTEL DES FERMES)

1886

TRAITÉ DE L'ADMINISTRATION

DES

CAISSES D'ÉPARGNE

EXTRAIT DU RÉPERTOIRE DU DROIT ADMINISTRATIF

PUBLIÉ SOUS LA DIRECTION DE

M. LÉON BÉQUET, Conseiller d'État

Avec le concours de M. PAUL DUPRÉ, Conseiller d'État.

Paris. — Soc. d'imp. PAUL DUPONT, 41, rue J.-J.-Rousseau (Cl.) 32.4.86.

RÉPERTOIRE DU DROIT ADMINISTRATIF

TRAITÉ DE L'ADMINISTRATION

DES

CAISSES D'ÉPARGNE

PAR

Paul WALLET

Ancien chef du Cabinet du Ministre du commerce,
Ancien Directeur de la Sûreté générale.

Historique — Organisation — Législation

PARIS

SOCIÉTÉ D'IMPRIMERIE ET LIBRAIRIE ADMINISTRATIVES ET CLASSIQUES

PAUL DUPONT, Éditeur

41, RUE JEAN-JACQUES-ROUSSEAU (HÔTEL DES FERMES)

1886

TRAITÉ DE L'ADMINISTRATION

DES

CAISSES D'ÉPARGNE

—

SOMMAIRE :

TITRE PREMIER.

NOTIONS GÉNÉRALES, 1 à 79.

TITRE II.

CAISSES D'ÉPARGNE PRIVÉES, 80 à 279.

TITRE PREMIER.

CHAPITRE PREMIER.

HISTORIQUE.

1. C'est à l'année 1791 que remonte en France la fondation du premier établissement qui prit le nom de Caisse d'é-
pargne. Pénétré des idées philanthropiques qui, à cette époque,
germaient dans tous les esprits et auxquelles chacun s'effor-
çait de donner une application pratique, Joachim Lafarge
avait voulu, comme il le dit lui-même, déterminer l'ouvrier,
l'artisan, le père de famille, à faire de légères économies. Il
avait donc conçu le plan d'une caisse qui recevrait leurs épargnes, en ferait un emploi sûr et avantageux et procurerait des
ressources considérables à ceux qui parviendraient à l'âge de
la faiblesse, du repos et des infirmités. « Un pareil établisse-
« ment, s'était écrié Mirabeau à l'Assemblée constituante au
« sujet du projet de Lafarge, rappelant sans cesse à la classe
« indigente de la société les ressources de l'économie, lui en
« inspirera le goût, lui en fera connaître les bienfaits et en
« quelque sorte les miracles. Faites que la substance même
« du pauvre ne se consume pas tout entière ; obtenez de lui
« non par des lois, mais par la toute-puissance de l'exemple,
« qu'il dérobe une petite portion de son travail pour la con-
« fier à la reproduction du temps et, par cela seul, vous dou-
« blerez les ressources humaines. » C'est en partant de cet
ordre d'idées qui, en effet, était bien de nature à inspirer
la création des caisses d'épargne telles qu'elles furent con-
çues plus tard, que Lafarge avait donné à l'établissement,

fondé par lui, le nom de Caisse d'épargne et de bienfaisance. Mais cet établissement n'avait des caisses d'épargne que le nom : en réalité, c'était une tontine qui est devenue depuis célèbre sous le nom de son fondateur.

2. Cependant, antérieurement au projet Lafarge, quelques essais avaient été tentés en France sous des dénominations différentes. On avait vu notamment le bureau d'économie, qui avait joint à son entreprise la compagnie d'assurances sur la vie, autorisée par arrêt du conseil du 3 novembre 1877, dans lequel l'autorisation accordée de former des sociétés tontinières était qualifiée de droit domanial. (Nous aurons l'occasion de voir ultérieurement les conséquences que le préfet de la Seine voulait, en 1818, tirer de cette dernière expression.) Un autre établissement fut formé sous le titre de Chambre d'accumulation de capitaux et d'intérêts composés, en vertu d'un arrêt du conseil du 5 avril 1788; mais cette entreprise, tout en ayant quelque analogie avec les caisses d'épargne, était fondée sur l'espoir d'un profit à tirer soit du maniement des fonds, soit de spéculations sur les droits d'agence. Elle ne tarda pas à se jeter dans des opérations aléatoires et à faire concurrence à la compagnie d'assurances sur la vie, qui vient d'être citée ; après avoir été réduite à des accumulations simples par un arrêt postérieur du conseil, elle finit par disparaître.

3. La Convention eut une idée plus générale quand, par l'article 13 de la loi du 19 mars 1793, elle décida que « pour aider aux vues prévoyantes des citoyens qui voudraient se préparer des ressources à quelque époque que ce soit, il serait fait un établissement public sous le nom de Caisse nationale de prévoyance, sur le plan et d'après l'organisation qui seront déterminés ». Les circonstances ne permirent pas de mettre ce projet à exécution ; mais le principe ainsi posé reparut quelques années après dans les statuts primitifs de la Banque de France du 24 pluviôse an VIII, art. 5 : « Les opérations de la « Banque consisteront... 5° à ouvrir une caisse de placements « et d'épargnes, dans laquelle toute somme au-dessus de « 50 francs sera reçue pour être remboursée aux époques « convenues. » Cette disposition fut exécutée et même régle-

mentée en 1808 ; mais l'application qui en fut faite resta très restreinte.

4. Pendant qu'en France les caisses d'épargne étaient dans la période des tâtonnements et des essais sans avoir pu encore entrer dans la réalité des faits, à l'étranger, plusieurs établissements de cette nature avaient été organisés et fonctionnaient déjà.

La première caisse d'épargne paraît avoir été fondée en 1778 dans la ville de Hambourg ; en 1786, il en fut établi une à Oldenbourg. En 1787, par la création à Berne de la Caisse des domestiques, l'institution pénétra en Suisse où elle ne tarda pas à se propager, aussi bien qu'en Allemagne. Des caisses furent successivement organisées en 1790 à Chur, en 1796, à Kiel, en 1801 à Gœttingue et à Altona, en 1805 à Zurich et en 1806 à Bâle.

En Angleterre, le développement des caisses d'épargne fut non moins rapide. En 1798, la fondation, à Tottenham, d'une caisse pour les épargnes des enfants pauvres, due à l'initiative d'une société de bienfaisance, donna naissance, en 1804, dans la même ville, à la première caisse qui prit le nom de *saving-bank* (banque de salut) suivant l'expression anglaise qui caractérise ainsi le fait de l'épargne. Les caisses ensuite se multiplièrent tellement qu'en 1817 elles attirèrent l'attention du Parlement qui, par un acte de cette année, régla législativement la création des caisses d'épargne.

5. En France, c'est seulement en 1818, que fut établie à Paris la première caisse d'épargne, car on ne peut, malgré certaine analogie, attribuer ce caractère à la caisse de prévoyance des ouvriers mineurs de Rive-de-Gier, fondée en 1817, qui avait pour but le soulagement des ouvriers blessés, de leurs veuves et de leurs orphelins, et qui était alimentée tant par un prélèvement sur les redevances dues au gouvernement pour les mines, que par les dons des particuliers et les cotisations volontaires des propriétaires des mines et des ouvriers. C'était plutôt une société de secours mutuels.

MM. Jacques Laffitte, Benjamin Delessert, Flory, V. Roux, Hottinguer, Barillon, Guérin de Foncin, Cottier, Scipion, Périer, Guiton, Lefebvre et Davillier, directeurs, membres du conseil d'administration et agent général de la Compagnie royale d'assurances, prirent l'initiative de la création d'une caisse d'épargne à Paris et présentèrent à l'approbation du Gouvernement le plan suivant lequel elle devait fonctionner. La caisse était établie dans le local de la Compagnie royale qui donnait en outre 1,000 francs de rente 5 0/0 pour lui constituer son premier fonds. Les directeurs se chargeaient d'administrer gratuitement ; leur réunion formait le conseil d'administration, dont les administrateurs des hospices étaient invités à faire partie. Les petites sommes versées par les cultivateurs, ouvriers, artisans, domestiques et autres personnes économes et industrieuses étaient employées en achats de rentes sur l'Etat ; mais, dès que le compte d'un prêteur (déposant) présentait une somme suffisante pour acheter, au cours moyen du jour, 50 francs de rente sur l'Etat, le transfert en devait être fait à son nom et la valeur déduite du montant de son avoir. Les inscriptions de rentes ainsi achetées, si elles n'étaient pas retirées par les prêteurs (déposants), étaient conservées à la caisse qui en portait les intérêts au crédit des titulaires.

6. Un moment, la crainte surgit dans les sphères gouvernementales qu'auprès d'une compagnie de négociants qui exerçaient déjà une grande influence, des rapprochements d'une certaine nature avec les classes indigentes ne fussent propres, dans des cas donnés, à créer des embarras au pouvoir. On insinuait également qu'il serait préférable, au point d vue de la solidité de la nouvelle institution, qu'elle fût établie près de la Banque ou de la Caisse des dépôts et consignation ou d'une autre administration publique, plutôt qu'auprès d'une société commerciale. Mais l'honorabilité et la popularité des fondateurs firent triompher leur cause.

7. Une autre question s'éleva aussi. La caisse d'épargne qu'il s'agissait de fonder ne devait-elle pas être assimilée à une tontine et dès lors n'était-ce pas en vertu de l'avis du conseil d'Etat du 25 mars 1806, que sa création devait être autorisée ? Enfin, et par voie de conséquence, la gestion n'en devait-elle pas être confiée à l'administration des tontines, créée elle-même par suite de cet avis et fonctionnant

sous l'autorité du préfet de la Seine, qui voulait exercer les mêmes droits sur la nouvelle caisse, en se fondant sur deux arrêts du conseil des 3 novembre 1787 et 27 juillet 1788, d'après lesquels l'administration de la ville de Paris (prévôt des marchands et échevins) aurait été nommément désignée pour gérer et surveiller tout établissement de ce genre qui serait fondé dans le royaume. Cette opinion ne prévalut pas (1).

8. Il fut également question de nommer un commissaire du roi, chargé de la surveillance ; mais cette nomination fut regardée comme une superfétation sans intérêt et il n'y fut pas donné suite.

9. Sur les observations du conseil d'Etat, la forme de société anonyme dut être adoptée par les fondateurs, bien qu'il parût n'y avoir rien de commercial dans l'objet de l'entreprise. Néanmoins, pour justifier cette manière de voir, on fit valoir qu'il y avait une sorte de contrat, entre la société et les particuliers, qu'il y avait ou qu'il pouvait y avoir bénéfice pour la société sur les placements de chaque prêteur (déposant) jusqu'au moment où ils se montaient à 50 francs de rente. Ces considérations parurent suffisantes pour faire admettre une forme d'association qui, en excluant le responsabilité indéfinie des généreux actionnaires, leur permettait de faire le bien qu'ils se proposaient ; à vrai dire, la société se distinguait cependant très nettement des sociétés commerciales ordinaires, puisqu'elle faisait profiter du bénéfice ceux

---

(1) Le parallèle suivant entre les tontines et les caisses d'épargne, fait par M. de Cormenin, exprime avec une grande justesse les principes sur lesquels repose l'une et l'autre institution : « Les tontines, dit-il..., favorisent le célibat aux dépens du mariage, l'individu aux dépens de la famille, *consomment les intérêts avec le capital, jouent un jeu de probabilité et de hasard et meurent avec l'actionnaire* . » — « Les caisses d'épargne se mêlent par le dépôt public de leurs fonds au mouvement et aux destinées de la fortune du pays, agissent avec la puissance de l'intérêt composé, recueillent les plus petites économies de l'ouvrier et, ne laissant rien à l'éventualité de ses passions, rien à l'éventualité du sort, précisent nettement le positif de son épargne par le positif de son travail. » Aucune confusion n'aurait donc dû se produire entre deux institutions de nature si dissemblable.

qui lui confiaient leurs fonds, au lieu de les conserver pour elle-même.

10. Le 29 juillet 1818, fut rendue l'ordonnance qui autorisait la société anonyme formée à Paris, sous le nom de caisse d'épargne et de prévoyance (1). Les statuts ne différaient pas

---

(1) Voici le texte de l'ordonnance d'autorisation de la caisse d'épargne de Paris tel qu'il fut rédigé au conseil d'Etat.

Louis, par la grâce de Dieu, roi de France et de Navarre, sur le rapport de notre ministre secrétaire d'Etat au département de l'intérieur ;

Quelques personnes animées par une intention bienfaisante, nous ayant demandé d'être autorisées à ouvrir une caisse d'épargne et de prévoyance qui sera exclusivement consacrée à recevoir les économies journalières que les particuliers voudront y verser et qui seront placées immédiatement dans les fonds publics ; dont les produits seront ménagés de manière à procurer par une accumulation, d'intérêts, comptés de mois en mois, l'accroissement du capital au profit de chaque propriétaire, jusqu'à ce que sa créance se trouve convertie en une inscription en sa faveur de 50 francs de rente perpétuelle sur le grand-livre de la dette publique : — Les souscripteurs présentant, pour la première garantie des dépositaires, une mise de fonds de 1,000 francs de rentes perpétuelles dont ils font gratuitement l'abandon au profit de l'établissement et ayant invité les personnes bienfaisantes à suivre leur exemple ; — La Compagnie royale d'assurance à laquelle appartiennent les premiers fondateurs offrant de fournir gratuitement le local des bureaux de la caisse ; — Les souscripteurs, pour assurer d'autant mieux la confiance, ayant voulu que leur association fût soumise aux formes des sociétés anonymes commerciales, quoique toute idée de profit pour eux en soit écartée ; — Et ce projet nous ayant paru réunir le double mérite d'encourager le particulier à l'économie en lui rendant utiles pour l'avenir ses moindres épargnes et de mettre à la portée de tous les avantages que le taux d'intérêt de la dette nationale offre aux capitalistes ; — Vu l'avis du Conseil d'Etat du 25 mars 1809 ; — Le décret du 18 novembre 1810 ; — Vu l'acte passé le 22 mai 1818 devant notaire par les fondateurs de cet établissement ; — Vu les articles 29 à 37, 40 et 45 du Code de commerce ; — Notre conseil d'Etat entendu ; — Nous avons ordonné et ordonnons ce qui suit : — Art. 1er. La société anonyme, formée à Paris sous le nom de Caisse d'épargne et de prévoyance, est et demeure autorisée conformément à l'acte social contenant les statuts de ladite association, passé devant Colin de Saint-Menge et son collègue, notaires à Paris, le 2 mai 1818, lequel acte demeure annexé à la présente ordonnance et sera affiché avec elle à la forme de l'article 45 du Code de commerce ; — Art. 2 Notre présente autorisation vaudra pour trente ans à la charge d'exécuter fidèlement les statuts, nous réservant de révoquer notre dite autorisation en cas de non-exécution ou de violation des statuts par nous approuvés, le tout sauf le droit des tiers et sans préjudice des dommages-intérêts qui seraient prononcés par les tribunaux contre les auteurs des contraventions ; — Art. 3. L'administration de la société sera tenue de présenter, tous les six mois, le compte rendu de sa situation ; des copies

sensiblement du projet dont les bases principales ont été exposées plus haut. Seulement il était stipulé que la caisse serait administrée gratuitement par un conseil de vingt-cinq directeurs dont les fonctions dureraient cinq ans et qui seraient renouvelés par cinquième chaque année. L'élection de

---

en seront remises au préfet de la Seine, au préfet de police, au Tribunal de commerce et à la Chambre de commerce de Paris.

Voici, d'autre part, le texte des statuts. — Par-devant Mᵉ Colin de Saint-Menge, et son collègue, notaires à Paris, soussignés, sont comparus MM. Jacques Laffitte, Bernard-Boucherot, Périer, Barillon, Flory, Busoni, Guerin de Foncin, Lefèbvre, Caccia, Cottier, Luc Callaghan, Guiton, Delessert, Hottinguer, Davillier, Lainé, Vernes, Pillet-Will, de Lapanouze, Hentsch, Roux ; — Tous les comparants patentés ainsi qu'ils le déclarent et ainsi qu'ils en ont justifié par leurs quittances. Lesquels, désirant fixer les bases et règlement d'une société anonyme, sous la dénomination de Caisse d'épargne et de prévoyance, ont exposé ce qui suit : — Art. 1ᵉʳ. Il sera établi avec l'autorisation du gouvernement une société anonyme sous la dénomination de Caisse d'épargne et de prévoyance. — Cette caisse est destinée à recevoir en dépôt les petites sommes qui lui seront confiées par les cultivateurs, ouvriers, artisans, domestiques, et autres personnes économes et industrieuses ; chaque dépôt devra être de 1 franc au moins, et sans fraction de franc ; — La caisse d'épargne et de prévoyance sera mise en activité aussitôt que le présent acte aura reçu l'approbation du gouvernement ; — Art. 2. Toutes les sommes versées à la caisse seront employées en achat de rentes sur l'Etat, lesquelles seront inscrites au nom de la caisse d'épargne et de prévoyance ; ces rentes ne pourront être valablement transférées que par la signature de trois des directeurs de la caisse ; — Art. 3. La Compagnie royale d'assurance ayant offert de doter la caisse d'épargne et de prévoyance d'une somme de 1,000 francs de rente 5 0/0 et d'affecter à l'administration de cette caisse une portion du local occupé par la Compagnie royale, cette offre est acceptée. Il sera autrement pourvu par la suite, s'il y a lieu, au local nécessaire pour l'administration de la caisse ; — Art. 4. Le don de 1,000 francs de rente mentionné en l'article 3, forme le premier fonds de la caisse ; ce fonds s'accroîtra des sommes qui pourront être données à la caisse par les personnes qui voudront concourir au succès de l'établissement ; chacune de ces personnes pourra, par délibération du Conseil des directeurs, être inscrite au nombre des fondateurs de la caisse ; — Art. 5. Sur le produit annuel de ces dotations et subsidiairement sur les bénéfices de la caisse, seront prélevés les frais qu'entraînera son administration ; — Art. 6. La caisse sera administrée gratuitement par vingt-cinq directeurs dont les fonctions dureront cinq ans, et qui seront renouvelés par cinquième chaque année. Les directeurs sortants seront indiqués par le sort pendant les premières années, et ensuite par l'ancienneté ; ils seront indéfiniment rééligibles ; — Art. 7. Les soussignés seront directeurs de la caisse ; ils éliront les membres nécessaires pour compléter le nombre de vingt-cinq directeurs et les choisiront de préférence parmi les fondateurs ou les administrateurs de la caisse d'épargne et de prévoyance. Il en sera de même pour le remplacement annuel des cinq directeurs sortants ; leurs successeurs seront élus par les vingt

nouveaux directeurs en remplacement de ceux sortants, décédés ou démissionnaires, était confiée aux directeurs restant en exercice. Le conseil était autorisé à s'adjoindre un nombre indéterminé d'administrateurs, choisis de préférence parmi les fondateurs de la caisse, c'est-à-dire parmi les personnes qui,

---

autres directeurs ; le même mode d'élection sera suivi pour le remplacement des directeurs décédés ou démissionnaires, les remplaçants seront nommés par les directeurs restants ; — Art. 8. Le Conseil des directeurs est autorisé à s'adjoindre pour l'administration de la caisse un nombre indéterminé d'administrateurs choisis de préférence parmi les fondateurs de la caisse ; — Art. 9. Au mois de décembre de chaque année, le conseil des directeurs fixera le taux de l'intérêt qui sera alloué aux prêteurs pendant tout le cours de l'année suivante. Cet intérêt sera de 5 0/0 pendant l'année 1818 ; — Art. 10. L'intérêt sera alloué sur chaque somme ronde de 12 francs ; aucun intérêt ne sera alloué pour les sommes au dessous de 12 francs non plus que sur les portions de dépôt excédant les multiples de 12 francs ; — Art. 11. L'intérêt sera dû à compter du premier jour du mois qui suivra l'époque à laquelle aura été versée ou complétée chaque somme ronde de 12 francs ; — Art. 12. L'intérêt sera réglé à la fin de chaque mois. Il sera ajouté au capital et pourra produire des intérêts pour le mois suivant ; — Art. 13. Les dépôts seront restitués à quelque époque que ce soit et à la volonté des prêteurs, en prévenant huit jours d'avance ; la caisse se réservant toutefois, si elle le juge convenable, de rembourser avant l'expiration des huit jours ; — Art. 14. Les sommes retirées ne porteront point d'intérêt pour les jours écoulés du mois pendant lequel le retirement sera opéré, la caisse n'allouant aucun intérêt pour les fractions de mois ; — Art. 15. Aussitôt que le compte d'un prêteur présentera une somme suffisante pour acheter, au cours moyen du jour, une somme de 50 francs de rente sur l'État, le transfert de ces rentes sera fait en son nom ; il en deviendra propriétaire, et la valeur en sera déduite du montant de son avoir ; — Art. 16. Si les prêteurs ne retirent pas les inscriptions de 5 0/0 établies en leur nom, la caisse en restera dépositaire pour en percevoir les intérêts au crédit du titulaire ; — Art. 17. Le bilan de la caisse sera arrêté chaque année par le conseil des directeurs ; il sera rendu public après avoir été communiqué à l'assemblée générale des fondateurs et administrateurs de la caisse ; — Art. 18. Les bénéfices de la caisse seront employés soit à accroître son fonds capital, soit à augmenter le taux de l'intérêt annuel en faveur des prêteurs ; — Art. 19. La dissolution de la caisse arrivant par quelque cause que ce soit, les valeurs lui resteront libres après le remboursement de tous les dépôts et le payement de toutes les dettes seront réparties d'après délibération du conseil des directeurs entre les prêteurs et les titulaires d'inscriptions dont la caisse serait dépositaire ainsi qu'il est dit en l'article 16 ; — Art. 20. Les soussignés, tous actionnaires de la Compagnie royale d'assurance, déclarent avoir l'intention d'effectuer personnellement le don de 1,000 francs de rente 5 0/0 consolidés, mentionné en l'article 3. En conséquence, chacun d'eux s'oblige de transférer à la caisse d'épargne et de prévoyance une somme de 50 francs de rente.

ayant voulu concourir par le don d'une somme au succès de l'établissement, auraient ce titre. Ce fut le 15 novembre 1818 que la Caisse d'épargne de Paris commença ses opérations.

11. L'exemple donné à Paris fut suivi dans quelques départements. Sur l'initiative des préfets le plus souvent, quelquefois sur celle des chambres de commerce, ou des conseils municipaux, des caisses d'épargne furent successivement autorisées à Bordeaux et à Metz en 1819, à Rouen en 1820, à Marseille, Nantes, Troyes et Brest en 1821, au Havre et à Lyon en 1822, à Reims en 1823. Il se produisit alors une interruption jusqu'à l'année 1828 où une caisse fut autorisée à Nîmes. En 1830, il en fut établi à Rennes et à Toulouse ; en 1832, à Orléans, Avignon et Toulon. Mais, à partir de 1833, le nombre des caisses nouvelles ne cessa d'augmenter. Neuf furent créées en 1833, quarante-sept en 1834 et soixante-douze en 1835. L'institution était définitivement entrée dans les mœurs et les habitudes des populations.

12. « Aussitôt que les hommes qui vivent du produit de leur travail sont entrés dans les voies de l'économie, l'esprit d'ordre, de propriété, de tempérance et de prévoyance remplace en eux celui de la dissipation; leurs mœurs s'en améliorent; ils s'attachent par leur intérêt même à l'ordre social; ils s'élèvent; ils s'honorent à leurs propres yeux; ils deviennent citoyens (1). » Tels étaient les avantages que présentait la fondation des caisses d'épargne. Mais ce n'était pas immédiatement que ces avantages pouvaient être compris des populations, surtout des classes laborieuses qui étaient appelées à former la principale clientèle de l'institution. La défiance naturelle à l'homme qui doit à son travail ce qu'il possède ne peut être vaincue qu'avec le temps, lorsque le fruit de ce labeur doit être confié à un établissement qui n'a pas encore fait ses preuves. L'exemple et l'expérience sont nécessaires pour triompher de cette résistance. Aussi n'est-ce que lentement que l'institution a pu s'étendre. En outre, la fondation

---

(1) Rapport de M. le comte Roy, à la Chambre des pairs.

des caisses d'épargne avait rencontré dans quelques localités ou une opposition avouée, ou une inertie qui prenait sa source, quelquefois dans une rivalité de sentiments politiques, le plus souvent dans l'égoïsme d'intérêts particuliers. A ces deux causes propres à ralentir les progrès de l'institution, il s'en était joint encore deux autres, qui constituaient un obstacle beaucoup plus puissant à la propagation des caisses d'épargne ; elles tenaient, en effet, à la nature même de ces établissements, et c'est seulement après la disparition successive des difficultés qu'elles avaient fait surgir, que la création de nouvelles caisses a pu prendre un développement inespéré. Il semble donc inexact de prétendre, comme on l'a avancé, que le ralentissement dont il vient d'être parlé était imputable au gouvernement de la Restauration qui, après s'être montré favorable aux caisses d'épargne, leur avait témoigné une hostilité fondée sur l'influence que ces établissements étaient destinés à procurer aux classes moyennes. La politique paraît n'avoir joué en cette matière qu'un rôle peu important. Si c'est pendant le gouvernement de Juillet que s'est produite l'extension des caisses d'épargne, il y a eu là simplement une coïncidence provenant de ce que c'est à cette époque seulement que les derniers obstacles ont été levés.

13. La première difficulté tenait à l'organisation à donner. Les questions qui s'y rattachent seront exposées plus loin lorsqu'il sera traité de cette organisation. Mais il est un point qui doit être dès à présent examiné. Lorsque la Caisse de Paris fut fondée, elle reçut de ses fondateurs une dotation. Pour être à même de fonctionner convenablement, il était indispensable que ces établissements possédassent, dès le début et en dehors des fonds apportés par les déposants, des ressources personnelles destinées à faire face à leurs frais d'administration et même à couvrir les pertes que les caisses peuvent éprouver, ajoute un avis du conseil d'Etat du 14 mars 1823 (1). Ces

---

(1) Cons. d'Ét. int. 14 mars 1823. — Considérant que l'article 7 du projet de statuts de la caisse d'épargne de Rennes n'exprime pas suffisamment que le renouvellement annuel des cinq nouveaux directeurs doit être fait par les vingt restants et non par les fondateurs ; — Que l'article 15, en dé-

pertes, en effet, pouvaient résulter des variations des cours de la Rente auxquels étaient achetées et vendues les inscriptions représentant les fonds versés par les déposants.

14. L'attention du conseil d'État se porta de bonne heure sur la nécessité d'exiger la constitution de ressources suffisantes avant d'autoriser les caisses, et, par deux avis des 7 et 14 mai 1823 (1), il refusa cette autorisation, soit parce que le

---

clarant que, lorsque les fonds déposés auront atteint une somme suffisante pour l'achat d'une des plus petites fractions de rente sur l'Etat, cette acquisition sera faite au cours du jour, n'explique pas ce qu'on entend par le cours du jour, car on ne peut supposer qu'on se propose d'acheter habituellement des rentes sur la place de Rennes ; — Que l'article 17 établit une disposition qui ne se trouve dans aucuns statuts semblables, en stipulant que les bénéfices de la caisse seront en premier lieu employés à former un fonds égal à celui fourni par les fondateurs, lesquels seront remboursés de leurs mises, lorsque ce fonds sera formé ; — Que cet article, licite sans doute, semble peu compatible avec le titre honorable de fondateurs, qui deviennent par cette réserve simplement prêteurs ; — Que la dotation doit fournir non seulement aux dépenses d'administration, mais même couvrir les pertes que la caisse peut éprouver ; — Que si les fondateurs exigent leur remboursement aussitôt que ce capital sera doublé, ils rendront la situation de la caisse précaire et que même ce droit de retour pourrait la compromettre beaucoup dans des circonstances possibles à prévoir ; — Qu'il paraîtrait indispensable d'établir que le remboursement n'eût lieu, si on veut absolument le stipuler, que lorsque les bénéfices auraient porté le fonds social jusqu'au triple ou au quadruple des dotations ; — Considérant que les modifications apportées par le comité aux articles 10, 11 et 14 de la Caisse d'épargne de Paris, ne paraissent pas applicables dans une localité et des circonstances différentes et que celle de l'article 12 de Paris se retrouve dans l'article 12 de Rennes ; — Est d'avis qu'il y a lieu de soumettre les observations ci-dessus aux fondateurs de la caisse d'épargne de Rennes, en les engageant à apporter aux statuts les modifications qui doivent résulter de ces observations, pour être ensuite statué ce qu'il appartiendra.

(1) Cons. d'Et. int. et com. 7 mai 1823. — Considérant que les signataires de l'acte du 23 février dernier n'ont formé par leurs souscriptions réunies qu'une somme de 2,830 fr. 80 c., laquelle n'est encore qu'avancée à titre de prêt, sans composer une dotation pour la caisse d'épargne ; — Qu'on ne voit pas comment il sera pourvu annuellement aux frais tels qu'honoraires de commis, registres, impressions de livrets, etc. ; — Que la caisse devant, d'après l'article 4 des statuts, employer immédiatement en rentes sur l'État le montant des dépôts qui ne suffiraient pas pour acheter une rente de 10 francs, il est nécessaire de prévoir le cas où la caisse, étant appelée à rembourser, serait contrainte de revendre des rentes acquises à un taux inférieur à celui de l'acquisition et que la somme de 2,830 fr. 80 c. pourrait se trouver très insuffisante pour faire face à la différence et fournir les moyens d'acquitter les engagements contractés ; — Que, d'ailleurs, d'après l'article 23, la somme susdite doit être remboursée

total des fonds réunis était insuffisant, soit parce que les fondateurs, ne voulant pas abandonner le montant de leurs inscriptions, avaient stipulé le remboursement à leur profit des
fonds par eux versés, dès que les bénéfices de la caisse lui
auraient fourni un capital double du montant des souscriptions.
Ce droit de retour, de nature à rendre précaire la situation de

---

aux actionnaires sur les premiers bénéfices de la caisse; — Que si les
bénéfices de la caisse s'élevaient au-dessus du montant de ce remboursement, on laisse même au conseil d'administration l'option d'employer le
surplus à accroître le dividende des déposants et qu'ainsi on n'a même
pour l'avenir aucune certitude de la formation d'une réserve plus considérable; — Que cette considération fondamentale dans toute caisse d'épargne
acquiert une nouvelle importance lorsqu'on remarque que, par les circonstances locales, cette caisse sera essentiellement employée à recevoir
de petits pécules d'ouvriers, inférieurs à la somme nécessaire pour l'acquisition d'une rente de 10 francs au nom du déposant. — Considérant sur
les articles 7 et 9, qu'une association privée ne peut, par ses statuts, appeler un fonctionnaire public à faire partie de son administration au titre
des fonctions qu'il exerce. — Considérant que l'ordonnance royale du
23 avril dernier a introduit pour la Caisse d'épargne de Paris des améliorations qu'il peut être utile de faire connaître aux fondateurs de celle de
Lorient; — Est d'avis qu'il n'y a lieu, dans l'état des choses, à approuver
le projet de la caisse d'épargne de Lorient, à moins que les fondateurs
n'affectent à ladite caisse une dotation convenable et que les articles 7 et
9 n'aient été modifiés comme il vient d'être indiqué.

Cons. d'Et. int. et com. 14 mai 1823. — Considérant que M. le maire
de Rennes consent bien aux trois premières additions ou modifications demandées par le comité, mais qu'il déclare ne pouvoir rien changer à la
clause de remboursement des fonds de dotation dont les dotateurs ne sont
réellement que prêteurs, attendu que les pouvoirs qui lui ont été délégués
par eux ne s'étendent pas jusqu'à changer les bases fondamentales de l'acte
constitutif; — Que, par les observations ci-dessus visées, il appert que les
fondateurs ne seraient pas disposés généralement à l'abandon de leurs actions, ni même à en retarder le remboursement jusqu'à ce que les bénéfices
de la caisse eussent formé un capital triple du premier fond social; que
des raisons de convenance s'opposaient même à ce qu'on puisse leur en
faire la proposition. — Considérant que le refus de cette modification laisse
subsister dans les statuts des vices fâcheux pour la sûreté de l'établissement; — Que l'exemple cité d'une caisse autorisée déjà avec une semblable clause ne semble pas décisif, puisque l'expérience acquise depuis la
création des caisses d'épargne a fait sentir la nécessité de ne pas admettre
des clauses vraiment dangereuses pour leur existence; — Considérant
que la dotation de 10,000 francs paraît déjà à peine suffisante pour couvrir
les frais d'administration, sur lesquels on n'a fourni aucun renseignement;
— Est d'avis que l'autorisation de la caisse d'épargne de Rennes ne peut
être accordée avec ladite réserve de remboursement des capitaux qu'autant que des considérations de localité en atténueraient les plus fâcheux
inconvénients, considérations dont S. E. le ministre de l'intérieur est plus
à même d'apprécier la valeur que les membres du comité.

l'établissement et même à la compromettre dans certaines circonstances possibles à prévoir, s'il devait être exercé, ne pouvait l'être, d'après le conseil d'État, qu'autant que les bénéfices auraient porté le fonds social au triple ou au quadruple des dotations. Ces deux avis prescrivaient une mesure dont l'opportunité et la sagesse étaient évidentes; il est probable cependant qu'il faut leur attribuer l'interruption qui se produisit alors dans les créations de caisses d'épargne et qui dura jusqu'à 1828.

15. Le principe que contenaient les deux avis qui viennent d'être cités fut encore confirmé de la manière la plus précise par un troisième en date du 10 juillet 1883 (1), dans lequel le conseil

---

(1) Cons. d'Et. int. et com. 10 juillet 1833. — Le comité, consulté par M. le ministre du commerce et des travaux publics sur diverses questions relatives à la formation des caisses d'épargne et de prévoyance tendant à faire adopter, autant que possible, pour ces sortes d'établissements, un mode uniforme de statuts,

Est d'avis de résoudre ainsi qu'il suit chacune des questions posées dans le rapport.

1re *Question.* — Les caisses d'épargne doivent-elles, soit d'office, soit à la demande des intéressés, se charger d'acquérir des rentes pour les individus dont les dépôts ont atteint le maximum de 2,000 francs fixé par l'ordonnance royale du 3 juin 1829?

La caisse d'épargne devra se charger de placer en rentes le capital de 2,000 francs, toutes les fois que les intéressés lui en auront fait la demande ; car dans ce cas elle ne peut être exposée au reproche d'avoir acheté à un cours trop élevé, et elle agit d'une manière conforme au but de son institution, qui est non seulement d'aider les classes laborieuses à réunir les petites sommes, fruits de leurs économies journalières, pour en former un capital qui leur procure quelque revenu, mais encore à les préserver autant que possible de la dissipation de ce même capital ; — Cependant on pourrait fixer un délai, celui de huit jours, par exemple, au bout duquel, si l'intéressé n'avait point retiré son capital, la caisse serait autorisée à le placer en rentes; — Il faudrait qu'il y eût sur chaque livret un avertissement qui prévînt les déposants de cette disposition.

On aurait aussi le soin de les en prévenir lorsqu'ils se présenteraient pour placer de nouvelles épargnes.

On pourrait ajouter à cette facilité donnée aux caisses d'épargne, celle de placer en rentes sur l'Etat les sommes qui seraient suffisantes pour produire 10 francs de rente, mais toujours sur la demande des intéressés.

2e *Question.* — Peut-on laisser aux caisses d'épargne la fixation des sommes rondes au-dessus desquelles l'intérêt est bonifié aux déposants?

On doit laisser chaque caisse d'épargne agir comme elle le jugera convenable à cet égard ; la diversité de leur situation s'oppose à ce que l'on adopte pour toutes une fixation uniforme. Telle caisse d'épargne possède un fonds spécial dont le revenu suffit à ses frais; telle autre a besoin de

E.

2

d'Etat déclara péremptoirement qu'il ne convenait d'autoriser les caisses d'épargne que lorsque leur fonds spécial produisait un intérêt assez considérable pour couvrir tout au moins la plus grande partie des dépenses. Il fallait, en effet, éviter, dit cet avis, de porter atteinte à la confiance que la classe ouvrière était disposée à accorder à ces établissements, et rien ne pouvait exposer davantage à ce danger que de voir une caisse d'épargne restituer au bout de quelque temps les fonds qui lui auraient été versés, faute de pouvoir suffire à ses dépenses.

16. Mais déjà, avant 1828 et surtout depuis cette année-là, les conseils municipaux étaient d'eux-mêmes intervenus pour fonder des caisses d'épargne, en se chargeant des frais que

---

trouver dans ses bénéfices des ressources qui fournissent à ses dépenses. Les caisses d'épargne des grandes villes reçoivent chaque dimanche des sommes assez considérables pour qu'on puisse à l'instant même les placer au Trésor, tandis qu'il y a telle petite ville où l'on est obligé d'attendre longtemps avant d'avoir en caisse une somme assez importante pour qu'elle puisse être versée chez le receveur des contributions. Dans le premier cas, la caisse peut, comme celle de Paris, fixer à 1 franc la somme ronde sur laquelle elle allouera un intérêt. Dans le second, il y aurait perte pour la caisse qui payerait des intérêts sur des sommes qui ne lui en produiraient point.

On pourrait seulement fixer un maximum pour la fixation des sommes rondes, celui de 12 francs, par exemple.

3° *Question.* — A quelle époque doivent être capitalisés les intérêts?

Aux mêmes époques qui auront été fixées par le Trésor pour la capitalisation des intérêts qu'il alloue sur les placements faits au nom des caisses d'épargne.

4° *Question.* — Quel peut être le délai : 1° pour faire commencer les intérêts des fonds déposés; 2° pour faire cesser celui des sommes dont le remboursement est demandé; 3° pour effectuer les remboursements réclamés?

On peut indiquer le terme de quinze jours comme le plus convenable. Dans ces trois circonstances, toutefois, il pourra être modifié dans des cas particuliers.

5° *Question.* — Convient-il d'autoriser une caisse d'épargne avant que son fonds social soit assez élevé pour que l'intérêt annuel de ce fonds soit suffisant pour couvrir les frais d'administration?

Il faut éviter tout ce qui pourrait porter atteinte à la confiance que la classe ouvrière est disposée à accorder à ces établissements. Or, rien n'exposerait davantage à ce danger que de voir une caisse d'épargne restituer au bout de quelque temps les fonds qui lui auraient été versés, faute de pouvoir suffire à ses dépenses. — Il ne convient donc d'autoriser les caisses d'épargne que lorsque leur fonds spécial produit un intérêt assez considérable pour couvrir tout ou au moins la plus grande partie des dépenses.

devait occasionner leur gestion. Il y avait là un élément nouveau et important qui entrait dans l'organisation des caisses d'épargne et dont la prépondérance allait promptement s'accentuer et amener la création du plus grand nombre de ces établissements, comme on le verra plus loin.

17. La seconde difficulté provenait d'une tout autre cause. On a vu plus haut que, d'après les statuts de la Caisse d'épargne de Paris, les fonds versés par les déposants devaient être employés en acquisitions de rentes sur l'État, et que lorsque le compte d'un déposant présentait une somme suffisante pour acheter au cours moyen du jour 50 francs de rente, le transfert devait en être fait à son nom et la valeur déduite du montant de son avoir.

Les inconvénients que devait amener l'emploi en rentes sur l'État, de la manière qui vient d'être indiquée, des fonds recueillis par l'établissement, avaient déjà, avant l'autorisation de la Caisse de Paris, été signalés par l'administration, qui pensait que le plus grand nombre des déposants, c'est-à-dire de ceux dont les épargnes n'atteindraient pas 1,000 francs environ, auraient droit au remboursement de leurs fonds en argent et que, pour les rembourser, la caisse serait exposée, en cas de baisse dans les cours, à vendre ses rentes avec des pertes énormes auxquelles il n'y avait pas moyen de parer et qui seraient susceptibles d'anéantir une partie des dépôts. C'était effectivement ce qui devait se produire en cas de baisse, puisque le capital des petits déposants, des déposants ayant moins de 1,000 francs, devait être employé en rentes inscrites au nom de la caisse. Les caisses anglaises, que les auteurs de la proposition avaient cherché à prendre pour modèles, n'avaient pas ce danger à redouter, car dès qu'un dépôt était suffisant pour acquérir dans les fonds publics 1 livre sterling en capital, cet achat était censé fait au profit du déposant, et lorsqu'il voulait retirer son dépôt, on le lui restituait en fonds publics; de cette manière, les caisses ne couraient risque que pour les dépôts de 15 ou 20 francs. Seulement ce mode de procéder était impossible en France, où les plus faibles inscriptions étaient alors de 50 francs de rente.

Cette difficulté ne tarda pas non plus à attirer l'attention du conseil d'Etat. Dans un avis du 28 décembre 1821, il fit remarquer que le placement obligé de tous les fonds d'une caisse d'épargne en achats de rentes sur l'État exposait ces fonds aux chances de la variation des cours, chances qui, en équité, devraient être encourues par le déposant et l'étaient cependant par la caisse, ce qui l'engageait dans un commerce d'assurances. Le conseil reconnaissait d'ailleurs que les chances défavorables étaient en partie compensées par les bénéfices certains que la caisse retirait de la différence des intérêts qu'elle recevait et des intérêts qu'elle payait, et que toutes les caisses autorisées jusqu'alors encouraient les mêmes chances et néanmoins continuaient de prospérer (1).

18. Sous l'empire de ces considérations, un essai fut tenté à Metz pour donner aux fonds versés par les déposants un

---

(1) Cons. d'Et. int. et com. 28 décembre 1821. — Le Comité, etc. — Considérant que les statuts projetés ne contiennent aucune disposition répréhensible et qu'ils ont été calqués sur ceux de la caisse d'épargne de Rouen, autorisée par une ordonnance royale du 30 mars 1820; — Que néanmoins les établissements de ce genre étant destinés aux petites épargnes de la classe ouvrière, il importe d'empêcher par une disposition expresse qu'ils ne deviennent un nouveau champ ouvert aux spéculations aléatoires des capitalistes; — Considérant que le placement obligé de tous les fonds d'une caisse d'épargne en achats de rentes sur l'Etat expose ces fonds aux chances de la variation des cours, chances qui, en équité, devraient être encourues par les déposants et le sont néanmoins par la caisse, ce qui l'engage dans un commerce d'assurances; que ce dernier inconvénient (qui paraît, d'ailleurs, impossible à éviter) aurait pu être pour le Comité un motif de proposer le rejet de l'établissement du Havre; — Mais que, d'abord, les chances défavorables qui en résultent sont en partie compensées par les bénéfices certains que la caisse retire de la différence des intérêts qu'elle reçoit et des intérêts qu'elle paye; qu'en second lieu, on ne doit qu'avec réserve mettre empêchement à des entreprises aussi essentiellement philanthropiques que les caisses d'épargne; enfin que toutes celles qui jusqu'ici ont été autorisées par le gouvernement encourent les mêmes chances et néanmoins continuent de prospérer; — Considérant toutefois qu'en donnant son assentiment à l'admission de ce nouvel établissement le comité doit faire connaître qu'il n'a point ignoré les dangers auxquels les variations des cours de la Rente exposent en général toutes les caisses d'épargne et en particulier celles qui commencent à des époques où ce cours est déjà très élevé; — Est d'avis : 1° qu'il y a lieu d'autoriser la formation projetée d'une caisse d'épargne pour la ville du Havre, conformément aux statuts annexés à l'acte notarié du 30 mai 1821; 2° qu'il conviendra d'ajouter au paragraphe 3 de l'article 1er desdits statuts que chaque dépôt ne pourra excéder la somme de 600 francs.

autre emploi que les achats de rentes, en affectant ces fonds au service du mont-de-piété auquel était annexée la caisse d'épargne fondée dans cette ville. Cette combinaison, tout en offrant certains avantages, présentait des inconvénients qui seront exposés plus loin et qui en ont, comme on le verra, fait restreindre l'application à un très petit nombre de caisses.

19. Une mesure destinée à avoir un caractère plus général fut prise sur la proposition de M. Benjamin Delessert, l'un des fondateurs et administrateurs de la Caisse d'épargne de Paris et membre de la Chambre des députés. Sur sa proposition, qui fut admise, la loi de finances de 1822 réduisit à 10 francs le minimum des rentes susceptibles d'être inscrites au grand livre de la dette publique et d'être transférées, minimum fixé à 50 francs par la loi du 24 août 1793. Une ordonnance du 30 octobre 1822 autorisa les caisses d'épargne à faire transférer les inscriptions aux noms des propriétaires des dépôts faits dans les caisses, aussitôt que la créance de chacun d'eux serait assez élevée pour acquérir une rente de 10 francs.

20. L'exécution littérale de cette ordonnance ne tarda pas à présenter des inconvénients. Le nombre des opérations devint tellement considérable qu'il donna lieu à des observations de la part du Trésor, obligé de procéder à des transferts multipliés, et de délivrer souvent pour le même déposant plusieurs inscriptions qu'il fallait ensuite réunir en une seule. En même temps, c'était une charge onéreuse pour la caisse d'épargne, dont le travail était ainsi accru sans aucune utilité. Une ordonnance du 14 mai 1826 changea ce mode de procéder et autorisa en même temps la Caisse de Paris à opérer en masse, chaque semaine, l'achat des rentes auxquelles les déposants avaient droit en vertu de l'ordonnance du 30 octobre 1822, et à les faire inscrire *au nom de la Caisse d'épargne et de prévoyance, rentes appartenant aux déposants*, pour être ensuite transférées au nom des créanciers de la caisse à leur première réclamation. La caisse d'épargne de Bordeaux fut, par la même ordonnance, autorisée à adopter ce mode de procéder.

Mais ce n'était là qu'un expédient dont l'expérience allait encore démontrer l'inanité. Les caisses d'épargne restaient exposées à toutes les chances de la variation du cours des effets publics essentiellement mobiles et dépendant par leur nature de causes financières ou politiques; suivant qu'elles opéraient les transferts à un taux plus bas ou plus élevé que celui de l'achat, elles pouvaient réaliser des bénéfices considérables ou subir des pertes assez étendues pour compromettre leur solvabilité (1).

21. Les déposants n'étaient point à l'abri de ces fluctuations des cours de la Rente, et les valeurs achetées pour eux pouvaient produire une somme moins forte que le capital par eux économisé. Ces conditions frappèrent la Caisse d'épargne de Paris, qui pensa qu'elle rentrerait dans le véritable esprit de son institution en remplaçant les fonds variables par un fonds fixe et spécial propre à assurer en tout temps au déposant l'intégralité de son remboursement. Imitant à cet égard l'Angleterre, où la même expérience avait amené les mêmes résultats, elle demanda, en mars 1829, au ministre des finances de consentir à ce que le Trésor reçût ses fonds ainsi que ceux des autres caisses d'épargne en compte courant et à un intérêt déterminé. Le ministre des finances accueillit cette demande, et ce fut sur sa proposition que fut rendue l'ordonnance du 3 juin 1829.

Cette ordonnance admit les caisses d'épargne à verser leurs fonds en compte courant au Trésor public, fixa provisoirement à 4 0/0, pour 1829 et 1830, l'intérêt qu'elles recevraient, et régla les formes dans lesquelles ce compte courant serait établi et porterait intérêt. D'un autre côté, pour pouvoir jouir du bénéfice de cette mesure, les caisses d'épargne étaient astreintes à certaines conditions : elles devaient limiter à 50 francs par semaine les versements d'un même déposant

---

(1) Une partie considérable du fonds de dotation de la Caisse d'épargne de Paris provient de cette source, tandis que celle de Marseille eût sombré en 1830, par suite de la baisse de la Rente occasionnée par la révolution de 1830, si elle n'eût obtenu des avances considérables de la Chambre de commerce et de plusieurs banquiers.

(maximum porté à 300 francs par l'ordonnance du 16 juillet
1833) (1), et à 2,000 francs son crédit en capital, la retenue
que pour frais d'administration il leur était loisible d'exercer
sur l'intérêt servi, ne pouvant excéder 1/2 0/0. Enfin, tout en
réservant au ministre des finances le droit de faire opérer des
vérifications pour s'assurer si ces conditions étaient remplies,
les comptables du Trésor n'avaient à correspondre qu'avec
l'administration de chaque caisse d'épargne; mais il ne leur
était pas permis de se mettre en relations avec les déposants.
Le principe, posé par l'ordonnance, fut sanctionné par la loi
de finances du 2 août 1829, qui porte, article 7 : « Le ministre
des finances est autorisé à faire recevoir en compte courant
au Trésor royal les sommes qui seront déposées par les
caisses d'épargne d'après les règles établies par les ordonnances royales. »

22. Cette ordonnance vint à propos; un an plus tard, il
n'aurait plus été temps; la révolution de Juillet avait considérablement fait baisser la Rente; les déposants se présentaient
en foule pour obtenir leur remboursement, et le crédit des
caisses d'épargne aurait été irrémédiablement atteint.

Le système qu'elle avait introduit était propre à résoudre
les plus grandes difficultés; les caisses, si elles n'avaient plus
à espérer de bénéfices considérables et anormaux, n'avaient
pas non plus à craindre la dépréciation des valeurs représentant les dépôts qu'elles avaient reçus, et les déposants n'avaient
plus à subir la nécessité d'une conversion en rente qui pouvait leur faire perdre une partie de leurs économies, dont la
totalité restait à leur disposition entre les mains de la caisse
d'épargne.

Les conséquences de cette innovation considérable ne tar-
dèrent pas à se manifester, car c'est à partir de ce moment

---

(1) Cette modification fut motivée notamment par la nécessité de faire
profiter des avantages des caisses d'épargne les marins classés dans les
ports de commerce qui reçoivent à la fois des sommes assez considérables pour les décomptes soldés à leur retour, et se trouvaient dans
l'obligation d'entreprendre un nouveau voyage; elle levait ainsi les
obstacles qui s'opposaient au placement d'épargnes destinées à assurer
la subsistance de leur famille.

que les caisses d'épargne ont pris leur essor, favorisé encore par une circulaire du 4 juillet 1834, dans laquelle M. Duchatel, ministre du commerce, rappelle aux préfets les avantages de l'institution et les engage à provoquer la création de ces utiles établissements, principalement dans les chefs-lieux d'arrondissement et les autres villes importantes où il n'en existait pas. Leurs opérations s'accrurent, et un grand nombre de nouvelles caisses furent fondées. L'importance de ces établissements ne devait pas tarder à appeler à nouveau l'intervention du législateur.

23. Dans la séance de la Chambre des députés du 13 janvier 1834, M. Benjamin Delessert, que nous avons déjà cité comme l'auteur du projet qui fut adopté et qui réduisit à 10 francs le minimum des inscriptions de rente, déposa une proposition de loi concernant les caisses d'épargne, qui devint, après des vicissitudes parlementaires diverses, la loi du 9 juin 1835.

La loi de 1835 forme en quelque sorte la loi organique des caisses d'épargne, tant par les principes qu'elle contient, que par ceux qui ont été posés au cours des discussions auxquelles elle a donné lieu : elle est donc d'une importance capitale. Elle a définitivement consacré le concours de l'Etat pour le placement de leurs fonds, et les a ainsi associées en quelque sorte à la fortune publique; mais, en même temps, comme conséquence, elle a reconnu à l'Etat le droit d'intervenir afin de déterminer les conditions dans lesquelles ce concours pourrait être accordé sans préjudice pour lui, en établissant pour les rapports des caisses avec les déposants des règles qui jusqu'alors n'avaient fait l'objet que de dispositions statutaires. Ce principe, qu'elle avait établi, a continué à subsister depuis lors ; seule, la manière dont il devait être appliqué a varié suivant les circonstances, et ce sont les règles à fixer dans ce sens qui forment l'objet presque exclusif de la plupart des lois ultérieures sur les caisses d'épargne. Toutes les autres dispositions qu'elle a établies sont encore aujourd'hui en vigueur.

24. Les fonds recueillis par les caisses d'épargne et versés par elles au Trésor public s'accrurent considérablement à la

suite de la loi du 9 juin 1835, et au 31 décembre 1836 on ne comptait pas moins de 227 caisses ayant 96,576,851 francs en dépôt. Le résultat de cette rapide progression avait été d'accumuler des sommes considérables qui portaient intérêt à un taux élevé et dont le Trésor était exposé à ne pas trouver l'emploi, puisqu'il ne pouvait disposer qu'en vertu d'une loi de l'argent qui surabondait même temporairement dans ses caisses. Pour remédier à ces inconvénients, le ministre des finances déposa le 4 janvier 1837 un projet de loi qui chargeait la Caisse des dépôts et consignations d'administrer, sous la garantie de l'Etat, les fonds des caisses d'épargne et de les faire valoir d'après le mode qu'elle jugerait le plus avantageux et le plus sûr.

Il proposa, en même temps, d'employer les sommes déjà versées et celles qui le seraient ultérieurement jusqu'à concurrence de 102,312,600 francs en rentes 4 0/0 au pair, au nom de la Caisse des dépôts et consignations, et de lui conserver la faculté de placer les nouveaux dépôts au Trésor à 4 0/0, soit en bons royaux, soit à échéance fixe. Dans la pensée du ministre des finances, le placement en rentes créait un nouveau gage pour le capital des caisses d'épargne; le produit des arrérages procurait à la Caisse des dépôts l'équivalent de l'intérêt dont le bénéfice était continué aux caisses d'épargne, et si des circonstances extraordinaires survenaient et que la garantie du Trésor dût être invoquée, les opérations de trésorerie qui en seraient la conséquence auraient pour base une réserve de rentes considérable, tandis qu'auparavant aucun gage ne soutenait les fonds des caisses d'épargne. Le projet ne modifiait nullement, du reste, les conditions et les garanties dans lesquelles les caisses d'épargne versaient précédemment au Trésor et qui restaient établies comme par le passé.

La loi fut sanctionnée le 31 mars et ses dispositions principales considérées dans leur essence sont encore aujourd'hui en vigueur. Elle fut suivie d'une instruction du 18 mai 1837, par laquelle le ministre des finances prescrivait aux receveurs généraux les mesures que nécessitait l'exécution de la nouvelle loi, en leur faisant remarquer que cette loi n'apportait aucun changement à leurs rapports avec les caisses d'épargne et assurait à ces établissements le même mode de compte courant, les mêmes garanties, les mêmes avantages et les mêmes facilités que par le passé.

25. Une ordonnance fut ensuite rendue, le 25 août 1837, pour transférer, au nom de la Caisse des dépôts et consignations, des rentes 4 0/0 montant ensemble à 3,753,229 francs (au capital de 93,830,975 francs), représentant les sommes dues par le Trésor aux caisses d'épargne.

26. Les avantages immédiats que produisit la loi du 31 mars 1837 furent de décharger la dette flottante d'une somme de 102,312,600 francs qui fut consolidée en rente 4 0/0 au compte de la Caisse des dépôts et consignations et de faciliter l'emploi utile des fonds ultérieurement versés par les caisses d'épargne.

27. Accueillie d'abord avec une certaine méfiance qui provoqua chez les déposants un accroissement dans les remboursements, la loi de 1837 ne tarda pas à être mieux appréciée. Le montant des sommes déposées s'éleva chaque année dans des proportions tellement considérables que la position du Trésor à l'égard des caisses d'épargne, loin d'être affranchie des embarras auxquels la loi de 1837 avait remédié momentanément, devint plus fâcheuse qu'elle ne l'était alors, parce que la Caisse des dépôts et consignations ne pouvant donner à cette accumulation de capitaux un emploi qui fût productif d'un intérêt égal (1) à celui qu'elle servait aux caisses d'épargne en dut verser la plus forte partie au Trésor. L'inconvénient le plus sérieux de la situation, celui qui naissait de l'exigibilité immédiate des dépôts, s'aggrava en proportion de leur montant de plus en plus élevé. Des observations en ce sens furent adressées au ministre des finances par la commission chargée d'examiner le projet de budget de 1840 et par la commission chargée d'examiner le projet de budget de 1844. Une commission nommée par le ministre du commerce, le 8 février 1844, sur la proposition du ministre des finances, fut chargée d'exa-

---

(1) À cette époque le 4 0/0 spécialement affecté au placement des fonds des caisses d'épargne dépassait le cours de 100 francs.

miner les modifications qu'il pourrait être utile d'apporter aux dispositions législatives et réglementaires concernant les caisses d'épargne, au point de vue du service et de la responsabilité du Trésor.

Elle délibéra sur les propositions du ministre des finances, qui consistaient : 1° à réduire à 2,000 francs le maximum des dépôts aux caisses d'épargne ; 2° à réduire le maximum de chaque versement ; 3° à donner aux déposants la faculté de faire opérer pour leur compte, par les caisses d'épargne, la conversion en rente de tout placement excédant la somme de 2,000 francs, et 4° à rembourser les dépôts dans des délais proportionnels à leur importance.

28. Un projet de loi élaboré par cette commission sur les bases qui viennent d'être indiquées fut déposé par le ministre des finances, le 31 décembre 1844 ; le montant des versements étant réduit à 100 francs. Le chiffre de 300 francs n'était maintenu que pour la Caisse de Paris, pour les marins, les sociétés de secours mutuels et pour les premiers versements effectués par tous les déposants. Il ne devait plus être reçu de versement au-dessus du chiffre de 2,000 francs ; mais le crédit du déposant pouvait être porté à 3,000 francs par la capitalisation des intérêts, et au delà de ce chiffre il ne produisait plus que des intérêts simples. Les remboursements étaient exigibles jusqu'à concurrence de 500 francs, dans les quinze jours de la demande, et pour le surplus dans le délai de deux mois. Tout déposant dont le crédit était suffisant pouvait faire acheter 10 francs de rente par l'intermédiaire de la caisse d'épargne. Suivait une série de dispositions ajoutées par le ministre des finances et qui avaient pour but de procurer au Trésor public, jusqu'à concurrence de 100 millions, la réduction de la portion de la dette flottante dont l'existence était due aux versements des caisses d'épargne.

Le projet fut voté à la Chambre des pairs, dans les séances des 17, 18 et 19 juin, sur le rapport du comte Pelet, de la Lozère, et la loi fut sanctionnée le 22 juin 1845.

Toutes ces dispositions ont été abrogées par les lois ultérieures et il n'en subsiste plus que celle (art. 5) qui interdit à un déposant d'avoir plusieurs livrets dans la même caisse ou dans des caisses différentes, sous peine de perdre l'intérêt de la totalité des sommes déposées.

29. Une ordonnance du 16 juillet 1845, rendue en exécution de l'article 7 de la loi, prescrivit la création, l'inscription et le transfert au nom de la Caisse des dépôts et consignations, pour le compte des caisses d'épargne, d'une rente 4 0/0 de 4 millions représentant au pair un capital de 100 millions.

30. Une autre ordonnance, du 28 juillet 1846, portant règlement d'administration publique, établit dans quelles formes serait produite, pour les militaires et marins, la justification de l'origine des fonds admis à bénéficier des conditions exceptionnelles votées en leur faveur.

31. Enfin, une circulaire du ministre du commerce, du 16 décembre 1846, donna aux directeurs et administrateurs des caisses d'épargne des instructions en vue de l'exécution de la nouvelle loi.

32. Les prévisions qui s'étaient fait jour sur la possibilité d'embarras que pouvait créer au Trésor, en cas de crise, l'encaissement des fonds des caisses d'épargne, les préoccupations qu'elles avaient fait naître et auxquelles était dues la loi du 22 juin 1845, ne devaient pas tarder à se réaliser. La révolution du 24 février 1848 vint, en effet, montrer que les secousses politiques dont il n'avait pas été parlé pouvaient, aussi bien que les crises commerciales et alimentaires et celles occasionnées par les dangers de guerre, créer au Trésor, en provoquant de nombreuses demandes de remboursement, la situation difficile qu'avaient voulu prévenir les législateurs de 1845. Les événements allaient démontrer également que les calculs combinés à l'avance et les quelques mesures prises pour atténuer les dangers prévus devaient être complètement inutiles.

33. Le gouvernement provisoire de 1848 avait déclaré placer les caisses d'épargne sous la garantie de la loyauté nationale, et il avait porté à 5 0/0 l'intérêt qui leur était alloué (Décret du 7 mars 1848). Mais un autre décret du 9 mars prescrivit les mesures suivantes :

Les livrets de 100 francs et au-dessous devaient être, sur la demande des déposants, remboursés en numéraire. Les dépôts supérieurs à 100 francs seraient remboursés, 100 francs en numéraire, et le surplus, moitié en bons du Trésor, à quatre mois d'échéance, pour les dépôts de 101 à 1,000 francs, et à six mois, pour les dépôts au-dessus de 1,000 francs ; l'autre moitié, en rente 5 0/0 *au pair*. Etaient exceptés les livrets des sociétés de secours mutuels et les livrets ouverts postérieurement au 24 février 1848. La faculté pour les déposants de faire transférer leurs fonds d'une caisse à une autre était provisoirement suspendue.

En échange du numéraire qu'ils avaient versé, les déposants recevaient donc des valeurs déjà dépréciées, se dépréciant encore par l'émission qu'on en faisait et dont la réalisation leur imposait de nouveaux sacrifices.

Leurs intérêts se trouvaient ainsi gravement compromis par le système de remboursement adopté ; on leur attribuait pour leur valeur normale des rentes 5 0/0, qu'ils ne pouvaient vendre au taux de 100 francs auquel elles leur avaient été délivrées comme représentation d'une portion de leur capital, puisque les cours étaient alors même inférieurs à 70 francs. C'était donc une perte de 30 0/0 qu'on leur faisait essuyer.

34. L'Assemblée nationale s'émut de la situation qui avait été faite aux déposants ; elle se préoccupa de remédier au préjudice qu'ils avaient éprouvé ; elle rendit, dans ce but, le décret du 7 juillet 1848. Il devait être délivré aux déposants qui avaient été remboursés d'une partie de leur dépôt en rente 5 0/0, au pair, un coupon de rente 5 0/0 représentant la différence entre le cours de 80 francs et le pair de 100 francs sur le montant du capital remboursé. Un délai de trois mois leur était accordé pour faire valoir leur droit à cette compensation. Mais, d'un autre côté, ce décret ordonna le remboursement, en numéraire, de tous les dépôts antérieurs au 24 février et dont le montant en capital et intérêts était inférieur à 80 francs et la consolidation en rente 5 0/0 au cours de 80 francs des dépôts supérieurs à 80 francs. Les appoints au-dessous de 16 francs étaient payés en numéraire. Les bons du Trésor créés en remboursement des dépôts, conformément au

décret du 9 mars 1848, devaient être payés en numéraire à leur échéance lorsque l'émission était antérieure au 1er juillet 1848 ; dans le cas contraire, ils étaient assimilés aux livrets et consolidés en rente au cours de 80 francs.

Une première réparation était ainsi accordée aux déposants; mais elle était insuffisante. La dépréciation de la rente qui continuait était plus considérable que celle dont il leur avait été tenu compte. De plus, ce préjudice n'avait été éprouvé antérieurement que par les seuls déposants auxquels des remboursements avaient été faits. Le décret du 7 juillet, au contraire, les atteignait tous indistinctement en obligeant ceux-là mêmes qui n'auraient pas voulu être remboursés à recevoir le montant de leurs dépôts en un coupon de rente délivré à un cours de beaucoup supérieur au cours de la Bourse.

35. Une nouvelle compensation fut établie par la loi du 21 novembre 1848. Les déposants dont les livrets avaient été ou devaient être consolidés, par application du décret du 7 juillet 1848, recevaient un livret spécial où ils étaient crédités de la différence entre le taux de 71 fr. 60 c. et celui de 80 francs, prix d'émission de la rente 5 0/0 qui leur avait été attribuée. Le montant de cette différence portait intérêt à 5 0/0 à compter du 7 juillet 1848 et ne devait être remboursable que conformément à une loi qui devait être présentée en 1849 sur les caisses d'épargne. La disponibilité de ces sommes fut accordée par une loi du 29 avril 1850. Mais, en même temps, cette loi, achevant l'œuvre entreprise par le décret, prescrivait la liquidation d'office au 1er juillet 1849, sur les bases indiquées ci-dessus, de tous les comptes qui n'auraient pas été, à cette date, liquidés sur la demande des déposants.

36. Les mesures qui viennent d'être exposées ont été diversement jugées. Elles ont produit un bon résultat en popularisant la rente, mais elles ont occasionné à l'Etat des sacrifices considérables et qui n'ont pas été moindres de 140 millions. Seulement ce préjudice était, en grande partie, imputable moins à l'institution des caisses d'épargne, qu'aux mesures adoptées et que ne commandait aucune nécessité. Puisqu'on prenait le parti de s'acquitter en rentes, on aurait dû, au moins,

payer en rentes au cours du jour et ne rembourser que ceux qui réclamaient leurs dépôts. Il n'était pas nécessaire de convertir de force, et à des cours désastreux, les dépôts de ceux qui ne demandaient rien. Cette liquidation obligatoire était, en effet, de nature à porter un coup funeste aux caisses d'épargne, si l'institution n'eût été douée d'une puissante vitalité. Aussi l'ébranlement causé fut-il profond, quoi qu'on en ait dit ; plus de dix années furent nécessaires pour que le montant des dépôts remontât au chiffre obtenu au 31 décembre 1847 (358,405,924 fr. 43 c.).

37. Les événements de 1848 avaient montré l'inefficacité du système adopté par la loi du 22 juin 1845, car la crise financière qui en fut la conséquence n'aurait pas plus permis, ainsi que cela a été dit plus tard, le remboursement aux caisses d'épargne de 100 millions que de 400 (chiffre des réclamations et des besoins réels), à un moment où le crédit de l'Etat et celui de la Banque de France elle-même étaient ébranlés. On était parti d'un faux point de vue, car la réduction du maximum du dépôt ne faisait pas disparaître la difficulté, puisque le total de la dette restait toujours à peu près le même. Le père de famille, en effet, pouvait, au lieu d'avoir comme par le passé un seul livret, répartir la même somme en plusieurs livrets qu'il mettait au nom des divers membres de sa famille. Le montant de la dette restait donc toujours énorme et continuellement exigible. Ce qu'il fallait, dès lors, c'était que la dette formée à la longue ne fût pas exigible en entier à toute heure et que des limites fussent mises dans certains cas aux remboursements. Cependant, ce système continua à prévaloir et la loi du 30 juin 1851 marqua simplement un pas en avant fait dans la voie des restrictions, afin, disait-on, de concilier par la même législation tout ce qui peut concourir à étendre et à satisfaire le but de cette institution avec ce qu'exigent justement la sécurité du Trésor et l'intérêt des contribuables. Elle fut due à l'initiative de M. Benjamin Delessert.

38. La limite de l'accumulation des sommes versées à chaque compte était donc la question capitale à laquelle répondait la nouvelle loi. Cette limite, en y comprenant les intérêts

capitalisés, était fixée à 1,000 francs, mais introduisait un principe tout nouveau, évidemment emprunté à la consolidation forcée de 1848. A la privation d'intérêt édictée, par la loi du 23 juin 1845, contre les comptes dépassant le maximum, elle substituait un achat de 10 francs de rente fait d'office par la caisse d'épargne, afin de réduire le compte au-dessous de la limite de 1,000 francs, au cas où, dans un délai de trois mois après le règlement annuel des intérêts, le déposant ne l'aurait pas lui-même réduit au moyen soit d'un retrait, soit d'un achat volontaire de rente.

Les exceptions admises par la loi du 22 juin 1845 en faveur des remplaçants dans les armées de terre et de mer, des marins et des sociétés de secours mutuels étaient maintenues ; pour ces sociétés, le maximum était même porté à 8,000 francs. Toutefois la réduction par voie d'achat de rentes d'office était prononcée quand le maximum des comptes de ces divers déposants était dépassé ; pour les sociétés de secours mutuels l'achat devait même être de 100 francs de rente. Les remplaçants ne devaient y être soumis qu'à l'expiration de leur engagement.

La loi confirmait également le droit reconnu déjà par la loi de 1845, pour les caisses d'épargne, de faire acheter des rentes sur la demande de leurs déposants et de conserver les titres entre leurs mains pour en encaisser les arrérages et les porter au crédit des titulaires. Il avait paru nécessaire d'insérer cette disposition parce que, contrairement aux lois sur la dette publique, l'administration des finances avait refusé aux caisses d'épargne de payer les arrérages sur des titres appartenant à leurs déposants.

L'intérêt bonifié aux caisses d'épargne, fixé à 5 0/0 par le décret du 7 mars 1848, était réduit à 4 1/2 0/0. De plus, la retenue que les caisses d'épargne exerçaient sur cet intérêt pour leurs frais de loyer et d'administration était déclarée obligatoire pour 1/4 0/0 et facultative pour un autre quart pour cent ; en aucun cas, cette retenue ne pouvait s'élever au dessus de 1/2 0/0. Toutefois, pour la Caisse d'épargne de Paris, la retenue facultative était de 3/4 0/0, sans que la retenue totale pût jamais excéder 1 0/0.

Un article de la loi chargeait les ministres des finances et du commerce de préparer un règlement d'administration publique pour déterminer le mode de la surveillance et de la comptabilité des caisses d'épargne.

39. Ce règlement fut établi par un décret du 15 avril 1852 et l'exécution en fut assurée par une instruction ministérielle du 17 décembre 1852, remplacée depuis par une instruction du 4 juin 1857.

40. Enfin, trois circulaires du ministre du commerce, en date des 30 août, 24 septembre et 16 décembre 1851, tracèrent les règles à suivre par les caisses d'épargne, pour exécuter les prescriptions édictées par la loi du 30 juin 1851 et résolurent diverses questions que ces prescriptions avaient fait naître.

41. La loi sur la dotation de l'armée et sur les engagements et rengagements militaires, du 26 avril 1856, avait créé une catégorie spéciale d'engagements militaires avec primes, qui n'était pas prévue lors de la promulgation de l'ordonnance du 28 juillet 1846, et de la loi du 30 juin 1851 ; un décret en date du 15 mai 1858 dut régler cette situation particulière et autoriser les engagés volontaires à placer leurs fonds comme les remplaçants, et dans les mêmes conditions.

42. Le taux de 4 1/2 0/0 d'intérêt que la loi de 1851 avait fixé aux dépôts faits dans les caisses d'épargne constituait une lourde charge pour le Trésor et n'était plus, depuis 1852, en rapport avec celui que l'Etat payait à ses divers créanciers; le gouvernement dut songer à la modifier et il présenta et fit voter une loi — 7 mai 1853 — ayant pour objet : 1° de réduire à 4 0/0 le taux de l'intérêt bonifié aux caisses d'épargne; 2° d'assurer l'exécution de cette dernière loi en prescrivant de ramener au-dessous de 1,000 francs par un achat de rente d'office les comptes antérieurs qui dépassaient ce chiffre et qu'une disposition transitoire de la loi de 1851 avait frappés d'une suspension d'intérêts, si dans un délai de trois mois ils n'avaient pas été réduits.

43. C'était là le but principal et immédiat de la loi. Mais on profita de cette circonstance pour régler deux points de

détail importants dans la gestion des caisses d'épargne. En premier lieu, afin de donner à ces établissements les moyens d'opérer plus facilement les remboursements à faire à d'autres personnes que le déposant primitif, notamment en cas de décès, et éviter aux intéressés des formalités souvent longues et coûteuses, la loi nouvelle étendit aux fonds versés aux caisses d'épargne la loi du 28 floréal an VII sur les inscriptions de rentes, relativement à la production des certificats de propriété. En second lieu elle prescrivit également les mesures à prendre pour les dépôts restés pendant trente ans sans mouvement.

Une disposition insérée, en 1835, dans le projet de loi tendait à attribuer ces dépôts aux caisses d'épargne. Le ministre des finances y avait vu une atteinte portée aux droits de l'Etat, qui aurait été fondé à revendiquer ces dépôts comme [biens vacants et sans maître ou comme provenant de successions en déshérence.

La discussion à cette époque rétablit la vérité des faits en démontrant que l'Etat n'avait aucun droit à prétendre et qu'au contraire ces dépôts, que l'on assimilait à des prêts, devaient revenir aux caisses d'épargne en vertu de la prescription qui au bout de trente ans libère le débiteur. L'article fut donc rejeté, en grande partie parce qu'il était considéré comme inutile. La question, du reste, n'était pas urgente alors, mais elle ne pouvait manquer de se représenter plus tard.

Pour la trancher, la loi de 1853 s'est placée à un point de vue absolument différent. Elle a considéré les dépôts aux caisses d'épargne, non pas comme des prêts susceptibles d'être prescrits, mais comme de véritables dépôts auxquels les règles de la prescription ne sont, au contraire, pas applicables. Cependant comme il était impossible de laisser indéfiniment à ces établissements la gestion de comptes qui sont ou paraissent abandonnés par leurs titulaires, et de les maintenir dans l'obligation, illimitée comme durée, de conserver dans leurs archives les pièces justificatives afférentes à ces comptes, l'article 4 de la loi du 7 mai 1853 chercha les moyens de concilier les intérêts des déposants avec ceux des caisses d'épargne. A l'expiration de la trentième année, les dépôts dont il s'agit durent être convertis d'office en inscriptions de rente au nom des titulaires ; les inscriptions consignées à la Caisse des dépôts et consignations où elles restent improductives d'arrérages, jusqu'à réclamation de la part des intéressés ; les sommes insuffisantes pour être converties en rente et les reliquats des placements en rente sont acquis aux caisses d'épargne.

44. Le 29 août 1853, une circulaire du ministre du commerce traça aux administrateurs des caisses d'épargne les règles à suivre pour l'exécution de ces prescriptions.

45. Cependant les caisses d'épargne n'avaient pas tardé à se multiplier La loi de 1835 et les règles qui, à cette époque, avaient fini par prévaloir pour leur fondation et dont il sera parlé plus loin avaient pour beaucoup contribué à ce résultat. À la fin de 1836, il existait 208 caisses d'épargne et ce nombre s'accroissait d'année en année ; du 1er janvier 1848 au 1er janvier 1860 il s'était élevé de 345 à 415. Malgré cet accroissement, le besoin de mettre de plus en plus ces établissements à la portée du public se faisait sentir. Ces caisses n'existaient généralement que dans des chefs-lieux de département et d'arrondissement ou dans des villes importantes. Mais les populations des petites localités et des campagnes ne pouvaient jouir des bienfaits de l'institution qu'au moyen de déplacements qui entraînaient des pertes de temps et d'argent. Néanmoins il n'était pas possible de fonder une caisse d'épargne dans chaque centre de population, car on aurait créé des établissements dont les opérations n'auraient jamais acquis assez d'extension pour qu'ils pussent avoir une stabilité suffisante.

Il fallait trouver le moyen de résoudre cette difficulté et de développer les progrès de ces établissements en facilitant leur accès aux déposants. Tel était le résultat qui allait être désormais poursuivi, et toutes les recherches devaient tendre à trouver les combinaisons jugées les plus propres à atteindre ce résultat.

46. Quelques caisses d'épargne avaient précédemment organisé des succursales dans les localités plus ou moins rapprochées de leur siège. La première fut fondée à Aix, en

1825, par la caisse de Marseille. De son côté, la Caisse d'é-
pargne de Paris en avait établi dans plusieurs des arrondissements de la ville, et des caisses des départements de Seine-
et-Marne, de Seine-et-Oise, de l'Aisne, de la Sarthe, du
Doubs, en possédaient dans les chefs-lieux d'arrondissement et même de canton. Mais le nombre de caisses qui se
trouvaient dans cette situation était très restreint; au 1er janvier 1860, il n'y en avait pas plus de 60, et le nombre de succursales ne s'élevait qu'à 194. De plus, il n'existait aucune
règle pour l'organisation de ces annexes des caisses d'é-
pargne.

47. La création de nombreuses succursales était de nature
à produire de bons résultats en mettant l'institution plus à
la portée des populations. Il fallait donc engager les caisses
d'épargne à entrer dans cette voie, et c'est dans but que ce
le ministre du commerce adressa, le 12 janvier 1861, une
circulaire aux directeurs de ces établissements. Cette circulaire, en même temps, définissait la nature des succursales
qui pouvaient être fondées sans aucune autorisation, étaient
régies par les statuts de la caisse fondatrice et agissaient sous
sa responsabilité. Le 16 janvier 1861, une autre circulaire
fut envoyée aux préfets pour leur demander de faciliter aux
caisses la création des succursales, en recherchant les communes où cette création serait le plus à même de rendre des
services, et en engageant, à cet effet, des négociations officieuses entre les conseils municipaux et les caisses d'épargne.

48. Ces circulaires produisirent le meilleur effet; de nombreuses succursales furent établies. A la fin de 1861 on en
comptait 205; quelques années après, au 31 décembre 1866,
il en existait 511. Dans ces cinq années, et grâce à l'intervention active des préfets, plus de 300 succursales avaient
été créées.

49. En 1853, 1864, 1866, 1869 et 1870, des pétitions adressées au Sénat demandèrent soit des modifications au mode
d'administration des caisses d'épargne ou même leur réforme
radicale, soit l'autorisation, pour les bureaux de poste, de recevoir les dépôts pour le compte des caisses, ou bien la créa-

tion d'une caisse d'épargne dans chaque perception ou dans chaque commune, soit enfin la remise à l'administration des postes, de l'administration des caisses d'épargne. Toutes ces pétitions procédaient d'une idée commune ; ce que voulaient leurs auteurs, c'était faire pénétrer l'action des caisses partout, surtout dans les campagnes où ces établissement étaient encore peu connus ; or, l'expérience démontrait que les conditions d'organisation ne permettaient pas de populariser suffisamment l'institution. Tout le monde était d'accord sur le but à atteindre, il n'y avait divergence que sur le mode d'exécution. Les uns réclamaient la liberté absolue, les autres, au contraire, voulaient faire appel à l'initiative et au concours du gouvernement qui se serait servi des agents qu'il possède sur toutes les parties du territoire pour les transformer en collecteurs des épargnes des populations.

Ces pétitions donnèrent lieu à des discussions importantes, au Sénat le 12 mars 1854, les 9 et 12 mars 1869, et 7 avril 1866 et 5 juillet 1870.

50. Cependant l'accroissement rapide que prenaient les fonds déposés en compte courant à la Caisse des dépôts et consignations par les caisses d'épargne avait attiré l'attention du ministre des finances, qui, en 1859, avait proposé de limiter à 600 francs le maximum du crédit de chaque livret déjà abaissé à 1,000 francs par la loi du 30 juin 1851, et de réduire de 300 francs à 100 francs le maximum des versements hebdomadaires et de fixer à ce chiffre celui des remboursements. Cette proposition ne fut pas appuyée par le ministre du commerce et il n'y fut donné aucune suite.

51. Quelques années après, en 1866, un projet de loi fut préparé dans un sens inverse. Il s'agissait d'élever le maximum des crédits à 2,000 francs. Ce projet ne fut pas accueilli par le conseil d'Etat.

52. Dans la même année 1866, à la suite d'un rapport qui lui avait été présenté par le ministre du commerce, l'empereur nomma une commission chargée d'étudier les moyens de développer les caisses d'épargne.

53. Cette commission proposa, en 1869, un projet de loi

qui supprimait la limite de 300 francs pour les versements hebdomadaires et chargeait les percepteurs et les receveurs des postes, dans les localités où il n'existait ni caisse ni succursale, de recevoir les versements pour le compte des caisses d'épargne du département désignées par le déposant et d'effectuer le remboursement des sommes déposées. Il était alloué, pour cet objet, aux comptables du Trésor une commission de 50 centimes par 100 francs, au maximum, à prélever sur l'intérêt servi à la caisse d'épargne à laquelle se rattachaient les opérations, au moyen d'une retenue additionnelle à celle déjà exercée pour frais de loyer et d'administration. Un règlement d'administration publique devait déterminer, dans les limites du maximum ci-dessus, les bases et les proportions de répartition de cette commission, entre les diverses catégories de comptables. Ce projet était soumis au conseil d'Etat (1), lorsque survinrent les événements de 1870, qui l'empêchèrent d'aboutir.

54. Ces mêmes événements allaient provoquer une crise redoutable en amenant des demandes considérables de remboursements. Mais, au lieu d'imiter ce qui avait été si malencontreusement fait en 1848, le gouvernement de la Défense nationale prit une mesure d'une autre nature. S'inspirant des idées émises par M. de Malarce et appuyé par le conseil des directeurs de la caisse d'épargne de Paris, il rendit, le 17 sep-

---

(1) Il y a lieu de mentionner également une proposition de loi due à l'initiative de M. Garnier-Pagès, l'auteur des mesures prises en 1848 à l'égard des caisses d'épargne. Cette proposition, qui ne reçut aucune suite, fut déposée au Corps législatif le 23 juin 1870. Elle consistait à élever le maximum du crédit de 1,000 francs à 2,000 francs ; mais, dès que la somme versée par un déposant atteindrait 200 francs, elle serait immédiatement convertie en une inscription de Rente dont la caisse resterait dépositaire. Le déposant aurait eu la faculté de demander le remboursement des fonds versés pour lui, soit en rentes, soit en espèces, par la vente des coupures de rentes qui lui auraient été successivement achetées. Cette vente aurait été effectuée pour son compte et sans frais, et la différence en plus ou en moins qui en serait résultée aurait été portée à son compte. Ces dispositions auraient été applicables à tous les déposants qui, dans le délai d'un mois, à partir de la promulgation de la loi, n'auraient pas demandé le remboursement de leurs fonds. C'était le retour aux pratiques primitives dont les inconvénients avaient été tels qu'il avait fallu les abandonner.

tembre 1870, à la veille de l'investissement de Paris, un décret qui limitait à 50 francs par livret le remboursement qui devrait être provisoirement acquitté en espèces, et offrit pour le surplus des bons du Trésor à trois mois d'échéance et portant 5 0/0 d'intérêt du jour de la demande. En outre, à Paris, on prit des mesures spéciales en vue de corriger ce que le décret avait de trop rigoureux, en accordant aux déposants un remboursement par acompte régulier mensuel de 50 francs. Les déposants se montrèrent complètement satisfaits de ces tempéraments disposés selon les ressources du Trésor et suivant aussi les besoins réels des réclamants. Mais en province, il n'en fut pas ainsi. L'interruption des communications avec Paris et le reste de la France empêcha les mesures bienveillantes prises à l'égard des déposants de Paris d'être appliquées à ceux des départements ; il leur fut seulement accordé un acompte de 50 francs par livrets pendant les dix mois qui s'écoulèrent jusqu'au jour où l'Assemblée nationale, par une loi votée le 12 juillet 1871, rapporta le décret du 17 septembre 1870 et fit rentrer les caisses d'épargne dans le droit commun de leur institution en leur permettant d'effectuer les remboursements dans les conditions ordinaires. Ces remboursements s'élevèrent à 244,739,890 francs en 1870, et à 118,749,581 francs en 1871. Le malaise se prolongea en 1872, où les remboursements atteignirent encore le chiffre de 179,710,663 francs (1). Mais à partir de 1873, la situation se régularisa et les remboursements reprirent leur cours normal.

55. Les idées de réforme qui germaient dans toutes les têtes après les événements de 1870 et de 1871 ne pouvaient laisser de côté l'organisation des caisses d'épargne. Une proposition de loi déposée par trois représentants, le 3 août 1872,

---

(1) Dans ces chiffres ne sont pas compris les remboursements par voie d'achats de rentes effectués pour participation à l'emprunt du 21 juin 1871 et qui firent sortir des caisses d'épargne 62,569,206 fr. 91 c., plus 18,620,480 francs employés la même année à des achats de rentes opérés sur la demande des déposants. Ces sommes servirent à l'acquisition de 136,053 inscriptions réprésentant 4,831,011 fr. 49 c. de rente et appartenant à 122,744 titulaires.

avait pour objet d'élever le taux de l'intérêt, d'augmenter le chiffre du crédit de chaque déposant, d'organiser des délais réguliers de remboursement et enfin d'autoriser, pour la réception des dépôts, l'intervention des agents des perceptions des contributions directes et des postes. Mais ce projet, auquel l'Assemblée se montra hostile, fut retiré, à la suite d'une déclaration de laquelle il résultait que le gouvernement pourrait administrativement faire bénéficier les caisses d'épargne de l'intervention des percepteurs et des receveurs des postes.

56. Ce fut dans le but de donner satisfaction à cette déclaration que fut rendu, le 23 août 1875, un décret réglant les conditions dans lesquelles le concours des percepteurs et receveurs des postes devait être admis au profit des caisses d'épargne. Ces comptables pouvaient être autorisés par le ministre des finances, sur l'avis conforme de celui du commerce, à recevoir les versements et à effectuer les remboursements pour le compte des caisses de leur département qui en faisaient la demande.

La rémunération était fixée à 10 centimes pour chacun des versements et remboursements effectués par leurs soins et elle était à la charge de la caisse d'épargne. Les receveurs des finances étaient déclarés responsables vis-à-vis des caisses de la gestion des percepteurs de leur arrondissement, et le Trésor avait la même responsabilité à l'égard des opérations effectuées par les receveurs des postes.

Enfin, incidemment, ce décret prononçait l'exemption du timbre pour les quittances des sommes déposées aux caisses d'épargne ainsi que pour les quittances des sommes remboursées aux déposants.

57. Ce décret a été suivi de deux arrêtés pris pour son exécution par le ministre des finances à la date du 23 août 1875. L'un concerne les percepteurs et l'autre les receveurs des postes (1). Deux instructions émanées, l'une de la direction

---

(1) La partie du décret du 23 août 1875 relative aux receveurs des postes et l'arrêté concernant ces mêmes fonctionnaires ont été implicitement abrogés comme on le verra plus loin.

générale de la comptabilité publique, l'autre de l'administration des postes, ont réglé tous les détails du nouveau service (1). De son côté, le ministre du commerce, par une cir

---

(1) Arr. fin. 23 août 1875. — Art. 1er. Le service des caisses d'épargne qui auront obtenu le concours des percepteurs des contributions directes s'exécute de la manière suivante :

VERSEMENTS.

Art. 2. Les percepteurs ne peuvent recevoir de dépôts que des personnes majeures, des femmes mariées assistées de leur mari, des veuves dont la déclaration doit mentionner le nom d'alliance, et des enfants mineurs assistés de leur père ou de leur tuteur légal. Tout autre déposant n'est admis à présenter sa demande de livret qu'au siège même de la caisse d'épargne.

Art. 3. Tout déposant qui fait pour la première fois un versement à la caisse d'épargne doit signer à cet effet une déclaration ou demande de livret énonçant ses nom de famille, prénoms, âge, date et lieu de naissance, demeure et profession.

Art. 4. En échange de la somme versée, le percepteur délivre une quittance extraite d'un livre à souche spécial, dont la forme sera déterminée par le directeur général de la comptabilité publique. Cette quittance énonce que le livret ne sera remis au déposant que sur la présentation de ladite quittance et dans un délai de dix jours à partir de la première séance de la caisse d'épargne.

Art. 5. Les versements ultérieurs sont reçus par le percepteur, sur la présentation du livret, que le déposant lui remet en même temps que la somme versée. Ils donnent lieu à la délivrance d'une quittance extraite du livre à souche mentionné à l'article précédent. Cette quittance énonce le numéro ainsi que les nom et prénoms portés sur le livret, et elle contient l'avis que le livret sera rendu dans le délai déterminé à l'article 4 ci-dessus et sur la production de ladite quittance.

Art. 6. A la fin de chaque journée, les sommes reçues à titre, soit de premier versement, soit de versements ultérieurs, sont additionnées sur le journal à souche spécial, et il en est fait recette au journal à souche ordinaire du percepteur. Celui-ci délivre, pour ordre, une quittance collective des recouvrements opérés pendant la journée.

Art. 7. Le jeudi soir, s'il y a un courrier, ou le lendemain matin au plus tard, le percepteur adresse au receveur des finances de l'arrondissement, par la poste : 1° les quittances collectives qui ont été extraites chaque jour du journal à souche ordinaire ; 2° un bordereau nominatif distinct par nature de versements (demandes de livrets ou versements postérieurs), indiquant les dates et le montant des sommes reçues depuis le dernier envoi ; 3° les demandes de livrets ou les livrets eux-mêmes suivant le cas. — Lorsqu'il y a plusieurs caisses d'épargne dans le même département, il est formé un bordereau distinct pour chaque caisse d'épargne.

Art. 8. A l'arrivée des pièces mentionnées à l'article précédent, et sans attendre le versement matériel des fonds qui a lieu aux époques et suivant les formes ordinaires, le receveur des finances s'en charge immédiatement en recette et il inscrit sur un livre de détail spécial, confor

culaire, en date du 12 septembre 1875, donna connaissance aux caisses d'épargne du décret du 23 août 1875 et leur indiqua les mesures qui devaient, de leur part, assurer l'exécution de cet acte.

---

mément aux indications portées sur les bordereaux nominatifs, tous les renseignements qui lui sont nécessaires pour suivre les opérations et en assurer le contrôle. — Lors de son plus prochain versement à la recette des finances, le percepteur effectue, en numéraire ou en pièces de dépenses, le versement de toutes les sommes reçues pour le compte de la caisse d'épargne, et le receveur des finances lui en délivre un récépissé à talon, dûment libellé et libératoire.

Art. 9. Le receveur des finances de l'arrondissement remet au caissier de la caisse d'épargne, avant l'ouverture de la séance : 1º les demandes de livrets concernant les premiers versements, ainsi que les livrets déposés à l'appui des versements postérieurs; 2º les bordereaux nominatifs détaillés établis par les percepteurs; 3º un état récapitulatif pour chaque caisse d'épargne. — En même temps, une déclaration du versement est délivrée par le receveur des finances et remise au caissier pour représenter entre les mains de ce dernier les fonds reçus par les percepteurs. Cette déclaration est ensuite comprise dans le versement que le caissier de la caisse d'épargne fait au receveur des finances en qualité de préposé de la caisse des dépôts et consignations. — Lorsque la caisse d'épargne est située dans une commune autre que celle du chef-lieu d'arrondissement, le receveur des finances adresse les pièces ci-dessus au percepteur de ladite commune, et celui-ci les remet au caissier de la caisse d'épargne.

Art. 10. Le caissier de la caisse d'épargne, après avoir établi les livrets demandés en cas de premier versement, ou consigné les versements postérieurs sur les livrets déposés, adresse les uns et les autres au receveur des finances, qui les transmet aux percepteurs pour être rendus aux destinataires. — 1º Comme il est dit aux articles 4 et 5, le percepteur retire des mains du déposant la quittance à souche qu'il a délivrée et lui fait souscrire au verso un reçu du livret restitué. —2º Les quittances sont ensuite adressées par le percepteur à la recette des finances, où elles sont rapprochées des indications consignées sur le livre de détail mentionné à l'article 8.

REMBOURSEMENTS.

Art. 11. Tout déposant qui désire retirer tout ou partie de la somme inscrite sur son livret est tenu de signer une demande de remboursement sur la formule réglementaire qui lui est fournie par le percepteur, et de déposer en même temps son livret aux mains de ce comptable. Celui-ci lui délivre en échange un bulletin de dépôt indiquant que le remboursement aura lieu dans un délai de quinze jours à partir de la plus prochaine séance de la caisse d'épargne, si la demande a été faite dans les quatre premiers jours de la semaine, ou à partir de la séance suivante, si la demande n'a été formée que dans les deux derniers jours de la semaine. Le jeudi soir, s'il y a un courrier, ou le lendemain matin, au plus tard, le percepteur transmet les demandes de remboursement, ainsi que les livrets à l'appui, au receveur des finances de l'ar-

58. Cette intervention des comptables de l'Etat n'a pas donné tous les résultats que l'on était fondé à en espérer. Le nombre des autorisations accordées sur les demandes des caisses d'épargne a été relativement assez important. Mais les opérations faites par les comptables du Trésor pour le compte de ces établissements se sont toujours maintenues dans des proportions excessivement faibles (1).

---

rondissement, qui les fait parvenir au caissier de la caisse d'épargne avant l'ouverture de la plus prochaine séance, conformément à la marche tracée par l'article 9.

Art. 12. Lorsque le remboursement a été autorisé par le conseil d'administration, le caissier de la caisse d'épargne appose son vu *bon à payer* sur la demande de remboursement. Cette demande est également visée par le receveur des finances. En même temps le caissier mentionne en toutes lettres et en chiffres sur le livret le montant de la somme à rembourser par le percepteur. La demande de remboursement et le livret sont ensuite transmis par le receveur des finances au percepteur, pour en faire le payement à l'ayant droit au jour fixé à l'article 11. Au moment du payement, le percepteur appose sa signature, ainsi que le timbre payé, sur le livret, au-dessous de la somme en chiffres et en lettres y mentionnée par le caissier de la caisse d'épargne, et, après avoir fait quittancer la demande de remboursement par la partie, il lui rend son livret en échange du bulletin de dépôt sur lequel elle donne reçu du livret.

Art. 13. Les demandes de remboursement, ainsi quittancées, sont comprises pour comptant dans le plus prochain versement du percepteur, et le receveur des finances les remet au caissier de la caisse d'épargne, qui lui en tient compte. Les bulletins de dépôt constatant la restitution des livrets aux déposants sont conservés à la recette des finances.

Art. 14. Lorsque, dans le mois qui suit l'époque fixée pour le remboursement (art. 11), le déposant ne s'est pas présenté pour toucher la somme qui lui revient, sa demande est considérée comme nulle. Dans ce cas, le percepteur renvoie au siège de la caisse d'épargne, par l'entremise du receveur des finances, la demande de remboursement ainsi que le livret lui-même. Le caissier de la caisse d'épargne annule ladite demande et biffe sur le livret la mention relative au payement qui n'a pas eu lieu. Si le déposant se présente après le délai d'un mois ci-dessus fixé, il est tenu de faire une nouvelle demande de remboursement conformément aux articles 11 à 13.

(1) Voici le chiffre des opérations effectuées en 1880 par les 530 percepteurs et les 145 receveurs des postes autorisés à prêter leur concours à 107 caisses réparties dans 73 départements.

		Nombre.	Montant.
			fr. c.
1° Percepteurs..........	Versements......	29,952	4,222,963 37
	Remboursements.	5,548	1,416,980 22
2° Receveurs des postes.	Versements......	6,213	761,173 56
	Remboursements.	1,593	383,644 35

On fut ainsi amené à reconnaître que, malgré les progrès réalisés, les conditions dans lesquelles opéraient les caisses d'épargne ne permettaient pas de rapprocher suffisamment l'institution du déposant. Tel était cependant le but à atteindre. Ce qu'il fallait, en effet, c'était que dans toute la France chacun pût, sans une perte de temps préjudiciable ou un déplacement coûteux, placer en lieu sûr ses économies. Ce furent ces considérations qui provoquèrent la création d'une caisse d'épargne postale à l'exemple de ce qui avait eu lieu dans d'autres pays.

Une proposition de loi due à l'initiative parlementaire et un projet de loi présenté par le gouvernement furent renvoyés à l'examen du conseil d'Etat, qui fondit les deux projets en un projet unique, lequel, adopté par la Chambre et le Sénat, est devenu, avec quelques modifications ayant pour objet de faire bénéficier les caisses d'épargne ordinaires des avantages spéciaux de la nouvelle caisse d'épargne postale créée, la loi organique des 5 et 12 avril 1881.

59. Un décret du 31 août 1881 portant règlement d'administration publique a été rendu pour l'exécution de la loi du 9 avril 1881, il concerne d'ailleurs exclusivement la caisse postale, sauf un article qui dispose qu'à partir du jour où cette loi et ce règlement sont appliqués à un bureau de poste, ce bureau cessera de prêter aux caisses d'épargne privées le concours qui leur avait été accordé par le décret du 23 août 1875. Conformément à cette disposition, un décret du 3 décembre 1881 décida qu'à partir du 1er janvier 1882 tous les bureaux de poste ouverts au service de la caisse d'épargne postale et qui, en vertu du décret du 23 août 1875, prêtaient leur concours aux caisses d'épargne privées ne seraient plus autorisés à faire aucune opération pour le compte de ces caisses. Ce même décret a fixé au 1er janvier 1882 la mise à exécution de la loi du 9 avril 1881 et l'ouverture de la caisse d'épargne postale.

Le 28 décembre 1881, le ministre du commerce adressa aux directeurs des caisses d'épargne une circulaire pour leur donner les instructions que comportait le changement de législation.

60. L'élévation du maximum du crédit prononcée par la nouvelle loi eut pour effet de donner aux opérations des caisses d'épargne privées un développement sans précédent. Il résulte, en effet, d'un état publié au *Journal officiel* du 21 mai 1883, que, d'après les renseignements provisoires fournis au ministre du commerce, ces établissements ont reçu, en 1882, première année où la loi du 9 avril 1881 a été appliquée, 644,507,808 fr. 90 c., et au 31 décembre, elles devaient à leurs déposants un solde de 1,745,757,857 fr. 28 c., et cela sans préjudice des économies recueillies par les caisses postales et qui, à la même date, montaient de leur côté à 46,823,441 francs.

61. En 1869, M. Boinvilliers, sénateur, dans un rapport fort étudié, signalait certains déficits qui s'étaient produits dans plusieurs caisses d'épargne, par suite de désordres et de malversations. L'administration supérieure avait bien fait des efforts pour porter remède à ce mal; tantôt les conseils municipaux étaient venus au secours des déposants; quelquefois les directeurs s'étaient considérés comme responsables; une fois même ils avaient été condamnés par jugement. Ces efforts avaient pu parer au mal accompli, mais ne pouvaient l'empêcher de se produire.

62. En 1883, de nouveaux et importants sinistres, qui ont eu lieu dans deux caisses d'épargne (Tarare et Annecy), sont venus donner raison aux préoccupations de M. Boinvilliers. A cette occasion, le ministre du commerce nomma une commission extraparlementaire chargée d'examiner ces questions et de proposer les mesures qu'il convenait de prendre. Cette commission a rédigé un projet de loi qui a été soumis à la Chambre des députés le 14 juin 1883. Aux termes de ce projet, il était effectué sur l'intérêt servi aux caisses d'épargne, par la Caisse des dépôts et consignations, un prélèvement égal à 0 fr. 10 0/0 l'an des sommes déposées à l'effet de constituer, au profit desdites caisses d'épargne, à titre de propriété collective, un fonds commun de garantie.

Ce prélèvement devait être suspendu lorsque le fonds commun aurait atteint 50 cent. 0/0 des capitaux déposés au 31 décembre de l'année précédente. En cas de suppression, dissolution ou liquidation d'une caisse d'épargne, ses droits au fonds commun demeuraient acquis aux caisses en exercice.— Ce fonds commun de garantie était destiné à couvrir, en tant que de besoin, les pertes pouvant accidentellement résulter de la gestion des caisses d'épargne avant le dépôt des capitaux qu'elles sont tenues de verser à la Caisse des dépôts et consignations, ou après le retrait de ces capitaux. — Le fonds commun de garantie était géré par la Caisse des dépôts et consignations, pour le compte des caisses d'épargne, sous la direction et le contrôle de la commission de surveillance instituée par les lois des 28 avril 1816 et 6 avril 1876. La commission de surveillance était appelée à fixer le montant des sommes à allouer aux caisses d'épargne dans les cas prévus, à faire exercer les actions en répétition encourues et à déterminer l'emploi des capitaux disponibles. Toutefois, ces capitaux ne pouvaient être placés qu'en valeurs du Trésor, et les opérations d'achat et de vente de ces valeurs ne pouvaient avoir lieu qu'avec l'autorisation préalable du ministre des finances. — Enfin, le dernier article du projet stipulait que la Caisse des dépôts et consignations pourrait avancer les sommes nésaires à l'effet de couvrir les pertes réalisées avant la constitution du fonds commun de garantie auxquelles ce fonds était éventuellement destiné à pourvoir. Le montant et les conditions desdites avances devaient être fixés par la commission de surveillance, et les sommes avancées remboursées en capital et intérêts à la Caisse des dépôts et consignations par le fonds commun de garantie.

63. Du projet soumis à la Chambre, un article a été détaché et converti, le 6 juillet 1883, en une loi spéciale, aux termes de laquelle la Caisse des dépôts et consignations a été autorisée à faire provisoirement, et sous la garantie du Trésor public, l'avance des sommes nécessaires pour permettre la réouverture des caisses d'épargne dont les opérations seraient suspendues. Elle pouvait exercer toute action en répétition et en responsabilité contre qui de droit. L'administration des caisses d'épargne, dont les opérations seraient suspendues, pouvait être confiée provisoirement soit aux agents de la caisse d'épargne postale, soit à des agents spéciaux désignés

par le ministre des finances et par le ministre du commerce

64. L'institution des caisses d'épargne, dans le cours de son existence, a traversé des phases diverses. Les commencements en furent difficiles, parce que, si l'idée qui a inspiré la formation de ces établissements reposait sur une donnée juste et morale, les moyens à employer pour la mettre à exécution furent défectueux. L'attribution aux déposants d'une coupure de rente dès que le montant des économies par eux versées était suffisant pour l'acheter ne répondait que très imparfaitement au but que l'on s'était proposé. Ce système leur enlevait la disponibilité de leur argent, principal avantage qu'ils devaient avoir en vue en versant leurs fonds, et les soumettait aux incessantes fluctuations des cours de la Rente, qui pouvaient amoindrir leur capital. D'un autre côté, les dépôts trop faibles pour être convertis exposaient les caisses d'épargne à des périls incessants résultant de ces mêmes fluctuations. L'emploi en rente des fonds des déposants, emploi qu'elles devaient opérer pour ne pas laisser improductifs ces mêmes fonds sur lesquels il leur fallait servir des intérêts, leur faisait courir des chances de pertes qu'il eût été seulement possible de contrebalancer, non sans difficulté, au moyen d'une réserve spéciale formée par l'excédent de leurs bénéfices annuels. Il y avait donc là un double danger qu'il était peut-être difficile d'éviter dans les conditions imparfaites où l'on opérait alors, c'est-à-dire sans recourir à l'emploi de valeurs commerciales à brève échéance, comme le font les banques de dépôts et comptes courants. Il convient d'ajouter que si ces difficultés ne s'étaient pas présentées les caisses d'épargne auraient sans doute été organisées dans des conditions toutes différentes, et eussent eu de grandes analogies avec nos banques actuelles.

Quoi qu'il en soit, la théorie n'avait pas suffi à faire apercevoir ces obstacles, que l'expérience et la pratique ne devaient pas tarder à mettre en pleine lumière.

65. L'erreur provenait de ce qu'on considérait à tort les caisses d'épargne comme des établissements de bienfaisance, tandis qu'elles sont des établissements de prévoyance, faisant des opérations de comptes courants. En effet, si ces caisses

offrent aux petits capitaux un moyen d'accumulation, il est non moins certain qu'en y versant ses fonds le déposant entend s'en réserver la disponibilité, le cas échéant, et faire ainsi acte de prévoyance. Aussi, lorsque la force des choses leur eut donné leur véritable caractère et que la responsabilité des placements leur eut été retirée, elles se développèrent rapidement.

66. L'ordonnance de 1829 et la loi du 9 juin 1835 marquent donc l'ouverture d'une nouvelle période. Alors commence entre les caisses et l'État une association qui a subsisté depuis ce moment. Seulement cette association a produit une divergence entre les intérêts respectifs des deux parties et amené l'Etat à intervenir de plus en plus dans le fonctionnement des caisses d'épargne, pour le réglementer en aggravant chaque fois les conditions qu'il mettait à leur continuer son concours.

67. C'est là, en effet, le sens qu'il faut donner aux diverses mesures restrictives qui ont été successivement apportées à leur développement par les lois des 22 juin 1845 et 30 juin 1851. L'Etat, à côté des bienfaits incontestables que les caisses d'épargne répandaient dans la population, mais dont il ne recueillait les avantages qu'indirectement, sentait surtout les inconvénients que lui imposait directement la gestion d'une masse considérable de capitaux qu'il se représentait comme remboursables à vue. Il était même porté à s'exagérer le danger qui pouvait en résulter pour lui. Il voulait bien favoriser les caisses d'épargne, mais il aurait presque été tenté de désirer qu'elles ne développassent pas leurs opérations et qu'elles refusassent l'argent qu'on leur versait. De là cette tendance à soupçonner que les dépôts opérés à ces établissements ne provinssent de personnes auxquelles il jugeait que les caisses d'épargne n'étaient point destinées et les difficultés dont il hérissait leur approche, afin de faire reculer le petit capitaliste, sans penser qu'elles feraient aussi bien reculer l'ouvrier, qui, pour déposer son argent, avait encore moins de temps à perdre que le petit capitaliste.

68. D'ailleurs, tous ces moyens prohibitifs étaient, en fait,

inutiles. La révolution de 1848 a suffisamment prouvé que, lorsque se produisent des crises intenses, soit au point de vue politique, soit au point de vue financier, les précautions que l'on croit prendre à l'aide de certaines restrictions, comme celles prescrites par la loi du 22 juin 1845, demeurent vaines. Dans des moments semblables, le Trésor ne sera jamais en mesure de réunir les fonds qui lui seront réclamés pour assurer les remboursements de tous les capitaux des caisses d'épargne, quel que soit le montant de ces capitaux, dont une partie, d'ailleurs considérable, peut n'être pas redemandée.

Ainsi que le disait M. Thiers (1) en 1850 : « Il faut être sincère envers le public; et promettre de rembourser toujours à vue des dépôts dont on promet aussi de servir un intérêt et qu'on s'oblige à placer pour les faire fructifier, c'est promettre l'impossible, c'est s'exposer nécessairement à des manquements de parole. Il ne faut promettre que le possible, que ce que l'on peut tenir. » Ces paroles sont de la plus grande vérité et elles auraient dû toujours inspirer la conduite de l'Etat envers les caisses d'épargne, comme elles l'ont fait depuis 1870. Pour prévenir les dangers que produirait, en cas de crise, une affluence extraordinaire de demandes de remboursements, en présence d'une masse considérable de capitaux versés à l'Etat par les caisses d'épargne, un seul moyen est pratique, c'est celui qui existe dans les législations étrangères, et qui fut adopté en 1870 par le gouvernement de la Défense nationale, celui que consacre l'article 2 de la loi du 9 avril 1881, qui forme ce qu'on appelle la clause de sauvegarde, et qui autorise le gouvernement, dans des cas semblables, à échelonner les remboursements.

69. Les faits avaient surabondamment démontré, du reste, l'insuffisance des mesures restrictives successivement édictées sous l'empire de cette constante préoccupation. A la suite de la réduction du maximum du crédit à 2,000 francs, prononcée par la loi du 22 juin 1845, mesure dont l'exécution coïncida

---

(1) Rapport au nom de la commission parlementaire de l'assistance et de la prévoyance publiques.

avec une crise alimentaire très intense, la diminution du montant des fonds provenant des caisses d'épargne n'avait atteint qu'un chiffre insignifiant, et le rapporteur de la loi du 30 juin 1851, M. Gouin, tout à fait partisan du système et défenseur opiniâtre des intérêts de l'Etat, était obligé de convenir que le seul effet de cette loi avait été de ne pas accroître les sommes dont le Trésor public était débiteur. C'était un mince résultat.

La loi du 30 juin 1851, en abaissant le maximum du dépôt à 1,000 francs, limite extrême pour ne pas rendre l'institution stérile et inutile, n'a pas donné un meilleur résultat au point de vue dont il s'agit.

Dès que la catastrophe de 1848 eut été effacée du souvenir des déposants et que la confiance fut revenue, l'argent afflua de nouveau dans les caisses d'épargne.

Les obstacles que l'on avait cru établir par la loi du 30 juin 1851 étaient donc inutiles. En 1869, ce n'était pas 400 millions comme à la veille de 1848 que les caisses devaient à leurs déposants, mais plus de 700 millions.

70. Depuis 1866, un autre courant s'était d'ailleurs produit dans les idées.

Le but que l'on s'attacha à poursuivre était de faciliter aux déposants l'accès des caisses d'épargne, en mettant plus à leur portée ces utiles établissements et en faisant pénétrer leur action sur tous les points du territoire. De là les diverses combinaisons qui ont été examinées, les essais infructueux tentés avec le concours des percepteurs, et enfin la création de la caisse d'épargne postale. La constitution pour les caisses d'épargne privées d'un fonds commun de garantie, qui est maintenant à l'étude, comblera, si elle est votée, une lacune importante, et réalisera un progrès considérable en assurant à ces établissements et aux fonds qu'ils reçoivent des conditions de stabilité et de complète sécurité.

71. La législation qui régit en ce moment les caisses d'épargne comprend :

1° Les articles 1, 2, 7, 8, 9, 10, 11 et 12 de la loi du 9 juin 1835 ; 2° les articles 1 et 3 de la loi du 31 mars 1837 ; 3° l'article 5 de la loi du 22 juin 1845 ; 4° les articles 5, 6, 7 et 8 de la loi du 30 juin 1851 ; 5° les articles 1, 3 et 4 de la loi du 7 mai 1853 ; 6° enfin les deuxième et troisième paragraphes de l'article 3 ; les deux derniers paragraphes de l'article 6 ; les articles 8, 9, 12, 13, le dernier paragraphe de l'article 14 et l'article 20 de la loi du 9 avril 1881 sur la Caisse postale, rendu applicable aux caisses d'épargne ordinaires par l'article 12 de la même loi.

Les caisses d'épargne sont encore régies par les articles 4, 5 et 7 de l'ordonnance du 3 juin 1829 et le décret du 15 avril 1852, portant règlement d'administration publique, auquel il y a lieu de joindre l'instruction ministérielle du 4 juin 1857, établie pour assurer son exécution ; l'ordonnance du 28 juillet 1846 et le décret du 15 mai 1858, relatifs aux versements exceptionnels faits par les militaires et marins, sont, en partie, abrogés depuis que la loi du 27 juillet 1872 a supprimé le remplacement en ce qui concerne les militaires, et ils paraissent être devenus sans objet pour les marins, par suite de la faculté accordée à tout déposant de faire en une seule fois des versements jusqu'à concurrence de 2,000 francs.

Enfin le décret du 29 août 1875 ne saurait plus actuellement être appliqué que dans celles de ces parties qui sont relatives à l'intervention des percepteurs dans les opérations des caisses d'épargne, le concours des receveurs des postes ayant été supprimé par les décrets des 31 août et 3 décembre 1881.

CHAPITRE II.

BUT ET UTILITÉ.

72. Les caisses d'épargne sont des établissements qui reçoivent les petites économies et les rendent à la volonté des déposants avec les intérêts accumulés. Elles sont, dit M. Charles Dupin, l'école primaire des capitaux du peuple. Elles servent de banques de comptes courants aux classes laborieuses, recueillent leurs épargnes même les plus modestes, et les leur rendent le plus souvent lorsque ces épargnes sont devenues du capital. « Chaque somme épargnée, en accroissant la fortune « individuelle, accroît la fortune publique. L'accumulation de « ces sommes forme les capitaux qui alimentent les banques, « soutiennent le crédit public et subviennent aux grandes en- « prises qui ont pour but de compléter notre outillage, de « développer notre industrie, notre commerce, notre agricul- « ture, et de nous mettre en mesure de soutenir la concur- « rence étrangère. Elles assurent enfin le succès des emprunts « nationaux au moyen desquels après avoir libéré le terri- « roire dans des conditions qui ont provoqué l'admiration du « monde entier, on pourra conduire à bonne fin ces grands « travaux publics qui amèneront comme résultat certain, la « grandeur et la prospérité de notre patrie (1). »

73. A ce titre les caisses d'épargne méritaient d'être encouragées par l'Etat, d'en recevoir un concours qui assurât aux capitaux qu'elles recueillaient la sécurité et une suffisante rémunération, car, suivant une parole célèbre, si les louis se dé-

---

(1) Rapport de M. Le Bastard au Sénat, sur la loi de 1881.

fendent bien eux-mêmes, l'Etat a mission d'intervenir pour protéger les gros sous. C'est donc bien à tort que certains auteurs qui n'avaient évidemment pas étudié suffisamment cette question ont avancé que l'Etat, en cette circonstance, s'était fait banquier, et qu'en agissant ainsi il était sorti de ses attributions au détriment de l'initiative privée pour fonder les caisses d'épargne. Si l'Etat est sorti de ses attributions et s'il a consenti à se charger d'une aussi lourde responsabilité, ce n'était pas pour empêcher l'initiative privée de s'exercer ; loin de là, mais en réalité, l'initiative privée à laquelle seule doit être attribuée la création des caisses d'épargne, n'a rien pu faire pour leur fonctionnement tant qu'elle n'a pas été associée à l'action du Gouvernement, et c'est grâce à cette association que les caisses d'épargne ont pu prospérer.

74. Les caisses d'épargne jouent encore un autre rôle. Elles font partie de cet ensemble d'institutions de prévoyance qui, en développant dans l'individu le sentiment de la responsabilité et de la propriété, sont un moyen des plus efficaces pour combattre l'indigence et aider à la moralisation des masses. Elles préviennent la détresse, la misère et la pauvreté, combattent la paresse, détournent des mauvaises habitudes, augmentent les liens de la famille en assurant à leurs chefs les moyens de soutenir, d'élever et de placer leurs enfants. Voilà ce qu'elles font pour l'individu, en même temps qu'elles augmentent le nombre des citoyens attachés à la fortune de l'Etat et par suite à sa sûreté et à sa tranquillité, et qu'elles multiplient graduellement les petits propriétaires mobiliers qui se trouvent intéressés à la bonne gestion des affaires publiques : suivant même d'intéressantes constatations qui ont eu lieu, elles font diminuer la criminalité; elles peuvent enfin atténuer les charges de l'assistance publique. Tels sont les bienfaits que les caisses d'épargne apportent à la société, et il était dès lors très naturel qu'en retour elles en reçussent des avantages et un sérieux appui.

CHAPITRE III.

75. Quel est le caractère juridique des caisses d'épargne?

En 1835, il avait été question, ainsi qu'on l'a vu plus haut, d'en faire des établissements publics. Mais dans le rapport qu'il adressait à la Chambre des pairs, M. le comte Roy se refusait à leur reconnaître cette qualification, et sur sa proposition, cette Chambre supprima du projet présenté l'assimilation qui en était faite aux établissements publics, tout en inscrivant la disposition en vertu de laquelle les caisses d'épargne étaient déclarées aptes à recevoir des dons et legs dans les formes et selon les règles prescrites pour les établissements d'utilité publique. Il semble donc que les caisses d'épargne constituent non des établissements publics, mais des établissements d'utilité publique.

Malheureusement on sait que la législation générale qui régit les établissements publics et d'utilité publique présente d'étranges confusions et ne permet pas toujours de distinguer nettement ces deux sortes d'établissements. Le législateur a souvent employé ces deux expressions indifféremment, et alors qu'il n'a pas respecté les termes, on comprend que les jurisconsultes et les administrateurs aient hésité sur le sens qui doit leur être attribué.

De là, croyons-nous, les hésitations qu'a éprouvées à plusieurs reprises la justice civile, et les erreurs commises par les commentateurs qui ont étudié ses décisions. Un arrêt de la cour d'Amiens du 29 mars 1855 (1), qui ne paraît pas soupçonner

______

(1) Amiens, 29 mars 1855, D. P. 55.2.305.

que la doctrine administrative différencie les établissements
publics et les établissements d'utilité publique, a proclamé les
caisses d'épargne établissements publics, et du coup leur a
attribué tous les caractères, non pas seulement des établi sements publics, mais des administrations publiques elles-mêmes. La chambre des requêtes, dans un arrêt du 3 avril 1854, a
fait presque les mêmes erreurs (1). D'un autre côté, la cour
de Paris, mêlant les établissements publics et d'utilité publique
et leur opposant les établissements privés, a fait des caisses
d'épargne de simples institutions particulières (2). L'erreur de
tous ces arrêts est facile à saisir, et la chambre civile de la
Cour de cassation, mieux inspirée que la chambre des requêtes,
l'a fait ressortir dans deux arrêts en date des 5 mars 1856 et
8 juillet 1856 (3) par lesquels elle a reconnu aux caisses d'épar-

---

(1) Cass. Req. 3 avril 1854, D. P. 54.1.244.
(2) Paris, 17 mars 1854, D. P. 54.2.107; — Caen, 18 mai 1854, D. P.
54.2.264.
(3) Cass. Civ. 5 mars 1856. — La Cour, sur le premier moyen de pourvoi fondé sur ce que les caisses d'épargne seraient des établissements
publics, et que les condamnations prononcées contre elles ne pourraient
recevoir leur exécution que par la voie administrative; — attendu que
la caisse d'épargne et de prévoyance de Caen, fondée sous le titre et
dans la forme d'une société anonyme, a été autorisée et ses statuts approuvés par ordonnance royale rendue le 10 août suivant, dans les formes des
règlements d'administration publique; — qu'ainsi elle a été appelée à jouir
de tous les avantages spéciaux accordés à ces sortes d'institutions par
les lois et règlements qui les concernent, tels que, notamment, de verser des fonds en compte courant au Trésor public, et sous la garantie du
Trésor, dans la Caisse des dépôts et consignations, et sous la surveillance des divers agents et préposés de ladite caisse et du Trésor; —
attendu que cette autorisation, ces avantages et cette surveillance, accordés à ces sortes d'institutions à raison de leur *objet* et de leur *but
d'intérêt général* et d'utilité publique, ne leur ont point imprimé le caractère d'*établissements publics*; qu'à la différence des *établissements publics
proprement dits*, l'autorité gouvernementale ou administrative n'intervient pas directement dans leur gestion; qu'elles opèrent et s'adminis-
trent elles-mêmes avec indépendance, en se conformant aux lois et règlements généraux qui les régissent, chacune d'après ses statuts particuliers;
qu'elles ont la nomination et la disposition de leur personnel; — qu'aussi
à la différence des règles de l'administration des communes, des fabriques
et des hospices, d'après lesquelles aucun payement ne peut se faire
qu'en vertu d'un crédit ouvert au budget et approuvé par l'autorité supérieure, et d'un mandat délivré par le maire ou l'ordonnateur compétent,
avec faculté, de la part de cette autorité supérieure, de porter d'office
au budget les sommes dues que l'administration locale aurait refusé d'y
inscrire, le service des caisses d'épargne s'exécute d'après des règles

gne le caractère d'établissements d'utilité générale en leur con-
testant celui d'établissements publics.

Les caisses d'épargne, en effet, ne sont ni des établissements
publics ni des institutions privées ; quand elles ne sont pas
reconnues, elles ne sont rien que des associations sans droits ;
quand elles sont valablement établies elles sont des établissements d'utilité publique.

76. La distinction entre les établissements publics et d'utilité publique n'est pas, en effet, une création fictive de législation; elle résulte de la nature même de ces deux sortes
d'institution : un établissement public est *une institution
créée et établie par la loi* à laquelle la personnalité civile a
été attribuée *pour la gestion d'un service public* au moy en
de ressources qui lui sont propres; un établissement d'utilité
publique est un établissement *privé* revêtu de la personnalité
civile, à cause de *l'utilité qu'il présente pour le public* (1).
A l'établissement public tous les avantages et tous les inconvénients qui résultent de son origine, de son but, de sa participation directe à l'administration du pays ; à l'établissement
d'utilité publique la liberté relative d'action et les charges de
cette liberté: les bureaux de bienfaisance, la Caisse d'épargne

---

tout à fait différentes; qu'il n'existe pas de budget soumis à l'autorité
supérieure et à son approbation, et qui puisse être modifié par elle, et
que, en dehors des avertissements préalables et à donner à délai déterminé par les déposants qui veulent opérer le retrait de leurs fonds, aucun mode de réclamation n'est tracé aux créanciers des caisses d'épargne
pour le recouvrement de leurs créances reconnues ou fixées après contestations, par des jugements et arrêts ayant acquis l'autorité de la
chose jugée; — qu'il suit de là que les caisses d'épargne, créées dans
un but d'intérêt général et d'utilité publique, sont néanmoins des établissements privés auxquels les principes de droit commun sont applicables,
et contre lesquels, ainsi que contre leurs biens, en l'absence de dispositions législatives qui en prescrivent ou permettent de particulières et de
spéciales, peuvent être employées toutes les voies de poursuites et d'exécution autorisées par le droit commun et dans les formes qu'il établit...
Rejet.

En ce sens également, Crim. Cass. 10 février 1883 (Bonnaud), D. P. 83,
1.437; Crim. Cass. 7 décembre 1883 (Freydie) D. P. 84.1.312.

(1) Léon Béquet, *Les établissements publics et d'utilité publique*, p. 21;
— Aucoc, t. I.

postale sont des établissements publics; les caisses d'épargne ordinaires, des établissements d'utilité publique.

La jurisprudence administrative, plus familière avec ces idées et ces distinctions, n'a pas fait les confusions que nous avons relevées dans les jugements des tribunaux civils; elle a toujours appliqué aux caisses d'épargne la dénomination d'établissements d'utilité publique et leur en a attribué les bénéfices (1).

77. Les caisses d'épargne sont-elles des établissements de bienfaisance?

La question présente un triple intérêt juridique, administratif et économique. Nous n'hésitons pas, quant à nous, à soutenir qu'on ne saurait à aucun point de vue les considérer comme des établissements de charité, mais comme de véritables institutions de crédit. Les caisses d'épargne sont des caisses où les dépôts d'argent sont reçus par fractions minimes, placés par les soins de l'administration de la caisse, et restitués, en principe, à la première demande du déposant. Ce sont des sortes de banques se livrant à des opérations financières. Ce sont, sans doute, des établissements d'épargne et de prévoyance; mais si l'on veut bien étudier le rôle de toute banque de dépôts, on doit se convaincre que ces sortes de maisons de crédit forment aussi des établissements d'épargne et de prévoyance. Le déposant à qui l'on remet l'argent qu'il a versé avec les intérêts que celui-ci a pu produire, ne reçoit que ce qui est sa propriété; en lui remettant son solde, on ne lui fait pas une charité et on ne lui accorde aucune aumône; on paye simplement une dette contractée. A quel titre pourrait-on considérer les caisses d'épargne comme étant des établissements de bienfaisance? Est-ce parce que leur administration est, en général, gratuite? Mais outre que cette gratuité n'est jamais absolue, puisque, sur les produits des sommes placées, une certaine fraction est toujours réservée aux frais d'administration, bien d'autres établissements de cré-

---

(1) Cons. d'Ét. int. et com., 1er avril 1834 (Caisse d'ép. de Nevers), *Infrà*, n° 91.

dit qui n'ont aucune prétention à faire la charité opèrent de même gratuitement le placement des fonds qui leur sont déposés et opèrent les remboursements, se contentant des bénéfices que l'agio peut leur procurer? Est-ce parce que le payement doit toujours être d'une somme au moins égale à celle qui a été déposée, quelle qu'ait pu être d'ailleurs la variation subie par les cours de la somme placée? Mais cette condition est encore commune à tous les dépôts de choses fongibles.

78. Les caisses d'épargne sont, disons-nous, de simples institutions de crédit. Il en résulte que les principes et les règles qui leur sont applicables ne sont pas, en général, ceux qui régissent les œuvres charitables, mais plutôt ceux qui doivent être appliqués aux véritables banques ; il en résulte également que leur surveillance et leur gouvernement doivent être placés dans les attributions, non de l'administration de l'assistance publique, mais dans celles du ministère du commerce ; enfin il en résulte que, lorsqu'on examine les conditions de leur service et lorsque l'on fixe les lois qui doivent les régir, il importe de se préoccuper avant tout de l'action que leur fonctionnement peut exercer sur le crédit général de l'Etat et la fortune privée des particuliers.

79. La pratique administrative est d'ailleurs conforme à la doctrine que nous venons d'établir, et elle a été expressément sanctionnée par la jurisprudence d'un haut tribunal administratif : la Cour des comptes (1).

---

(1) Cour des comptes, 6 avril 1842. — La Cour, — Vu le compte présenté par le sieur Michel, caissier de la caisse d'épargne de Metz, département de la Moselle, des recettes et des dépenses par lui faites pendant l'année 1840 et les pièces produites au soutien; — Vu l'ordonnance royale du 17 novembre 1819, portant établissement à Metz d'une caisse d'épargne et de prévoyance dans le département de la Moselle; — Vu l'ordonnance royale du 22 juillet 1837, qui a constitué le mont-de-piété et la caisse d'épargne de Metz en établissements spéciaux; — Vu la loi du 18 juin 1823, relative à la comptabilité des monts-de-piété; — Vu les lois des 5 juin 1835 et 31 mars 1837, relatives aux caisses d'épargne; — Vu le décret du 16 septembre 1807, sur l'organisation et la juridiction de la Cour des comptes; — Vu l'ordonnance du 23 avril 1823, sur la comptabilité des communes, et celle du 22 janvier 1834, sur la

comptabilité des hospices et des bureaux de bienfaisance; — Vu les conclusions par écrit du procureur du roi, à la date du 4 avril 1842;

Ouï le rapport de M. Fossé d'Arcosse, conseiller référendaire, lu à la Cour par M. de Gombert, conseiller référendaire, et après avoir entendu M. Lavalette, conseiller maître, en ses conclusions;

Attendu que les comptes des caisses d'épargne sont en général soumis aux administrateurs de ces établissements, et que, pour les cas exceptionnels, lorsque les ordonnances de création de quelques caisses d'épargne ont établi la nécessité de rendre un compte; elles ont désigné l'autorité compétente pour statuer sur leurs résultats, et que la Cour des comptes n'est indiquée dans aucune de ces ordonnances;

Attendu que les caisses d'épargne n'ayant jamais eu, même par extension, la qualification d'établissements de bienfaisance, aucune des dispositions des lois et ordonnances susvisées ne leur est applicable, et que, dès lors, de ce que le préfet a été chargé, par l'article 4 de l'ordonnance du 17 novembre 1819, du jugement de la caisse d'épargne de Metz, on ne doit pas conclure qu'il y ait lieu d'attribuer son jugement à la Cour des comptes, par suite des dispositions de l'ordonnance royale du 22 janvier 1831, qui n'est relative qu'aux comptes des hospices et bureaux de bienfaisance;

Considérant qu'en fait et en droit la Cour n'est pas appelée à connaître des comptes des caisses d'épargne, quels que soient les points de relation de ces institutions avec les établissements dits de bienfaisance;

Considérant que si la Cour a jugé les opérations de la caisse d'épargne de Metz alors qu'elles étaient confondues avec les opérations du mont-de-piété de la même ville, dans les comptes rendus par le caissier de cet établissement, il n'en peut être de même maintenant que, se conformant à ce qui a été prescrit par l'article 4 de l'ordonnance royale du 17 novembre 1819, il est rendu un compte spécial des opérations de la caisse d'épargne;

Se déclare incompétente pour juger le compte présenté par le sieur Michel, en qualité de caissier de la caisse d'épargne de la ville de Metz pour l'année 1840;

En conséquence :

Ordonne que ledit compte et les pièces qui ont été produites à l'appui seront renvoyés au caissier de la caisse d'épargne de Metz, pour être, par ce comptable, soumis au jugement de qui de droit;

Ordonne qu'une expédition du présent arrêt sera, à la diligence du procureur général du roi, notifié au comptable, aux administrateurs de la caisse d'épargne de Metz et au préfet du département de la Moselle.

TITRE II.

DES CAISSES D'ÉPARGNE PRIVÉES.

CHAPITRE PREMIER

CONSTITUTION.

SECTION PREMIÈRE.

ORGANISATION.

80. Les incertitudes qui existaient à l'origine sur la nature des caisses d'épargne avaient eu une influence considérable sur le mode de constitution de ces établissements qui, comme on l'a vu, furent organisés sous les formes les plus diverses jusqu'à la loi du 5 juin 1835. La première forme adoptée, relativement à la Caisse d'épargne de Paris, avait été celle de société anonyme. Elle l'avait été sur l'avis du conseil d'Etat. En 1819, une caisse fut établie à Metz comme annexe du mont-de-piété. La considération qui provoqua cette combinaison fut que l'administration de cette caisse, loin d'être une charge pour le mont-de-piété, lui procurerait des avantages certains, puisque c'était à lui que reviendrait la différence entre l'intérêt qu'il recevrait des emprunteurs et celui qu'il payerait aux déposants ses prêteurs. En 1821, deux caisses furent autorisées, l'une à Marseille et l'autre à Troyes, et toutes deux sous une forme différente, bien que la même dénomination leur eût été appliquée : celle d'établissement de bienfaisance. Sur la demande de ses fondateurs, la caisse de Marseille avait reçu cette qualification dans ses statuts et dans

l'ordonnance d'autorisation. La caisse de Troyes, au contraire, avait été créée par le conseil municipal. C'était la première fois qu'un conseil municipal, intervenant directement en cette matière, avait voulu fonder un établissement de l'espèce en le prenant sous son patronage et sa dépendance.

Mais, plus tard, en 1828, 1830, 1831, 1832 et 1833, les caisses de Nîmes, Rennes, Toulouse, Orléans, Toulon, Versailles, Amiens, ne reçurent dans l'acte d'autorisation aucune qualification particulière. Elles furent autorisées comme *caisses d'épargne*, à titre, par conséquent, d'établissement spécial.

Cependant des différences essentielles les caractérisaient. Les unes avaient été fondées par les conseils municipaux et se rapprochaient plus ou moins du type de la caisse de Troyes; les autres l'avaient été par des particuliers et elles pouvaient être assimilées à celle de Marseille. Enfin, quelques-unes le furent à la fois par des particuliers et le conseil municipal.

Jusqu'à la loi de 1835, les caisses d'épargne furent donc constituées, comme on le voit, soit comme *sociétés anonymes*, soit comme *annexes à des monts-de-piété*, soit comme *établissements de bienfaisance*, soit comme *établissements spéciaux;* les unes placées sous le patronage des conseils municipaux, les autres fondées par des particuliers et quelques-unes avec ce double concours.

81. Plusieurs de ces formes rentraient les unes dans les autres. Les différences qui séparaient les caisses d'épargne établies comme sociétés anonymes, comme établissements de bienfaisance ou comme établissements spéciaux fondés par des particuliers étaient insignifiantes et ne répondaient à aucun caractère distinctif dans la nature de la caisse. « Les sociétés anonymes, porte un avis du conseil d'Etat du 4 juillet 1820, (1) émis à l'occasion de la caisse de Marseille, étant

---

(1) Cons. d'Ét. int. et com. 4 juillet 1820. — Vu l'acte constitutif de cet établissement, les pièces à l'appui, ainsi que les lois, décrets et ordonnances relatives aux diverses sortes de sociétés, les articles du code de commerce de 29 à 37, et l'article 931 du code civil.;

Considérant :

1° Qu'il paraît par un rapport, à la suite duquel l'acte constitutif de

formées dans des vues d'intérêt, il peut bien être admis que les fondateurs d'une caisse d'épargne et de bienfaisance ne sont pas tenus de se constituer en une société de cette nature, mais ils n'en forment pas moins, par les dispositions mêmes de leurs statuts, une véritable société qui n'est pas, il est vrai, comprise dans la classe de celles qui sont régies par les dispositions des articles 29 à 37 du code de commerce ; mais qui n'en diffère qu'en ce point que les fondateurs qui en sont les mandataires nécessaires ne sont pas révocables à la volonté des associés, et que les actions qui sont ici représentées par ces dépôts ont une valeur inégale et une durée indéterminée. L'organisation donnée à un établissement de cette espèce par l'acte constitutif produit une réciprocité de charges, de bénéfices, d'obligations et de droits entre les intéressés dont la règle se trouve dans les dispositions de cet acte. Les fondateurs eux-mêmes y contractent des obligations de zèle, de

---

cet établissement a été formé, que ses fondateurs, uniquement occupés d'un objet d'utilité publique et de bienfaisance, se sont attachés à prévenir toute supposition de vues de spéculation et d'intérêt personnel ; que, pour ce motif, ils ont soigneusement évité, dans la rédaction de leur acte constitutif, de se désigner par une dénomination qui aurait pu les assimiler à des associations de commerce, et que c'est pour que leur association ne fût pas regardée comme une société anonyme qu'ils ont affecté de s'exempter de l'obligation imposée à ces sociétés par l'article 40 du code de commerce, de se constituer par un acte passé devant un officier public ; qu'en ce point ils sont tombés dans une grande erreur, la dénomination qu'ils ont donnée à leur établissement ne pouvant en changer la nature, et la forme qu'ils ont préféré donner à leur acte ne devant pas les soustraire à l'obligation éventuelle de lui substituer la forme même qu'ils ont voulu éluder, à la suite du premier différend qui pourrait s'élever soit entre eux, soit de la part de ceux pour l'avantage de qui leur établissement a été formé et qui, par la volonté de l'un d'eux, pourrait être porté devant les tribunaux ordinaires ;

Que l'article 931 du code civil prescrit que toutes donations entre vifs seront passées devant notaire dans la forme ordinaire des contrats, et qu'une des principales dispositions de l'acte porte une donation de 11,422 francs faite par les fondateurs qui ne peuvent être légalement tenus de leur obligation que par la force d'engagements contractés devant un officier public ;

2° Que les sociétés anonymes étant des établissements formés dans des vues d'intérêt, il peut bien être admis que les fondateurs d'une caisse d'épargne et de bienfaisance ne sont pas tenus de se constituer en une société de cette nature, mais qu'ils n'en forment pas moins, par les dispositions mêmes de leurs statuts, une véritable société qui n'est pas, il est vrai, comprise dans la classe de celles qui sont régies par la dispo-

prévoyance et d'exactitude, dont ils sont comptables entre eux et à l'égard des administrés. »

82. La constitution des caisses d'épargne sous l'un ou l'autre de ces trois modes comportait toujours une association de personnes qui, par leurs souscriptions, avaient contribué à doter l'établissement d'un premier fonds destiné à assurer le payement des dépenses. L'assemblée de ces personnes, appelées tantôt souscripteurs, tantôt fondateurs ou donateurs, était investie de droits parfois importants, parfois très restreints.

83. Dans certaines caisses, cette assemblée était appelée à nommer toujours le conseil des directeurs ou administrateurs, et à approuver les comptes ; dans d'autres, il lui appartenait de nommer pour la première fois le conseil des directeurs, qui ensuite se renouvelait lui-même, et d'approuver les

---

sition des articles 29 à 37 du code de commerce, mais qui n'en diffère qu'en ce point que les fondateurs qui en sont les mandataires ne sont pas révocables à la volonté des associés, et que les actions qui sont ici représentées par les dépôts ont une valeur inégale et une durée indéterminées; — Qu'il ne résulte pas moins de l'organisation qui est donnée à ces établissements par l'acte constitutif une réciprocité de charges, de bénéfices, d'obligations et de droits entre les intéressés dont la règle se trouve dans les dispositions de cet acte; que les fondateurs eux-mêmes y contractent des obligations de zèle, de prévoyance et d'exactitude dont ils sont comptables entre eux et à l'égard de leurs administrés, et que, pour le maintien de ces intérêts et l'accomplissement de ces devoirs, il importe que l'acte qui doit constituer l'établissement se produise dans la seule forme qui lui puisse donner toute la force dont il aura besoin pour remplir dans tous les cas à prévoir l'objet que ses fondateurs ont eu en vue;

3° Que les dispositions de cet acte sont en tout point conformes aux principes qui ont jusqu'à présent été reconnus comme les meilleurs pour assurer l'existence de ces établissements, et que les changements que leurs auteurs ont cru devoir faire aux actes constitutifs des sociétés précédemment autorisées n'ont d'autre motif que celui de favoriser les placements desdites épargnes et ne peuvent manquer de remplir ce but, qui est incontestablement le plus utile de tous ceux qu'on doit se proposer; — Sont d'avis: — Que l'établissement projeté à Marseille sous la dénomination de Caisse d'épargne et de prévoyance doit être autorisé ; mais que l'ordonnance royale qui doit l'approuver ne peut être donnée qu'autant que l'acte constitutif qui constate les engagements des fondateurs et règle les droits et les charges des intéressés aura reçu une forme légale, et après qu'il aura été passé devant un officier public.

comptes ; dans d'autres enfin, elle n'avait qu'à approuver les comptes ou même seulement à les entendre, les membres du conseil des directeurs restant en fonctions ayant qualité pour pourvoir au renouvellement annuel du conseil et aux avances accidentelles.

84. Des caractères essentiels séparaient les caisses dont il vient d'être parlé de celles qui étaient annexées à des monts-de-piété et de celles qui formaient des établissements spéciaux placés sous le patronage des conseils municipaux.

85. L'adjonction des caisses d'épargne aux monts-de-piété était de nature à produire quelques bons résultats, en procurant parfois aux monts-de-piété des ressources qui leur permettaient d'abaisser le taux de leurs prêts. Dans la discussion de la loi du 5 juin 1835, un député, M. Lombard-Bussière, afin de préconiser cette combinaison, faisait remarquer que le mont-de-piété était la contre-partie de la caisse d'épargne, l'un étant la maison de prêts et l'autre la maison d'épargne, et que tous deux agissaient sur la même portion du peuple. Il lui semblait donc préférable de les réunir de manière à former une banque intermédiaire et désintéressée prêtant aux uns ce qu'elle aurait reçu des autres. Mais à côté de ces avantages qui sont plus en faveur des monts-de-piété que des caisses d'épargne, les inconvénients de cette combinaison sont sérieux. Un avis du conseil d'Etat du 30 octobre 1833, émis à l'occasion de la fondation du mont-de-piété de Nancy, énumère quelques-uns de ces inconvénients. Les fonds des caisses d'épargne doivent toujours être libres et remboursables à la volonté des déposants. Au contraire, un mont-de-piété n'emprunte de fonds que pour les employer le plus tôt possible en prêts, et ces prêts ne sont recouvrables qu'à des termes plus ou moins éloignés. De plus, les circonstances difficiles de pénurie d'ouvrage ou de cherté de vivres, qui contraignent les déposants à retirer leurs fonds, sont aussi celles qui poussent les pauvres à emprunter aux monts-de-piété, et ces deux faits venant à se manifester simultanément, il y aurait danger de gêner et même de compromettre le service des deux établissements si l'on ne prenait soin de tenir les caisses complètement séparées. En conséquence, le conseil

E. 5

d'Etat demandait que tout emprunt à la caisse d'épargne fût
nterdit au mont-de-piété.

86. Aux inconvénients qui viennent d'être signalés on peut
encore ajouter les suivants :

Les bénéfices de la caisse d'épargne appartiennent au mont
de-piété ; il devient donc responsable des fonds versés aux
caisses d'épargne et il a fallu comme garantie stipuler en
faveur des déposants une hypothèque sur les biens des hôpi-
taux auxquels reviennent les bénéfices des monts-de-piété.

Le mont-de-piété n'a pas besoin pour ses opérations de
tous les fonds recueillis par la caisse d'épargne, et alors cette
combinaison ne la dispense pas d'avoir, comme toutes les
autres, un compte courant à la Caisse des dépôts et consignations.

Enfin, l'opinion publique a été loin de se montrer favorable
à cette combinaison. Les caisses d'épargne allouent 4 0/0 d'in_
térêt à leurs déposants; le mont-de-piété prête à un taux très
élevé. Il y a un contraste choquant à rapprocher deux établissements qui opèrent sur des bases si différentes, quand le
prêteur et l'emprunteur se confondent généralement dans la
même classe. L'emprunteur est en quelque sorte rendu solidaire du prêteur.

87. En fait, trois caisses seulement ont été autorisées sous
cette forme avant la loi du 5 juin 1835 : ce sont celles de
Metz, Avignon et Nancy. Ces caisses ont la presque totalité
de leurs fonds versée en compte courant à la Caisse des dépôts et consignations et, après une longue période d'existence,
elles n'ont pu se constituer de fonds de dotation, car leurs
bénéfices appartiennent, comme il vient d'être dit, au mont-
de-piété. Elles ne recueillent d'autre avantage que celui d'a-
voir une administration commune aux deux établissements ;
et cette administration n'est autre que celle du mont-de-
piété.

88. Les caisses constituées en établissements spéciaux placés sous le patronage des conseils municipaux, au contraire,
se sont multipliées rapidement et c'est même cette forme qui
a fini par prévaloir complètement.

Dans ces caisses, le conseil municipal, en compensation des charges financières que lui impose son concours, intervient pour nommer le conseil des directeurs ; des conseillers municipaux, en certain nombre, doivent faire partie du conseil des directeurs et la présidence en est dévolue au maire. Le conseil municipal est aussi appelé à couvrir l'excédent des dépenses de la caisse au moyen d'une subvention.

89. Les caisses d'épargne autorisées comme établissements de bienfaisance, de même que les caisses annexées à des monts-de-piété, n'ont toujours formé qu'une exception et l'on n'en compte que quatre : Marseille, Troyes, Lyon et Reims.

90. Lorsque les caisses d'épargne, au lieu d'être disséminées dans les différents services du ministère de l'intérieur, suivant leur mode de constitution, eurent été placées, en vertu d'un arrêté ministériel de 1831, à l'administration du commerce intérieur, ce qui les fit comprendre au nombre des attributions dévolues au ministère du commerce par l'ordonnance du 6 avril 1834, sur le partage des attributions ministérielles, une étude suivie de l'institution put être entreprise. Une plus grande uniformité de vues commença à se manifester dans l'organisation de ces établissements.

De bonne heure, on avait reconnu que la forme de société anonyme n'était pas appropriée à la nature des caisses d'épargne ; mais l'absence d'une législation spéciale portait à céder aux demandes des intéressés. Le conseil d'Etat, par un avis du 11 septembre 1829 (1), alla même jusqu'à prétendre que la responsabilité pour les fonds déposés exigeait que les

---

(1) Cons. d'Ét. int. et com. 11 septembre 1829 (Toulouse). — Considérant que la responsabilité pour les fonds déposés à cette caisse exige qu'elle soit fondée d'après une des formes de société reconnues par le Code de commerce ; — Que la forme de société anonyme est celle qui est réclamée par les fondateurs et qu'elle est, en même temps, le mode de société reconnu qui s'allie le mieux avec l'intention de bienfaisance qui a présidé à la formation de la caisse d'épargne de Toulouse.

Sont d'avis : — Qu'il y a lieu de modifier dans ce sens l'ordonnance proposée, qu'elle se bornera à autoriser la société établie par l'acte du

caisses d'épargne fussent fondées d'après une des formes de
société reconnues par le Code de commerce et que la forme
de société anonyme réclamée par les fondateurs était en
même temps le mode de société reconnue qui s'alliait le mieux
avec l'intention de bienfaisance de ces fondateurs.

91. Cette doctrine ne tarda pas à être modifiée, et deux
autres avis, des 22 février et 1er mars 1833 (1), demandèrent
la suppression de la qualification de société anonyme, cette
dénomination ne pouvant convenir qu'à une association ayant
pour but une spéculation quelconque.

Un autre avis, du 1er avril 1834 (2), ajouta que les caisses

---

14 mars 1829, passé chez Me Amilhau, notaire à Toulouse, sauf les modifications qu'il conviendra d y apporter du consentement des sociétaires,
suivant la forme déjà admis epour la création de la caisse d'épargne de
Rouen.

(1) Cons. d'Ét. int. et com. 22 février 1833 (Amiens). — Sont d'avis :
— D'adopter les statuts proposés, sauf les modifications suivantes :

Art. 1er. Supprimer la dénomination de *Société anonyme*, cette dénomination ne convenant qu'à une association qui a pour but une spéculation quelconque.

Art. 13. Au lieu de mettre le *fonds social* se composera. .., mettre
la *dotation* se composera, etc.

Cons. d'Et. int. et com. 1er mars 1833 (Tours). — Sont d'avis : —
Qu'il y a lieu d'approuver les statuts contenus dans l'acte notarié passé
devant Me Walvein et son confrère, les 12 et 13 novembre 1832, sauf les
modifications suivantes :

Supprimer dans l'article 1er la dénomination de *Société anonyme;* cette
dénomination ne pouvant convenir qu'à une société qui a pour but une
spéculation.

(2) Cons. d'Et. int. et com. 1er avril 1834 (Nevers). — Considérant
que les caisses d'épargne, malgré la qualification de société anonyme
qu'elles prennent, ne sont réellement que des établissements d'utilité
publique; qu'ainsi les considérations fondées sur l'utilité de la concurrence n'y sont pas applicables et que le gouvernement doit en limiter
le nombre d'après des raisons d'ordre public; — Qu'une caisse d'épargne
et de prévoyance a déjà été autorisée à Nevers par ordonnance du 28 janvier dernier; que cette caisse a été fondée par les principales autorités
et par les habitants les plus notables de la ville; — Que la population
de Nevers n'est pas assez considérable pour que la classe laborieuse et
économe ne trouve pas dans une seule caisse toutes les facilités et
toutes les sûretés qu'elle peut désirer pour le placement des épargnes;
— Que l'établissement d'une seconde caisse, au contraire, ne tendrait
qu'à faire naître un esprit de rivalité nuisible aux deux établissements;
— Qu'il résulte des renseignements donnés par le préfet qu'il a inutile-
ment proposé à la seconde société de se réunir à la première afin d'augmenter ses ressources :

Est d avis qu'il n'y a pas lieu d'accorder l'autorisation demandée.

d'épargne, malgré la qualification de sociétés anonymes
qu'elles prenaient, n'étaient que des établissements d'utilité
publique ; que, par suite, les considérations fondées sur l'u-
tilité de la concurrence ne leur étaient pas applicables et que
le gouvernement devait en limiter le nombre d'après des raisons d'ordre public.

92. Cependant la circulaire du 4 juillet 1834 avait reconnu
le droit de constituer les caisses d'épargne comme sociétés
anonymes, et avait même donné un modèle de statuts dans le
cas où la préférence serait donnée à cette forme.

93. La loi du 5 juin 1835 vint mettre un terme à toutes
ces incertitudes. Leur caractère d'établissement d'utilité publique était officiellement reconnu et, dès lors, il n'était plus
nécessaire, pour leur permettre d'agir, d'emprunter la forme
détournée d'une société anonyme ou autre, ou l'appui d'un
autre établissement public ou d'utilité publique. Le 25 août
suivant, le conseil d'Etat émit un avis par lequel il estimait
qu'il convenait de reconnaître directement la création des
caisses d'épargne nouvelles à fonder et de ne plus proposer
leur établissement sous forme de société anonyme.

Voici les considérations sur lesquelles reposait cet avis :

L'association qui peut résulter de souscriptions volontaires
destinées à assurer l'établissement d'une caisse d'épargne
ne présente point les caractères d'une société commerciale,
ces souscriptions ne devant faire l'objet d'aucune spéculation,
d'aucun trafic, n'étant soumises à aucune chance de gain ou
de perte, et étant uniquement déterminées par des motifs de
bienfaisance et d'utilité publique ; des souscriptions de cette
nature n'entraînent évidemment, de la part de ceux qui les
ont consenties, d'autre obligation que celle d'en réaliser la
valeur ; elles ne peuvent, en aucun cas, leur faire contracter
aucune obligation personnelle ni solidaire, relativement aux
engagements de la caisse dont elles ont en vue la dotation.
L'application de ces principes ne saurait inspirer aucune
défiance aux esprits les plus timides, depuis que la loi du
5 juin 1835 est intervenue et qu'elle a rendu les caisses
d'épargne aptes à recevoir les dons et legs.

Les principes de cet avis ont été depuis lors constamment appliqués avec la plus grande rigueur. Non seulement aucune caisse d'épargne n'a été autorisée sous forme de société anonyme, mais les anciennes caisses d'épargne, primitivement établies sous cette forme et que diverses circonstances contraignaient à se reconstituer, ont dû l'abandonner en se réorganisant.

94. Le mode de création des caisses d'épargne comme annexes à des monts-de-piété ayant été définitivement abandonné par suite notamment des considérations exprimées dans l'avis du conseil d'Etat rapporté plus haut, et la forme de société anonyme ayant été proscrite par ce nouvel avis, il ne restait plus que deux manières d'organiser les caisses d'épargne, en les instituant soit comme établissements d'utilité publique indépendants, soit comme établissements d'utilité publique placés sous le patronage des conseils municipaux. Cette dernière forme avait pris, depuis 1832, et surtout depuis la circulaire du 4 juillet 1834, un tel développement, qu'à l'époque de l'avis du conseil d'Etat du 25 août 1835, 66 caisses avaient été établies de cette manière, tandis que 63 seulement avaient été constituées en sociétés anonymes.

95. Ces deux systèmes furent employés concurremment depuis la fin de 1835 jusqu'à 1846. Toutefois, le premier, bien qu'il dût rallier tous les hommes qui voulaient fonder les caisses d'épargne en dehors de l'influence directe des conseils municipaux et qu'il semblât ainsi appelé à recueillir la popularité qu'avait eue un moment le mode de création des caisses sous forme de sociétés anonymes, ne parvint pas à jouir d'une grande faveur. Sur 217 caisses autorisées pendant cette période, 21 seulement formèrent des établissements d'utilité publique indépendants, et 196 furent constituées avec le patronage des conseils municipaux.

A partir de 1846, la constitution des caisses d'épargne en établissements d'utilité publique indépendants, sans avoir pourtant été repoussée, est complètement tombée en désuétude, et le seul mode d'organisation usité depuis lors a été celui qui plaçait les caisses sous le patronage des conseils municipaux. En outre, ce patronage a été également appliqué à toutes les anciennes caisses d'épargne qui ont été successivement réorganisées, sauf à celle de Paris, qui, à raison de sa situation particulière, a été reconstituée en établissement d'utilité publique indépendant, par un décret du 6 janvier 1854.

96. Les caisses d'épargne, constituées sous forme de sociétés anonymes, avaient dû fixer un terme à leur durée ; les unes l'avaient fixé à quatre-vingt-dix-neuf ans ; d'autres n'avaient adopté qu'une existence de dix, vingt et trente années.

La loi du 5 juin 1835, ayant reconnu et consacré l'existence des caisses d'épargne, a fait cesser l'obligation où elles étaient d'adopter les règles applicables aux sociétés anonymes, en ce qui touche la durée de leur existence, et il est admis aujourd'hui que toutes les caisses d'épargne sont fondées à perpétuelle demeure, sauf, bien entendu, les causes qui pourraient leur imposer la nécessité de se dissoudre.

97. Primitivement, les statuts de ces établissements réglaient non seulement leur mode d'organisation et d'administration, mais encore les conditions de leur fonctionnement dans leurs rapports avec les déposants. Dans ce but, ils fixaient notamment le maximum du crédit et la quotité des versements hebdomadaires, le taux de l'intérêt et les retenues qui devaient être faites sur cet intérêt pour les frais d'administration. Quand des lois eurent statué sur ces différents points, les statuts se bornèrent à reproduire les dispositions de ces lois, et, dès lors, à chaque changement de législation il aurait fallu les modifier. Mais il fut reconnu, dans les discussions qui eurent lieu aux Chambres, que les dispositions légales qui seraient votées devraient s'appliquer aux caisses d'épargne nonobstant toute prescription contraire des statuts. Aussi, à partir de 1854, toutes les dispositions de loi ou de règlement, exécutoires de plein droit, furent-elles éliminées des statuts aussi bien des caisses nouvelles que des anciennes qui étaient réorganisées.

Cette règle a été, depuis lors, invariablement suivie.

SECTION II.

ÉTABLISSEMENT.

98. La manière dont les caisses d'épargne doivent être établies varie suivant le mode adopté pour leur constitution.

Pour toutes les caisses constituées sous forme de sociétés anonymes, d'établissements de bienfaisance ou d'utilité publique indépendants, il y a une association de personnes, formée en vue de la création de la caisse d'épargne qu'elles s'étaient engagées à doter. Les statuts votés, outre les règles concernant l'établissement, contiennent la consécration de l'engagement de chacun des adhérents. Ces statuts convertis en acte public ont été ensuite approuvés par l'ordonnance ou le décret délibéré en conseil d'Etat qui autorisait la caisse d'épargne.

Les statuts des caisses annexées à des monts-de-piété et des caisses placées sous le patronage des conseils municipaux sont contenus dans des délibérations, soit de l'administration des monts-de-piété, soit des conseils municipaux, et, comme pour les précédentes, l'acte d'autorisation a prononcé l'approbation des statuts.

99. Toutefois, le gouvernement s'est préoccupé, presque dès le début, de la nécessité d'assurer aux caisses d'épargne des conditions régulières d'existence, en exigeant que des ressources suffisantes et certaines leur donnent les moyens de faire face à leurs frais d'administration (1).

---

(1) Cons. d'Et. trav. pub. et com., 24 février 1880 (Argentan). — La section, considérant que la caisse d'épargne que la commune d'Argentan-le-Château sollicite l'autorisation d'établir ne saurait trouver dans une ville qui ne compte que 1,125 habitants une source de revenus suffisants, ni des éléments de prospérité durables; qu'il n'est pas établi par l'instruction que la population des communes voisines puisse, par les dépôts qu'elle effectuerait, apporter à la caisse d'épargne le supplément d'affaires qui lui serait nécessaire; que dans ces circonstances, et tout en exprimant le regret que les conseils de direction des caisses de Bressuire et de Thouars aient refusé d'ouvrir, dans la commune d'Argentan-le-Château, une succursale, le gouvernement ne saurait autoriser cette commune à ouvrir une caisse d'épargne,

Est d'avis : — Qu'il n'y a pas lieu d'adopter le projet de décret.

100. Des avis du conseil d'Etat de 1823, cités dans l'historique, ont, par ce motif, refusé d'autoriser deux caisses d'épargne. De plus, un autre avis du 10 juillet 1833, également analysé plus haut (n°15), s'est formellement prononcé sur ce point, en établissant qu'il ne convenait d'autoriser des caisses d'épargne que lorsque leur fonds spécial produirait un intérêt assez considérable pour couvrir, tout au moins, la plus grande partie des dépenses.

101. Cette première condition imposée à l'autorisation des caisses d'épargne a été appliquée diversement, suivant le mode d'après lequel elles étaient constituées.

S'il s'agissait de caisses fondées sous la forme de sociétés anonymes et plus tard d'établissements d'utilité publique indépendants, il devait être justifié de la formation, à l'aide de souscriptions ou donations, d'un premier fonds de dotation dont la quotité, après avoir varié, a été généralement fixée par l'usage à 10,000 francs, de manière à produire un revenu annuel de 500 francs. C'est là, en effet, le chiffre minimum auquel peuvent s'élever, pour les premières années, les frais d'administration.

Pour les caisses annexes des monts-de-piété, ces frais étaient supportés par ces établissements.

C'est pareillement aux conseils municipaux qu'incombait la charge de couvrir les dépenses des caisses placées sous leur patronage. Plusieurs conseils municipaux, surtout dans les premiers temps, se sont contentés de voter les fonds nécessaires pour former à la caisse qu'ils fondaient un premier fonds de dotation. Mais d'autres ont pris seulement, en votant les statuts, l'engagement de couvrir ces dépenses au moyen d'une allocation annuelle. Cette dernière combinaison a toujours été adoptée de préférence, et c'est celle que consacre le modèle des statuts annexé à la circulaire du 4 juillet 1854.

102. Cet engagement pris par les conseils municipaux a donné lieu à quelques difficultés. On s'est demandé si un conseil municipal peut s'engager pour l'avenir à voter des allocations de fonds sur des exercices qui ne sont pas encore ouverts. Mais le ministère de l'intérieur, consulté sur la question, a émis l'avis que si les règlements sur la comptabilité,

en soumettant le budget des communes à la discussion annuelle des conseils municipaux, ont admis en principe que les dépenses devaient être, chaque année, reconnues et consacrées par un vote nouveau, il ne fallait pas en induire d'une manière absolue que les conseils municipaux ne peuvent prendre pour l'avenir des engagements sur la caisse communale ; cependant, à raison de leur destination, ces allocations ne peuvent être votées pour plusieurs années, et, comme les subventions aux hospices et bureaux de bienfaisance, il y a lieu de les soumettre à la nécessité du vote annuel, en rédigeant la formule de l'engagement en ce sens que le conseil municipal doit être invité à voter chaque année les sommes nécessaires pour compléter les frais d'administration en cas d'insuffisance des ressources de la caisse.

103. Le conseil d'Etat s'est refusé à admettre que des conseils municipaux puissent s'engager indéfiniment à fournir les fonds nécessaires aux frais d'administration (1), mais il a défini cette manière de voir de la façon suivante : « Le conseil municipal, d'après la demande qui lui en aura été soumise par les administrateurs, *pourra voter* chaque année les sommes nécessaires pour couvrir les dépenses de la caisse. » Plus tard, ces termes, qui paraissaient contenir un engagement potestatif de la part des conseils municipaux, ont été modifiés de manière à mieux préciser, tout en maintenant le principe du vote annuel, « qu'il y avait là une obligation formelle que le conseil municipal ne pouvait répudier ». Et afin de mieux établir encore que si l'engagement *ferme* d'une subvention indéfinie ne peut être prise, l'engagement moral doit être considéré comme valablement souscrit, le conseil d'Etat est dans l'usage de réclamer, à l'appui de toute demande en autorisation d'une caisse d'épargne formée par un conseil municipal, la production des budgets de la commune pour les trois exercices précédents, et l'avis du préfet sur sa situation finan-

---

(1) Cons. d'Ét. trav. publ. et com. 4 février 1834 (Dordogne) ; — Cons. d'Ét. com. 22 avril 1834 (Calais) ; — Cons. d'Ét. 7 juin 1827 (Château-Thierry).

.cière (1). Des instructions administratives y ajoutèrent la production des comptes. Plusieurs fois depuis, des projets de création ont été repoussés par des motifs tirés de l'état des finances des communes (2).

104. A la suite des circulaires des 12 et 16 janvier 1861, sur la création des succursales, le conseil d'Etat, par plusieurs avis émis en 1862 (3), a exigé qu'avant d'autoriser une

---

(1) Cons. d'Ét. trav. publ. et com. 8 juin 1838 ; — Cons. d'Ét. trav. publ. et com. 24 février 1880 (Argentan-le-Château); — Cons. d'Ét. trav. publ. et com. 4 août 1880 (Chatelus-Malvaleix).

(2) Cons. d'Ét. com. et trav. publ. 24 février 1880 (Argentan-le-Château). — Considérant que la caisse d'épargne que la commune d'Argentan-le-Château sollicite l'autorisation d'établir ne saurait trouver dans un village ne comptant que 1,125 habitants une source de revenus suffisants, ni des éléments de prospérité durables ; qu'il n'est pas établi par l'instruction que la population des communes voisines puisse par les dépôts qu'elle effectuerait apporter à la caisse d'épargne le supplément d'affaires qui lui serait nécessaire ; que, dans ces circonstances et tout en regrettant que les conseils de direction des caisses de Bressuire et de Thouars aient refusé d'ouvrir, dans la commune d'Argentan, une caisse d'épargne :
Est d'avis qu'il n'y a pas lieu d'adopter le projet du décret.
Cons. d'Et. com. et trav. publ. 4 août 1880 (Chatelus-Malvaleix). — La section est d'avis, vu l'insuffisance actuelle des ressources de la commune, qu'il n'y a pas lieu, quant à présent, de donner suite au projet.

(3) Cons. d'Et. trav. publ. agric. et com. 10 février 1862. — Considérant qu'il s'agit dans le projet sus-visé d'autoriser l'établissement d'une caisse d'épargne dans une commune qui n'est qu'un simple chef-lieu de canton et qui ne compte qu'une population de 2,400 âmes ; — Qu'il n'y aurait lieu d'accorder une pareille autorisation que dans le cas où son opportunité serait justifiée par des circonstances locales particulières ; si, par exemple, il était démontré que l'établissement projeté répond à des besoins qui ne se rencontrent pas ordinairement dans des localités aussi peu considérables, et si, d'un autre côté, il devait trouver dans ses propres produits les ressources nécessaires à son fonctionnement ; — Considérant que, dans le cas contraire, il serait préférable d'y établir une succursale relevant d'une caisse voisine ; — Que l'avantage de pareilles succursales est démontré par l'expérience de celles qui ont été créées jusqu'ici et dont le nombre, au 31 décembre 1860, s'élevait déjà au chiffre de 205 : — Considérant que les observations qui précèdent ne cessent pas d'être vraies, alors même que les administrations municipales se chargent de pourvoir aux frais de nouvelles caisses ; qu'en effet, il importe de ne pas faire peser sur les communes des charges et une responsabilité pour des dépenses qui ne leur sont pas imposées par des lois ; — Considérant, en fait, que l'instruction qui a précédé le projet actuel n'établit pas suffisamment la nécessité d'une caisse d'épargne à Saint-Loup-sur-Semouse ; — que non seulement elle ne

caisse d'épargne nouvelle, la caisse d'épargne la plus rapprochée fût consultée sur le point de savoir si elle ne consentirait pas à organiser une succursale, et il estime que c'est seulement en cas de refus qu'il y a lieu d'accorder l'autorisation sollicitée. Il a repoussé même, d'une manière absolue, la demande formée par un conseil municipal qui persistait à vouloir une caisse d'épargne, alors que la caisse la plus rapprochée avait consenti à la création d'une succursale dans la localité (1). Il lui a paru, en cette circonstance, qu'aucun fait

---

fait pas connaître la nature et l'importance es besoins qu'il s'agit de desservir, mais que l'on n'y voit pas s'il existe une caisse fonctionnant dans le voisinage de cette commune, pouvant suffire aux exigences de celle-ci, au besoin par la création d'une succursale et pouvant, par contre, souffrir de l'établissement d'une nouvelle caisse ;

Est d'avis qu'il y a lieu de compléter l'instruction dans le sens des observations qui précèdent et de consulter, s'il y a lieu, l'administration de la caisse dont dépendrait aujourd'hui la commune de Saint-Loup. — Cons. d'Et. trav. publ. et com., 12 mars 1862 (la Ferté-Macé) ; — Cons. d'Et. trav. publ. et com. 3 juin 1862 (Cohains) ; — Cons. d'Et. trav. publ. et com. 10 décembre 1879 (Carentan) ; — Cons. d'Et. trav. publ. et com. 24 février 1880 (Argentan-le-Château) ; — Cons. d'Et. trav. publ. et com. 4 août 1880 (Chatelus-Malvaleix); — Cons. d'Et. trav. publ. et com. 12 janvier 1885 (Chef-Boutonne) ; — Cons. d'Et. trav. publ. et com. 5 avril 1881 (Lisle) ; — Cons. d'Et. trav. publ. et com. 9 novembre 1881 (Sallaches).

(1) Cons. d'Et. trav. publ. et com. 18 mai 1863 (Vermenton). — Considérant que, par les circulaires et avis sus-visés, il a été reconnu qu'il convenait désormais de développer autant que possible l'institution des succursales et de préférer ce mode d'établissement à la création des caisses d'épargne principales, par des principes de bonne administration qui touchent de trop près à l'intérêt public pour qu'on y déroge sans une cause grave ; — Que, dans l'espèce, rien ne semble justifier une exception; qu'en effet, le conseil des directeurs de la caisse d'épargne d'Auxerre, voisine de Vermenton de 25 kilomètres seulement, déclare qu'il adhère complètement à la création d'une succursale à Vermenton ; — Que la bonne situation de la caisse d'Auxerre, dont les fonds de dotation et de réserve sont importants et dont le produit des bonifications dépasse les dépenses dans une proportion notable, offrira aux déposants de Vermenton des garanties et des avantages qu'on ne pourrait espérer y réaliser avec une caisse principale livrée à ses seules ressources ; — Considérant qu'en admettant, comme il est énoncé dans la délibération du conseil municipal de Vermenton, du 12 février 1862, que la population de cette ville attache un certain prix à être administrée par des personnes honorables qu'elle connaît et avec lesquelles elle a des rapports journaliers, l'établissement d'une succursale ne fait pas obstacle qu'il en soit ainsi ; l'administration de cette succursale pouvant être confiée à un conseil dont les membres seront choisis parmi les personnes du pays ; — Que cette condition étant remplie, aucun fait appré-

appréciable ne serait de nature à faire sentir au déposant qu'il aurait affaire à une succursale plutôt qu'à une caisse principale, de sorte qu'au lieu d'éprouver un préjudice quelconque, il en retirerait un profit, puisque sa garantie serait augmentée sans que ses facilités fussent diminuées.

105. De même, le conseil d'Etat a refusé de transformer en caisse d'épargne une succursale, à l'encontre du désir formellement manifesté par la caisse dont elle relevait de con-

---

ciable ne serait de nature à faire sentir au déposant qu'il a affaire à une succursale plutôt qu'à une caisse principale, de sorte qu'au lieu d'éprouver un préjudice quelconque il en retirerait un profit puisque sa garantie serait augmentée sans que ses facilités soient diminuées :

Est d'avis qu'il n'y a pas lieu d'établir une caisse d'épargne à Vermenton, mais qu'il serait désirable qu'une succursale pût y être instituée.

Cons. d'Ét. trav. publ. agric. et comm. 29 janvier 1862. — La section qui, sur le renvoi ordonné par le ministre, a pris connaissance d'un rapport sur la question de savoir s'il y a lieu d'autoriser la transformation en caisse d'épargne principale de la caisse succursale de Nemours (S.-et-M.) : — Considérant qu'il ne résulte pas de l'instruction qu'il y ait nécessité d'établir à Nemours une caisse principale ; — Qu'en effet, par sa délibération sus-visée, le conseil d'administration de la caisse de Fontainebleau propose de faire droit aux réclamations de sa succursale de Nemours, notamment en ce qui concerne les jours de recettes, qui seraient doublés par semaine à l'avenir ; — Considérant qu'en raison de l'érection en caisse principale de la succursale de Montereau, une diminution notable s'est déjà produite dans les recettes de la caisse de Fontainebleau, diminution que la création d'une caisse principale nouvelle à Nemours ne pourrait qu'aggraver ; — Que, s'il y a des avantages incontestables à établir dans tous les centres de population importants des bureaux où les épargnes puissent être déposées facilement et sans déplacement, il y aurait de sérieux inconvénients à trop multiplier les caisses principales ; — Qu'une caisse d'épargne dont la circonscription est importante reçoit une plus grande masse de dépôts ; — Qu'à l'aide des retenues opérées sur les dépôts, elle arrive promptement à former un fonds de réserve qui devient une garantie précieuse pour le cas de fâcheuses éventualités ; — Qu'il lui est ensuite possible de pourvoir à ses frais d'administration avec des retenues moins fortes et par suite de servir aux déposants un intérêt plus élevé ; qu'enfin l'établissement de caisses d'épargne qui ne rempliraient pas par elles-mêmes de bonnes conditions d'existence serait de nature à faire peser sur les communes des charges et une responsabilité qu'il importe de leur éviter ; — Considérant que, pour ces motifs, il serait préférable, en ce qui concerne la caisse de Nemours, de maintenir l'état de choses actuel qui, au moyen des améliorations proposées, paraît devoir satisfaire pleinement aux besoins locaux ;

Est d'avis que, dans l'état, il n'y a pas lieu de donner suite à la demande du conseil municipal de Nemours.

server sa succursale (1). Ce principe a depuis été appliqué à plusieurs reprises.

Enfin, un avis du 10 décembre 1879 a complété cette doctrine en établissant que, pour autoriser une caisse nouvelle, le refus des caisses les plus rapprochées d'organiser une succursale devait encore être étendu au service auxiliaire confié aux agents de l'Etat, dont le concours pouvait être mis à leur disposition (2).

106. A cette double condition, refus de la caisse la plus rapprochée d'établir une succursale ou un service auxiliaire, et

---

(1) Cons. d'Ét. trav. publ. et com. 29 janvier 1862.

(2) Cons. d'Ét. trav. publ., agric. et com. 10 déc. 1879. — La section qui a pris connaissance d'un projet de décret tendant à autoriser l'ouverture d'une caisse d'épargne à Carentan (Manche) croit devoir appeler l'attention de M. le ministre du commerce sur la nécessité d'un complément d'instruction. Le conseil d'Etat et l'administration ont toujours été d'accord depuis longues années pour n'autoriser l'ouverture de caisses d'épargne nouvelles dans les villes d'une faible importance que dans le cas où une entente n'a pu s'établir entre le conseil municipal et l'une des caisses les plus voisines pour l'établissement d'une succursale ou d'un service auxiliaire. Cette jurisprudence a toujours été appliquée, d'une part, dans l'intérêt des petites villes, qui peuvent ainsi introduire chez elle à moins de frais le service des caisses d'épargne, et, d'autre part, dans l'intérêt des déposants, auxquels l'intervention d'une caisse déjà ancienne peut, dans bien des cas, assurer à la fois la garantie d'un fonds de réserve souvent considérable et l'avantage d'un intérêt plus élevé servi sur leurs dépôts. Le conseil municipal de la commune de Carentan, malgré l'invitation qui lui en a été d'abord adressée sur les ordres de l'administration supérieure, n'a ouvert de négociations jusqu'à ce jour ni avec la caisse d'épargne de Saint-Lô, ni avec celle de Valognes. Il s'est borné à déclarer qu'il persistait dans la demande qu'il avait primitivement formée à l'effet d'être autorisé à ouvrir une caisse d'épargne principale.

La section estime, conformément à la jurisprudence ci-dessus rappelée, qu'il ne pourra être utilement statué sur cette demande qu'après un supplément d'instruction qui ferait connaître si l'une des deux caisses de Saint-Lô ou de Valognes consentirait à ouvrir dans la commune de Carentan une succursale et à quelles conditions elles s'offrirait à établir le service. Dans le cas où l'une des deux caisses proposerait d'établir à Carentan un service auxiliaire, en faisant appel, dans les termes du décret du 23 août 1875, au concours des percepteurs des contributions directes ou du receveur des postes, l'avis de M. le ministre des finances devrait être demandé sur cette proposition.

La section estime que ce supplément d'instruction est rendu plus nécessaire dans l'affaire actuelle et le sera également dans toutes les affaires analogues, à raison de la préparation de la loi actuellement à l'étude sur la création d'une caisse d'épargne postale.

.engagement du conseil municipal de voter chaque année les
sommes nécessaires pour couvrir l'excédent des dépenses, en
cas d'insuffisance des ressources de la caisse, il faut ajouter
le vote des statuts d'après un type uniformément établi par
l'administration pour toutes les caisses d'épargne (1).

---

(1) Texte des statuts adoptés depuis 1854 :
Extrait du registre des délibérations du conseil municipal .
Statuts de la caisse d'épargne de
Art. 1er. Il est établi à   département d
une caisse d'épargne et de prévoyance, destinée à recevoir et à faire fructifier
les sommes qui lui sont confiées.—Art. 2. Il sera fait appel aux personnes
bienfaisantes pour les inviter à concourir à cette institution philanthro-
pique. Les souscriptions, dons et legs recueillis en faveur de l'établissement sont employés à lui constituer un fonds de dotation. Le fonds de dotation s'accroît de l'excédent annuel des recettes sur les dépenses, conformément au paragraphe 3 de l'article 3 ci-après. Le capital du fonds
de dotation est placé soit en immeubles, soit en rentes sur l'Etat, et ne
peut être aliéné sans l'autorisation du gouvernement. — Art. 3. L'excédent annuel des recettes sur les dépenses est employé à constituer à
l'établissement un fonds de réserve. Le maximum de ce fonds est fixé
à la somme moyenne des dépenses annuelles d'administration ; il est déterminé au mois de janvier de chaque année par une délibération du
conseil des directeurs qui établit la somme moyenne des dépenses annuelles d'après les dépenses acquittées pendant les trois dernières années.
Lorsque le fonds de réserve a atteint son maximum, l'excédent des
recettes est porté au fonds de dotation. — Art. 4. La caisse pourvoit à
ses dépenses annuelles au moyen de ses recettes ordinaires, qui se composent :
  1° Des bonifications accordées à l'établissement sur les dépôts ;
  2° Des intérêts des fonds de dotation et de réserve ;
  3° Des subventions éventuelles du département et des communes
Jusqu'à ce que les bonifications réunies aux intérêts du fonds de dotation suffisent aux frais d'administration, le conseil municipal sera tenu
de voter chaque année, sur la demande des directeurs, les sommes nécessaires pour couvrir les dépenses. En cas d'insuffisance des recettes
ordinaires, la caisse est autorisée de plein droit à imputer l'excédent de
ses dépenses sur le capital réservé. Une salle de l'hôtel de ville sera
affectée, sur la demande des directeurs, à l'administration de la caisse.
— Art. 5. La caisse est administrée gratuitement par un conseil composé
du maire de la ville et de quinze directeurs, dont les fonctions durent
trois ans, et qui sont renouvelés par tiers chaque année. Les directeurs
sortants sont indiqués par le sort pour les deux premières années et
ensuite par l'ancienneté ; ils sont indéfiniment rééligibles. — Art. 6. Les
quinze directeurs sont choisis, savoir : cinq au moins dans le conseil
municipal, et les autres parmi les citoyens les plus recommandables de la
ville, et particulièrement parmi les souscripteurs. Ils sont à la nomination
du conseil municipal. — Art. 7. Le conseil des directeurs se réunit au
moins une fois par mois. Le maire préside toutes les fois qu'il assiste
aux séances. Il peut se faire remplacer par un adjoint. Les délibérations du conseil sont prises à la majorité des membres présents. La pré-

107. Depuis que l'administration a arrêté un modèle uniforme des statuts, le conseil d'Etat exige toujours, lorsqu'une
éaisse constituée sur un ancien modèle demande une modification à ses statuts, qu'il soit procédé à une révision complète conformément au modèle-type (1).

---

sence de la majorité des membres qui composent ce conseil est nécessaire pour constituer les réunions. En cas de partage, la voix du président sera prépondérante (*). — Art. 8. Le conseil des directeurs nomme
parmi ses membres, au scrutin secret et à la majorité des suffrages, un
vice-président et un secrétaire. La durée de leurs fonctions est d'une
année ; ils peuvent être réélus. — Art. 9. Le conseil règle la composition des bureaux, nomme et révoque les employés et fixe leurs traitements. — Art. 10. Le conseil arrête, pour l'administration intérieure de
la caisse, un règlement qui est soumis à l'approbation du ministre du
commerce. Il statue sur toutes les mesures à prendre dans l'intérêt de
la caisse, et, pour l'exécution des lois, statuts, règlements, instructions, etc., il agit en son nom et la représente; il assure la gestion
de l'établissement, en vérifie les écritures et en arrête les comptes. —
Art. 11. Le conseil peut établir un bureau d'administration composé de
cinq membres, dont au moins un conseiller municipal, lesquels sont
choisis parmi les directeurs pour régir la caisse et en surveiller le service. — Art. 12. La caisse ne reçoit pas moins d'un franc par versement du même déposant. — Art. 13. L'intérêt est alloué par la caisse
sur toute somme ronde d'un franc. Le taux de la retenue à prélever,
conformément à la loi, sur cet intérêt, sera déterminé au mois de décembre de chaque année, pour l'année suivante, par le conseil des directeurs. L'intérêt est réglé à la fin de chaque année; il est capitalisé et
produit des intérêts pour l'année suivante. —Art. 14. Le livret remis à
chaque déposant, conformément à la loi et aux règlements, est numéroté
et contresigné par un directeur et le secrétaire. On y reproduit textuellement les dispositions de la législation en vigueur sur la quotité des
versements, le maximum des dépôts, les achats d'inscriptions de rente
officieuses et volontaires et la conservation par la caisse de ces inscriptions. On y transcrit une instruction sommaire sur les règles auxquelles
sont soumis les versements et les remboursements, et notamment sur les
conditions essentielles pour la validité des uns et des autres. Le livret
est retenu lors du remboursement intégral. — Art. 15. La dissolution de
la caisse arrivant pour quelque cause que ce soit, les valeurs qui resteront libres après le remboursement de tous les dépôts et le payement de
toutes les dettes demeureront destinées à la prolongation et au renouvellement de l'établissement s'il y a lieu; sinon, elles seront, d'après une
délibération du conseil municipal, employées à des œuvres de bienfaisance ou d'utilité publique. — Art. 16. Les modifications aux présents
statuts seront délibérées par le conseil des directeurs et ne pourront
être mises à exécution qu'après avoir été adoptées par le conseil municipal et approuvées par le gouvernement.
(1) Cons. d'Et. trav. publ. et com. 28 janvier 1879 (Avallon) ; — Cons.

(*) Cons. d'Et. trav. publ. et com. 20 décembre 1882 (Paris).

108. Les caisses d'épargne fondées en Algérie doivent être constituées sur le même modèle que les caisses d'épargne de France, sauf les modifications ou additions partielles que peuvent exiger les circonstances particulières à la colonie (1).

---

d'Et. trav. publ, et com. 18 novembre 1879 (Condom); — Cons. d'Et. trav. publ. et com. 13 mars 1883 (la Flèche). — La section..., tout en reconnaissant l'utilité et la convenance de l'opération dont il s'agit, a pensé qu'il y avait lieu de surseoir à l'approbation demandée, jusqu'à l'accomplissement d'une formalité qui a été omise. En pareil cas, en effet, on n'a jamais manqué d'inviter les caisses d'épargne dont l'organisation n'avait rien d'inconciliable avec les statuts type de 1854 à modifier leurs statuts en les conformant à ce type. Dans l'espèce, une semblable transformation aurait l'avantage de combler deux lacunes fâcheuses et de rectifier une disposition des statuts de 1835 : d'un côté, ces statuts ne prescrivent rien ni sur le mode de placement des fonds de dotation, ni sur la constitution d'un fonds de réserve, et, de l'autre, l'article 8 ne permet pas d'opérer, sur les bonifications faites par la Caisse des dépôts et consignations, la retenue que, dans une certaine mesure, la loi du 30 juin 1851 a cependant déclarée obligatoire ; la transformation des statuts de la caisse d'épargne de la Flèche, conformément au modèle de 1854, ferait disparaître ces diverses imperfections.

En conséquence, la section est d'avis qu'il y a lieu de compléter l'instruction dans le sens des observations qui précèdent.

(1) Cons. d'Et. trav. publ. et com. 7 janvier 1879 (Souk-Ahras). La section qui a pris connaissance d'un projet de décret relatif à la création d'une caisse d'épargne et de prévoyance à Souk-Ahras (Algérie) est d'avis que cet établissement présente un caractère évident d'utilité publique, mais que les statuts votés par le conseil municipal de Souk-Ahras doivent, avant de recevoir l'approbation du gouvernement, être transformés sur le type adopté en France, sauf les modifications ou additions partielles que pourraient exiger des circonstances particulières à l'Algérie. — Ces statuts sont, en effet, rédigés d'après un système qui a pu être usité en Algérie, il y a une douzaine d'années, mais qui n'en est pas moins défectueux ; plusieurs articles ne sont que la transcription textuelle des dispositions des lois et décrets régissant la matière, chose parfaitement inutile et qui n'est pas sans inconvénients, car ces dispositions légales sont sujettes à être abrogées, et même celles relatives aux remplaçants militaires ont déjà cessé d'être en vigueur, certaines prescriptions, telles que le délai à laisser entre la demande et l'exécution d'un remboursement intégral, paraissant devoir être mieux placées dans le règlement pour le service de la caisse. Enfin, il existe dans ces statuts des lacunes, notamment l'omission du fonds de réserve dont l'institution est maintenant stipulée pour toutes les caisses d'épargne. — Au contraire, le modèle adopté pour l'ensemble de la France a l'avantage de contenir toutes les prescriptions nécessaires ou utiles, sans mélange de superfétations. Son article 14, en exigeant la transcription, sur chaque livret, des dispositions légales des renseignements et des instructions dont la connaissance est nécessaire aux déposants, la complète, à ce point de vue, d'une manière très correcte. — Rien n'empêche, d'ailleurs, d'y introduire des modifications et des additions, pourvu qu'elles soient jus-

E.   6

SECTION III.

ADMINISTRATION.

109. L'administration des caisses d'épargne appartient exclusivement et complètement à un conseil de directeurs ou d'administrateurs dont l'élection, ainsi qu'il a été dit plus haut, est confiée, soit aux directeurs restant en exercice ou à une assemblée générale de fondateurs, soit au conseil municipal, suivant que la caisse est constituée sous forme de société anonyme ou d'établissement d'utilité publique, ou qu'elle est placée sous le patronage du conseil municipal.

110. Il a été décidé par le conseil d'Etat, à cet égard, qu'en l'absence de dispositions formelles des statuts, les élections des membres du conseil de direction doivent se faire à la majorité absolue, mais que, si les deux premiers tours ne donnent pas de résultat, l'élection doit avoir lieu à la majorité relative (1).

111. L'expérience a démontré le danger de charger de cette mission une assemblée générale, dont les membres finissent

---

tifiées par des considérations spéciales. — Ainsi, dans le projet l'autorisation d'aliéner et l'approbation du règlement sont attribués au gouverneur général, au lieu d'être réservés au gouvernement, et cette modification paraît fondée; mais, d'un autre côté, le nombre des directeurs ou administrateurs est réduit de quinze à douze, dont trois seulement, au lieu de cinq, à prendre dans le conseil municipal ; la durée de leur mandat est portée de trois ans à six, et leur renouvellement par tiers à deux ans ; la nomination des employés salariés n'est pas attribuée purement et simplement au conseil des directeurs ; le maire n'y est pas autorisé à se faire remplacer par son adjoint, pour la présidence des réunions ; enfin, il y est stipulé qu'à la fin de chaque année le compte de l'administration sera soumis au conseil municipal et rendu public. — Ces dérogations à la règle commune ne pourraient être admises que si la convenance en était démontrée par des considérations spéciales. Aussi la section pense-t-elle qu'il y a lieu, en communiquant au conseil municipal de Souk-Ahras le modèle des statuts actuellement appliqués en France, de l'inviter à indiquer les raisons qui justifieraient une dérogation sur certains points. L'avis motivé du gouverneur général de l'Algérie devrait aussi être demandé.

(1) Cons. d'Et. agric. trav. publ. et com. 13 juin 1877 (Lyon).

par disparaître sans pouvoir être remplacés, ce qui met en‑
suite la caisse dans une situation irrégulière et l'oblige à se
réorganiser. Ce mandat donné aux directeurs eux-mêmes pré‑
sente quelques inconvénients, car on peut craindre qu'ils ne
négligent de l'accomplir ou qu'ils ne s'abandonnent à des pas‑
sions exclusives et à des idées de routine. La nomination des
directeurs par le conseil municipal, en assurant à toute
époque l'administration de la caisse, offre des avantages in‑
contestables. Si l'on considère que l'intervention de ces con‑
seils permet, au moyen de l'engagement qu'ils prennent,
l'établissement de caisses d'épargne sans le subordonner à la
réalisation d'un fonds de dotation, on comprend facilement
que les avantages que nous venons d'indiquer aient fait
adopter ce mode de constitution des caisses de préférence à
tous autres.

112. Le nombre des membres du conseil des directeurs a
beaucoup varié, suivant les caisses d'épargne. Assez souvent
de douze, quelquefois de neuf ou de six, il a été dans cer‑
taines caisses porté à vingt-cinq, comme à Paris, et même,
mais rarement, à trente et trente-cinq. Depuis 1854, il a été
uniformément fixé à quinze pour toutes les caisses d'épargne,
aussi bien celles qui étaient fondées que celles qui étaient
réorganisées (1).

113. Le conseil des directeurs doit se réunir à certaines
époques périodiques. L'usage qui a prévalu dans les statuts,
depuis 1854, a fixé le nombre de ses réunions à une par
mois (2). Les délibérations sont prises à la majorité des mem‑
bres présents, et la présence de la majorité des membres com‑
posant le conseil est nécessaire pour constituer les réu‑
nions (3). Ce mode de délibération a été, par un avis du
conseil d'Etat du 1ᵉʳ février 1859, substitué, comme nous
l'avons déjà dit, à un autre mode suivant lequel les délibéra‑

----

(1) Cons. d'Et. trav. publ. et com. 7 janvier 1879 (Souk-Ahras). Voy.
suprà, n° 109.
(2) Statuts, art. 7.
(3) Statuts, art. 7.

tions devaient être prises à la majorité des membres composant le conseil. Il y avait là une ambiguïté : car s'il fallait entendre par membres composant le conseil le nombre total des membres, on faisait entrer les membres absents dans le compte des voix servant à former la majorité, ce qui était contraire à la règle générale d'après laquelle les décisions d'un corps délibérant sont prises à la majorité des membres qui assistent à la discussion. Si, au contraire, ces expressions signifiaient le nombre des membres effectivement présents à la séance, le conseil aurait pu délibérer sans condition de nombre, ce qui eût été inadmissible.

En cas de partage des voix, la voix du président est prépondérante (1).

114. Les attributions du conseil des directeurs peuvent se résumer ainsi : il statue sur toutes les mesures à prendre dans l'intérêt de la caisse et pour l'exécution des lois, statuts, règlements, etc.; il agit en son nom et la représente; il assure la gestion de l'établissement, en vérifie les écritures et en arrête les comptes (2). Il peut établir un bureau d'administration pour régir la caisse et en surveiller le service (3); il arrête un règlement d'administration intérieure (4); il établit des succursales et détermine les bases de leur organisation et leurs relations avec la caisse centrale (5); il nomme en tel nombre qu'il le juge convenable, pour le service de la caisse, des directeurs adjoints qui peuvent être appelés au sein du conseil, mais seulement avec voix consultative (6); il nomme et révoque les employés et fixe leurs traitements (7); il détermine, sous certaines réserves, les cautionnements à imposer aux caissiers et aux sous-caissiers (8), et, après vérification de leur gestion, leur délivre le *quitus* nécessaire au retrait

---

(1) Cons. d'Et. trav. publ. et com. 20 décembre 1882 (Passy).
(2) Statuts, art. 9.
(3) Statuts, art. 10.
(4) Statuts, art. 10.
(5) Circ. min. 12 et 16 janvier 1861.
(6) Déc. 15 avril 1852, art. 2.
(7) Statuts, art. 9.
(8) Déc. 15 avril 1852, art. 23 et 24.

de leurs cautionnements (1) ; enfin, il décide du placement de
la fortune personnelle de la caisse dans les limites fixées par
les statuts (2).

115. Les délibérations prises par le conseil des directeurs
sont valables sans qu'il soit besoin d'une approbation donnée
par l'administration supérieure ou par le préfet (3), sauf s'il
s'agit des points suivants :

1° Le règlement d'administration intérieure doit être approuvé par le ministre du commerce. Ce règlement, depuis
que tous les détails du service et de la comptabilité des caisses
d'épargne ont fait l'objet du décret du 15 avril 1852 et de l'instruction ministérielle du 4 juin 1857, ne s'occupe plus que
de questions d'ordre intérieur, telles notamment que les
époques de renouvellement du conseil des directeurs, le mode
de convocation du conseil, les attributions du vice-président,
du secrétaire et du bureau d'administration, le roulement des
directeurs pour le service des séances publiques, etc.; les règlements supplémentaires relatifs aux succursales sont également approuvés par le ministre du commerce (4);

2° La fixation des cautionnements des caissiers et sous-
caissiers, tant que la caisse ou la succursale ne compte pas
cinq années d'existence, est réservée au ministre du commerce
sur la proposition du conseil des directeurs (5). Mais lorsque
la caisse ou la succursale compte plus de cinq ans d'existence, c'est au conseil qu'il appartient de fixer ces cautionnements sur les bases déterminées par l'article 23 du décret du
15 avril 1852, c'est-à-dire au taux de 2 0/0 des recettes d'une
année moyenne, en établissant cette moyenne sur les recettes
des cinq dernières années, et en faisant entrer dans ces recettes non seulement les versements des déposants, mais encore les sommes reçues de la Caisse des dépôts et consigna-

---

(1) Prescription résultant implicitement de l'article 10 des statuts et
de la circulaire de la Caisse des dépôts et consignations du 25 octobre
1852, annexée à l'instruction du 4 juin 1857.

(2) Statuts, art. 2.

(3) Prescription résultant implicitement des statuts.

(4) Statuts, art. 10.

(5) D. 15 avril 1852, art. 24.

tions ou de la caisse centrale, s'il s'agit d'une succursale, pour faire face aux remboursements ;

3° La réalisation en rentes des cautionnements de tous caissiers et sous-caissiers, admise par l'article 27 du décret du 15 avril 1852, ne saurait avoir lieu qu'en vertu d'une autorisation donnée par le préfet (1), sur l'avis conforme du conseil des directeurs ;

4° La vente des rentes, appartenant personnellement aux caisses d'épargne et faisant partie de leur fonds de dotation, doit être approuvée par un décret qui détermine ensuite le remploi des fonds provenant de la vente (2) ;

5° L'acquisition d'un immeuble pour le service de la caisse, lorsque les statuts n'ont pas prévu ce mode de placement des fonds de dotation, ne peut avoir lieu, d'après un avis du conseil d'Etat du 28 juillet 1869, qu'en vertu d'un décret délibéré au conseil d'Etat et suppléant au silence des statuts sur ce point (3) ;

6° La vente d'un immeuble acquis dans les conditions qui

---

(1) D. 15 avril 1852, art. 27, et 1er avril 1864.

(2) Déc. min. du 8 avril 1855 (min. des finances).

(3) Cons. d'Et., com. et trav. publ. 28 juillet 1869 (Marseille) — Considérant, en ce qui concerne l'immeuble que la caisse d'épargne de Marseille demande l'autorisation d'acquérir, que l'utilité et la convenance de cette acquisition sont nettement établies par les pièces du dossier; que les statuts de la caisse ne prévoient pas, il est vrai, le placement de tout ou partie de son fonds de dotation en immeubles, mais qu'ils ne l'interdisent pas non plus; qu'un décret de l'empereur peut donc l'autoriser à faire cette acquisition et suppléer ainsi au silence des statuts, tant qu'ils ne seront pas complétés conformément à la formule adoptée depuis 1854 par l'administration supérieure;

Sur la question de principe discutée ci-dessus dans le rapport au ministre ci-dessus visé, et consistant à savoir si une autorisation spéciale est nécessaire pour permettre à une caisse d'épargne d'acquérir un immeuble, alors même que ce mode d'emploi de son fonds de dotation est prévu sous cette condition dans ses statuts; — Considérant que cette question est résolue par la jurisprudence constante du ministère et du conseil d'Etat, dans le sens du droit des caisses d'épargne dont les statuts sont rédigés conformément à la formule de 1854, et que cette jurisprudence n'ayant jamais donné lieu à une réclamation ni à un désaccord, il ne semble pas opportun de la discuter à nouveau;

Est d'avis qu'il y a lieu d'adopter purement et simplement le projet de décret.

précèdent doit faire l'objet d'une autorisation donnée dans la même forme (1) ;

7° Toute aliénation du fonds de dotation, c'est-à-dire toute disposition de ce fonds ayant pour résultat de le faire sortir en totalité ou en partie de la fortune de la caisse, nécessite, aux termes des statuts, une autorisation du gouvernement;

8° L'acceptation de dons et legs faits aux caisses d'épargne, alors même que la libéralité ne tournerait pas au profit de l'établissement, mais serait par ses soins répartie entre certaines catégories de déposants, suivant des conditions déterminées, doit, après avoir été l'objet d'une délibération spéciale du conseil des directeurs, être autorisée par un décret délibéré en conseil d'Etat (2) ;

9° Le concours des percepteurs réclamé par une caisse d'épargne, conformément au décret du 23 août 1875, est accordé par décision du ministre des finances, rendue sur l'avis conforme du ministre du commerce (3).

116. Nous avons vu plus haut que les acquisitions d'immeubles au moyen soit des fonds de dotation, soit des fonds disponibles, ne devaient avoir lieu, lorsqu'elles n'étaient pas prévues par les statuts, qu'avec l'autorisation du gouvernement. L'administration s'est toujours montrée peu favorable à ces sortes de placements, qui ne peuvent avoir lieu qu'en immobilisant, dans des placements d'une réalisation souvent difficile, des capitaux qui doivent rester disponibles pour faire face à diverses éventualités (4). Aussi n'a-t-on autorisé les de-

---

(1). Prescription résultant indirectement de l'avis sus-visé du 28 juillet 1869 et d'un décret d'espèce du 25 avril 1852 délibéré en conseil d'Etat.

(2) Loi du 5 juin 1835, art. 10; D. du 25 juillet 1865; Déc. d'espèce.

(3) D. du 23 août 1875, art. 1er.

(4) Cons. d'Et. com. et trav. publ. 28 mai 1879 (Castres); Cons. d'Et. com. et trav. publ. 6 août 1883 (Mortagne). — La section qui a pris connaissance d'un projet de décret tendant à autoriser la caisse d'épargne de Mortagne à remplacer ses statuts actuels par ceux qui sont admis depuis 1854 comme type applicable à ce genre d'établissement constate d'abord, dans le dossier qui lui est soumis, une lacune regrettable. Il ne s'y trouve, en effet, aucun renseignement sur la situation financière de cette caisse, situation dont il importe toujours d'être informé, afin de se prononcer en pleine connaissance de cause. Le renseignement est ici d'autant plus nécessaire que la demande de modification des statuts a

mandes d'acquisition d'immeubles que lorsque ces acquisitions ont pour objet d'y installer le siège, les bureaux et les services de la caisse (1).

117. De même les placements des fonds disponibles ne sauraient avoir lieu au moyen d'opérations qui auraient pour résultat de rendre indisponibles, pendant un certain temps, les capitaux placés. On ne saurait jamais perdre de vue, en effet, que les caisses d'épargne doivent toujours tenir à la disposition des déposants les placements que ceux-ci leur ont con-

---

pour objet initial, de la part de la caisse d'épargne de Mortagne, l'acquisition d'un immeuble, et qu'il importe de savoir si cette acquisition n'engage pas imprudemment ses ressources. D'ailleurs, cette difficulté fût-elle levée, la section ne pourrait approuver l'adoption des nouveaux statuts sans une modification du texte en usage depuis 1854. — Cette modification porterait sur l'article 2 de ce texte, qui admet le placement en immeubles du fonds de dotation. Cette faculté s'explique et se justifie, quand il s'agit d'acquérir un immeuble pour y installer le siège, les bureaux, les services de la caisse d'épargne. C'est évidemment en vue de cette combinaison qu'elle a été introduite. Elle deviendrait, au contraire, très dangereuse, si l'on pouvait l'interpréter dans un sens qui permettrait aux caisses d'épargne d'immobiliser dans des placements d'une réalisation souvent difficile des capitaux qui doivent rester disponibles pour faire face à diverses éventualités. Il importe d'interdire formellement cette interprétation, en n'admettant désormais le placement immobilier du fonds de dotation que pour l'acquisition d'immeubles destinés à être affectés au service des caisses d'épargne.

(1) Cons. d'Ét. com. et trav. publ. 23 octobre 1883 (Mortagne). — La section qui a pris connaissance d'un projet de décret tendant à approuver les nouveaux statuts de la caisse d'épargne de Mortagne, par les motifs déjà exprimés par elle dans une note du 6 août dernier, a pensé que, tout en adoptant ce projet dans son ensemble, il importait d'y introduire, ainsi que dans tous ceux qui auront à l'avenir pour objet de semblables autorisations, une rédaction nouvelle du dernier paragraphe de l'article 2 du texte en usage depuis 1854. Ce paragraphe admet, en effet, le placement du fonds de dotation en immeubles, sans stipuler à cet égard aucune restriction. Lorsqu'on l'a voté, il était bien entendu qu'aucune acquisition d'immeubles ne pourrait avoir lieu, de la part d'une caisse d'épargne, qu'en vue de pourvoir à l'installation de ses services; mais la rédaction trop sommaire ouvre la porte à une interprétation obscure qui s'est déjà produite, et qui permettrait aux caisses d'épargne d'immobiliser leur capital de garantie en propriétés foncières, ce qui, en dénaturant le caractère de ces établissements, porterait atteinte aux sécurités dues aux déposants. Il est donc nécessaire de préciser le sens de cette stipulation. C'est ce qui est réalisé par une nouvelle rédaction conçue en termes tels qu'il n'en résulte pas de gêne pour les caisses d'épargne dans l'exercice régulier de leurs droits.

fiés. Ainsi on ne saurait admettre que les fonds soient prêtés ni à des villes, ni à des établissements publics (1).

118. Pour la Caisse d'épargne de Paris spécialement, le renouvellement annuel du conseil des directeurs, confié aux directeurs restant en fonctions, est, en vertu des statuts, approuvé par le ministre du commerce.

119. Indépendamment des attributions qui appartiennent au conseil des directeurs pour l'administration de la caisse d'épargne, chaque directeur est encore investi d'une mission particulière. Lorsque la caisse est ouverte au public, un directeur ou directeur adjoint doit être présent à toutes les opérations et apposer, séance tenante, son visa sur les livrets (2); il doit également tenir, pour les versements et les remboursements, des bordereaux dits de contrôle, et certifier et arrêter séance tenante les procès-verbaux constatant et résumant les opérations de la journée, ainsi que l'état de la caisse et du portefeuille (3).

120. Les fonctions des directeurs sont gratuites.

121. La responsabilité des directeurs a été définie par plusieurs décisions judiciaires : un jugement du tribunal civil de Louviers du 19 juillet 1850, un arrêt de la Cour de cassation

---

(1) Cons. d'Ét. com. et trav. publ.(Chartres).— La section à laquelle a été soumis le projet de décret tendant à autoriser la commission administrative des hospices de Chartres à emprunter à la caisse d'épargne une somme de 50,000 francs, remboursable en trente ans, estime qu'il n'y a pas lieu, en ce qui concerne ce dernier établissement, à approuver le projet de décret.

Les statuts de la caisse d'épargne de Chartres n'autorisant point un semblable mode d'emploi de son fonds de dotation, la section est d'avis que leur silence équivaut à une interdiction, laquelle ne saurait être accidentellement levée, ainsi qu'on propose de le faire, au moyen du décret projeté, mais ne pourrait disparaître qu'à la suite d'une modification des statuts eux-mêmes. — La section ne doit pas laisser ignorer que, dans le cas où elle serait appelée à se prononcer sur l'opportunité d'une modification de ce genre, la section se croirait impérieusement tenue de vérifier préalablement la situation du fonds de dotation de cet établissement, et de rechercher, le cas échéant, quel est le meilleur emploi à faire des disponibilités, *dans l'intérêt des déposants.*

(2) D. 15 avril 1852, art. 3.

(3) Instr. 4 juin 1857.

du 28 novembre 1876 et un jugement du tribunal civil de Nice du 31 mai 1880. Les directeurs ne sont point, en principe, responsables de leur gestion ; les fautes qu'ils peuvent commettre dans l'accomplissement de leur mandat ne sauraient être contre eux la cause d'une responsabilité pécuniaire, pourvu qu'ils aient géré avec une prudence ordinaire, suivant leurs lumières et comme ils l'auraient fait à l'égard de leurs propres affaires. La responsabilité qui pèse sur eux est celle des mandataires gratuits, conformément à l'article 1992 du Code civil, qu'il faut même leur appliquer avec indulgence. Quant aux faits qui sont de nature à donner ouverture à cette responsabilité, ils sont multiples : ce sont des questions d'espèces que ces différentes décisions judiciaires ont diversement appréciées (1). Mais le principe que l'on doit retenir, c'est que la

---

(1) Trib. civ. com. 24 août 1874 (Guéneau c. Caisse d'épargne). — Attendu qu'aux termes de l'article 1384 du Code civil *les* commettants sont responsables des dommages causés par leurs préposés dans les fonctions auxquelles ils les ont employés ; — Attendu que les sommes réclamées par les demandeurs figurent comme versements à la caisse d'épargne sur les livrets représentés, et que ces livrets sont signés par Mouchot en sa qualité de caissier ; que les défendeurs doivent donc être tenus de rembourser lesdites sommes ; — Attendu, en outre, que l'article 22 du décret du 15 avril 1852 soumet tout caissier de caisse d'épargne à l'obligation de fournir un cautionnement ; — Attendu qu'en dérogeant à cette prescription en faveur de Mouchot, alors surtout qu'il était très jeune, peu assidu au travail et complètement insolvable, les défendeurs ont commis une faute grave, et que, vu les articles 1382 et 1383 du Code civil, ils doivent réparer le préjudice qui en résulte pour les demandeurs ; — Attendu que les textes invoqués par la caisse d'épargne ne règlent que les services intérieurs ; que le tribunal n'a pas à s'y arrêter dans les rapports des déposants avec la caisse.

Sur la demande en garantie : — Attendu que si Guéneau a commis une faute en donnant sa signature sans contrôler l'affirmation de Mouchot, elle est sensiblement atténuée par la confiance excessive que l'administration n'avait pas cessé de témoigner à ce caissier ; que, du reste, il agissait comme mandataire non salarié, et que la responsabilité devant en ce cas être appliquée moins rigoureusement qu'à celui qui reçoit un salaire, il n'y a pas lieu d'accueillir la demande ; — Condamne, etc... Déclare la caisse non recevable en sa demande en garantie. — Pourvoi.

Cass. ch. civ. 28 nov. 1876. — Arrêt : — Sur le premier moyen du pourvoi : — Attendu, en fait, que la caisse d'épargne de Tonnerre avait établi le sieur Mouchot comme caissier de la succursale de Noyers ; qu'il est déclaré par le jugement attaqué que le préposé était très jeune, peu assidu au travail et complètement insolvable, et que cependant la caisse d'épargne lui avait accordé une telle confiance qu'elle n'avait pas même exigé de lui le cautionnement prescrit par la loi ; qu'il est, en outre,

gratuité du mandat des directeurs ou administrateurs n'autorise point à les affranchir de toute responsabilité pécuniaire.

122. En dehors des cas où la responsabilité civile et pécuniaire peut être engagée, les directeurs et administrateurs encourent une responsabilité administrative; ils sont, à ce titre, soumis à une certaine discipline et à une surveillance générale, à raison des actes qu'ils accomplissent dans l'exercice de leur mandat, et ils ne sauraient être déchargés des conséquences par des autorisations données après coup (1).

---

constaté par le jugement attaqué, au chef de l'action en garantie dirigée par la caisse d'épargne contre Guéneau, et conformément aux prétentions de la caisse elle-même, que cet administrateur délégué près de la succursale de Noyers avait omis de contrôler les opérations de Mouchot, et qu'il avait même couvert de sa signature les irrégularités de la gestion de ce caissier; — Qu'en jugeant dans de telles circonstances, que par son imprudence et son défaut de surveillance la caisse d'épargne avait commis une faute grave et personnelle qui l'obligeait envers les déposants à réparer le dommage qui en avait été la suite, le jugement attaqué a justement appliqué les articles 1382 et 1383 du Code civil, et qu'il a ainsi une force juridique, sans qu'il soit besoin de rechercher s'il a fait ou non à la caisse une saine application de l'article 1384; — Rejette.

Mais sur le second moyen du pourvoi : — Attendu que le jugement attaqué, après avoir reconnu que Guéneau avait commis une faute, en apposant sa signature sur les livrets délivrés aux époux Regnault, sans contrôler les affirmations du caissier, a cependant exonéré cet administrateur de toute responsabilité, par le double motif que l'administration avait toujours manifesté une extrême confiance au caissier, et que le mandat de Guéneau était gratuit; que si, comme le jugement le déclare lui-même, les circonstances peuvent sensiblement atténuer la faute commise par celui-ci, elles n'autorisent pas le tribunal à l'affranchir de toute réparation du préjudice qui en résultait pour la caisse d'épargne; qu'en jugeant ainsi qu'il l'a fait, le tribunal civil de Tonnerre a violé les articles sus-visés. — Casse...

(1) Cons. d'Ét. com. et trav. publ. 6 août 1879 (Castres). — La section qui a pris connaissance d'un projet de décret tendant à approuver l'acquisition d'un immeuble fait par la caisse d'épargne de Castres, en vue d'y établir ses services, a remarqué que la caisse ne sollicitait pas, en réalité, l'autorisation de placer une partie de son fonds de dotation en immeubles (placement que ne prévoient pas les statuts), mais qu'elle demandait effectivement au gouvernement de régulariser, par l'autorisation de la dépense, une acquisition déjà consommée et des faits aujourd'hui accomplis. — En effet, le terrain nécessaire pour la construction de l'édifice a été acheté, à la date du 17 janvier 1877, moyennant un prix de 27,000 francs, et les travaux de construction, dont la dépense s'est élevée à une somme d'environ 45,000 francs, sont aujourd'hui complètement terminés; c'est donc une dépense totale de

123. Lorsque, par une circonstance quelconque, le nombre des directeurs ou des administrateurs est insuffisant, le conseil des directeurs peut choisir des directeurs ou des administrateurs adjoints qui remplissent les mêmes fonctions (1).

124. A côté du conseil des directeurs et sous sa dépendance se trouve le caissier chargé du maniement des fonds et de la tenue de la comptabilité (2). En outre, le conseil peut attacher à l'établissement un agent indépendant du caissier spécialement chargé de toutes les opérations de contrôle et pouvant partager avec le caissier les travaux relatifs à la comptabilité (3).

SECTION IV.

SURVEILLANCE.

125. La surveillance des caisses d'épargne appartient tout naturellement au conseil des directeurs, chargés de les administrer, d'en recevoir et d'en arrêter les comptes. Les statuts ont compris cette mission au nombre des attributions qui leur sont dévolues. Le décret du 15 avril 1852, en proclamant dans son article 1er que les opérations de chaque caisse d'épargne sont dirigées et surveillées par le conseil des directeurs ou administrateurs, n'a fait que consacrer un ordre de

---

72,000 francs qui a été faite sans autorisation. — La section ne pense pas que le gouvernement puisse couvrir, par une autorisation donnée après coup, des procédés aussi irréguliers qui pourraient, dans bien des cas, compromettre la fortune d'établissements chargés de recueillir l'épargne publique. Il le peut d'autant moins, dans le cas présent, que s'il avait été consulté à l'avance, il aurait sans doute refusé d'autoriser l'aliénation d'une somme de 72,000 francs sur un fonds de dotation s'élevant, au total, à 108,152 fr. 48 c , dans le seul but de pourvoir à l'installation des services de la caisse d'épargne. — En conséquence et sous la réserve des modifications aux statuts de la caisse qui pourraient permettre de rétablir la régularité de la situation financière, la section est d'avis qu'il n'y a pas lieu d'adopter le projet de décret.

(1) Déc. 15 avril 1852, art. 2.
(2) Règlement d'administration intérieure de chaque caisse.
(3) Instr. du 4 juin 1857.

choses établi par la pratique et les statuts, et découlant du principe de la responsabilité qui pèse sur ces conseils.

126. Les hommes qui acceptent ces fonctions sont toujours animés des meilleures intentions, mais ils n'ont pas toujours l'expérience que demande une semblable gestion, et « l'absence d'une surveillance éclairée et suivie s'est souvent fait sentir; de là sont nés de nombreux abus, dont quelques-uns ont eu un caractère grave; des désordres de comptabilité et même des déficits ont été signalés dans quelques caisses (1) ». Ces considérations n'avaient pas échappé à M. Benjamin Delessert, lorsqu'en 1851 il présenta le projet de loi qui est devenu la loi du 30 juin 1851, puisque dans sa proposition il demandait qu'un règlement d'administration publique déterminât la gestion et la surveillance des caisses d'épargne. « Ce qui manque, ce que nous voulons, disait à cet égard le rapport de M. Gouin, c'est une gestion et un mode de comptabilité uniformes pour toutes les caisses; c'est un contrôle régulier et permanent qui prévienne les abus et inspire toute confiance. Pour arriver sûrement à ce but, le choix des hommes qu iseront chargés de cette direction et de cette surveillance est capital; nous n'hésitons pas à dire que c'est à l'administration des finances que doit appartenir cette attribution. Déjà c'est le ministre des finances qui, seul, centralise tous les mouvements des caisses d'épargne, soit pour les versements, soit pour les remboursements : ce sont ses receveurs généraux et particuliers qui sont en rapports directs avec les administrations de chaque caisse; cette action ne saurait être divisée; c'est donc également au ministère des finances que doit appartenir le contrôle de la gestion de toutes les caisses et la surveillance de leur comptabilité; nul ne saurait remplir plus utilement et avec plus d'expérience cette mission; le ministre des finances possède déjà tous les éléments de cette organisation par ses inspecteurs et par tous ses agents comptables dans chaque département. Il ne s'agit que d'en arrêter les bases et de

---

(1) Rapport de M. Gouin à l'Assemblée nationale législative sur la loi de 1851.

leur donner toute l'autorité nécessaire en les faisant paraître dans la forme d'un règlement d'administration publique. »

127. Ces bases furent, en effet, arrêtées par les articles 18 à 21 du décret du 15 avril 1852, qui tracent la manière dont les receveurs des finances doivent procéder aux vérifications des caisses d'épargne toutes les fois qu'ils le jugent convenable, et au moins une fois par trimestre. Il leur est prescrit de reconnaître l'existence matérielle des fonds et des inscriptions de rentes, déclarées par les écritures, de s'assurer de la régularité de la comptabilité dans ces diverses parties, et d'examiner si les règlements et instructions sont observés. Pouvoir leur est donné de prendre provisoirement toute mesure d'urgence jugée nécessaire.

Sur l'avis qu'il doit recevoir du receveur des finances, le président du conseil des directeurs peut assister, s'il le juge convenable, à la vérification, conjointement avec l'administrateur de service.

128. Les receveurs des finances sont également chargés de veiller à ce que les encaisses leur soient exactement versées, sous la seule réserve des fonds nécessaires au service courant.

129. Les inspecteurs des finances, aux vérifications desquels sont également soumises les caisses d'épargne, peuvent porter leur examen et leurs investigations sur toute la gestion de l'établissement; ils doivent vérifier la régularité des écritures et l'exactitude de la caisse et du portefeuille.

130. Ils examinent, en outre, notamment, si l'organisation du personnel présente les garanties convenables, si les procédés de comptabilité employés sont suffisants, et s'ils remplissent les conditions d'uniformité voulues.

131. Les rapports et procès-verbaux de vérification après que connaissance en a été donnée au président du conseil des directeurs sont adressés au ministre des finances, qui les communique au ministre du commerce et se concerte avec lui sur la suite à leur donner.

132. Par deux circulaires des 20 mai et 30 septembre 1853,

le ministre du commerce a recommandé aux directeurs des caisses d'épargne l'exécution de toutes les prescriptions qui venaient d'être édictées et les a informés qu'une vérification extraordinaire de toutes les caisses d'épargne devait être opérée par les soins des agents des finances, afin que « le bilan de leur passé fût dressé avec précision au moment où les garanties établies par le décret commençaient à intervenir ». En même temps le ministre du commerce informait les préfets des mesures prises pour cette vérification et leur demandait de veiller à ce que l'opinion publique ne s'égarât pas sur les causes et les conséquences de cette vérification, et notamment que la production des livrets ne causât aucune espèce d'inquiétude aux titulaires. Mais, malgré toutes les précautions, une crise redoutable aurait pu se produire, si, sur les rapports des préfets, le ministre du commerce n'eût fait suspendre les vérifications dans un grand nombre de départements.

133. D'un autre côté, les vérifications périodiques prescrites par le décret du 15 avril 1852 ne paraissent pas avoir produit les résultats que l'on s'en promettait; elles n'ont pas réussi à prévenir, ainsi que M. Gouin en exprimait l'idée, les abus, les désordres, et même les déficits. Les faits signalés dans le rapport de M. Boinvilliers en 1869, et ceux qui sont survenus en 1883 à Tarare et à Annecy, tendent malheureusement à prouver l'impuissance ou l'inefficacité de la surveillance confiée aux receveurs et inspecteurs des finances sur les caisses d'épargne.

134. Dans le cas où des déficits seraient découverts, les receveurs des finances ne sauraient en être déclarés responsables. La doctrine qui semble devoir être suivie en cette matière est celle qui ressort de décisions rendues par le conseil d'État au contentieux, relativement aux receveurs municipaux, et qui peut se résumer ainsi : les receveurs des finances ne sont responsables, envers les communes, des déficits occasionnés par les receveurs municipaux qu'autant que ces comptables réunissent à ces fonctions celles de percepteurs. Hormis ce cas, les receveurs des finances ne peuvent

être astreints qu'à une retenue sur leur traitement par mesure disciplinaire prononcée par le ministre des finances en vertu de l'article 17 du décret du 9 novembre 1853. Les caisses d'épargne ne sauraient être traitées différemment en l'absence de toute disposition légale sur ce point, et l'on doit admettre en conséquence que, dans le cas où, par suite de la manière défectueuse dont a été exercée la surveillance, les détournements des caissiers ont occasionné des déficits, les receveurs des finances encourent seulement une retenue disciplinaire, dont le montant est versé à la caisse d'épargne.

135. Aux mesures de surveillance auxquelles sont soumises les caisses d'épargne, il convient de rattacher la production de leurs états de situation au ministère du commerce. Cette production leur est imposée par leurs actes d'autorisation, et elle résulte, en outre, de l'article 12 de la loi du 5 juin 1835. Ce sont, en effet, ces états de situation qui servent à dresser le compte rendu général des opérations de ces établissements, dont la distribution aux Chambres est prescrite par cet article. Les règles ont été, à diverses reprises, tracées par le ministre du commerce, sur la manière d'établir ces états. Une circulaire du 17 octobre 1835 avait reconnu nécessaire d'adopter un cadre uniforme dans lequel il fût possible de classer aisément les éléments presque identiques du mouvement des caisses d'épargne, afin que le travail de l'administration auquel les états fournis par les caisses servaient de base fût complet et régulier, et permît d'apprécier les progrès des établissements et les conséquences morales de l'institution. Dans ce but, il avait paru utile d'adjoindre aux résultats des opérations des caisses quelques données statistiques concernant la profession des déposants et la division des livrets en diverses classes établies suivant le chiffre de leur crédit. Des modifications ont été successivement apportées par des circulaires des 24 décembre 1853 et 15 février 1858, 5 mars 1872 et 20 mars 1873. Enfin, une instruction générale du 15 avril 1883 a remanié toutes les dispositions tracées précédemment au sujet du compte rendu et les a complétées surtout au point de vue statistique, en s'inspirant tant de ce qui se fait à l'étranger, que de l'utilité pour le gouvernement de posséder

des renseignements dont la connaissance répond à l'application de diverses prescriptions législatives.

136. D'après cette instruction, le compte rendu comprend dix tableaux. Les uns, envisagés plus spécialement au point de vue de la comptabilité, ont trait à la situation de la fortune de la caisse, à l'ensemble de ses opérations avec les déposants, au mouvement des inscriptions de rentes achetées pour le compte des déposants, aux opérations des percepteurs et des succursales. Les autres, dressés à un point de vue exclusivement statistique, ont pour objet de présenter d'abord la division des livrets et crédits, celle des versements et celle des remboursements en diverses classes d'après leur importance et sur des bases identiques, afin de permettre des comparaisons entre ces divers éléments des opérations; puis la division des livrets ouverts pendant l'année suivant la profession des nouveaux déposants, suivant leur sexe et leur état civil, par application des prescriptions de la loi du 9 avril 1881, relatives à la capacité exceptionnelle conférée au mineur et à la femme mariée, et enfin la division des versements et des remboursements, et la division du total des livrets comme nombre et montant, suivant le sexe des déposants.

137. Par une circulaire du 5 mai 1883, le ministre du commerce a recommandé aux préfets de vérifier les comptes des caisses d'épargne avant de les lui adresser à l'appui des états récapitulatifs qu'il les chargeait de dresser. Il leur demandait également de s'entendre au besoin avec les receveurs des finances pour faire procéder à la vérification des caisses d'épargne, lorsque après l'expiration de délais fixés et à la suite de plusieurs mises en demeure par lettres de rappel, les caissiers n'auraient pas produit leur compte rendu; il leur laissait toutefois le soin d'apprécier dans quel cas il y aurait lieu de prendre cette mesure. Enfin depuis 1880, pour éviter les retards inévitables qu'entraîne la production des états des caisses et la préparation du compte rendu général, les caisses d'épargne ont été invitées à transmettre au ministère du commerce, dès le commencement de chaque année, des renseignements sommaires sur leurs opérations pendant l'année précédente. L'ensemble des résultats obtenus, et qui n'ont

E.

7

qu'un caractère provisoire, est ensuite publié au *Journal officiel*.

Le numéro du 25 avril 1885 contenait les chiffres généraux des opérations de 1884, savoir :

Nombre des livrets délivrés pendant l'année à de nouveaux déposants : 489,178. Nombre des livrets existant au 31 décembre 1884 : 4,704,452. Montant des versements effectués pendant l'année : 668,264,454 fr. 56 c. Solde dû aux déposants au 31 décembre 1884 : 2,025,280,646 fr. 12 c.

CHAPITRE II.

OPÉRATIONS.

138. Les opérations des caisses d'épargne doivent être envisagées à trois points de vue différents, d'abord dans leurs rapports avec les déposants, puis dans ceux avec des tiers, et enfin dans ceux avec la Caisse des dépôts et consignations. Une instruction du 4 juin 1857 développée (1),

---

(1) 4 juin 1857. — *Instruction des ministres des finances et du commerce pour l'exécution du décret du 15 avril 1852, relatif au mode de surveillance de la gestion et de la comptabilité des caisses d'épargne.*

Conformément à l'article 28 du décret du 15 avril 1852, sur les caisses d'épargne, le ministre de l'intérieur, de l'agriculture et du commerce, et le ministre des finances ont déterminé, de concert, par une instruction en date du 17 décembre 1852, la forme des registres et pièces de comptabilité à l'usage des caisses d'épargne et les procédés à suivre pour la tenue des écritures, pour le calcul et la capitalisation des intérêts, pour le mode spécial de comptabilité concernant les inscriptions de rentes et pour les relations avec les déposants.

Cette instruction ayant paru susceptible de diverses modifications, les deux départements ministériels se sont accordés pour la remplacer par l'instruction suivante, qui traite de toutes les matières comprises dans le décret, en les divisant en quinze chapitres, suivant leur nature, savoir :

CHAPITRE PREMIER.

VERSEMENTS.

1. Le premier versement de chaque déposant donne lieu à une inscription sur le registre matricule. — Le registre matricule est destiné à

concertée par les ministres des finances et du com-

---

recevoir tous les renseignements que la caisse doit conserver sur chaque déposant, et à servir à la comparaison des signatures et à l'interrogatoire des porteurs de livrets dans tous les cas de doute, afin de se prémunir contre les tentatives d'abus, de fraude ou de falsification qui pourraient être la suite de la perte ou de la soustraction du livret. Il constitue, dès lors, l'élément de comptabilité le plus indispensable pour les caisses d'épargne.

2. Les versements anonymes ou pseudonymes sont interdits. — Quiconque vient faire un premier versement doit déclarer s'il verse pour son compte ou au nom d'un tiers.

3. Si le déclarant verse pour son compte, après l'avoir fait figurer dans la case du registre matricule qui se trouve la première disponible, on inscrit très exactement dans cette case son nom de famille, ses prénoms, la date du versement, l'âge, le lieu et la date de la naissance, la demeure et la profession. On ajoute aux nom et prénoms le nom d'alliance, si le versement est fait par une femme qui déclare être veuve. On fait signer le déposant sur le registre ; s'il ne sait pas signer, on en fait mention.

4. . . . .

5. Lorsqu'il est fait un premier versement pour le compte d'un enfant mineur légitime, on mentionne sur le registre matricule les nom et prénoms du père, et, si le père n'existe plus, de la mère, ou, à défaut de celle-ci, du tuteur. — Dans le cas où le mineur pour lequel se fait un premier versement est un enfant naturel, on mentionne le nom du père, si l'enfant a été légalement reconnu, sinon celui de la mère seulement.

6. Toute société de secours mutuels est inscrite sous le nom distinctif adopté par la société. — Lorsqu'il est fait un premier versement par une société de secours mutuels, son mandataire est tenu de déposer à la caisse d'épargne un exemplaire de ses statuts. On exige pour tous les versements, sans exception, la production de toutes les pièces indiquées aux statuts pour la validité des placements de fonds. On fait signer sur le registre les personnes dûment autorisées, en vertu de statuts, à représenter les sociétés en pareille circonstance, et l'on indique si la société a été reconnue comme établissement d'utilité publique (loi du 15 juillet 1850), ou si elle a été approuvée par le préfet (décret du 26 mars 1852). Dans l'un ou l'autre de ces deux cas, comme la société a la faculté de faire des versements égaux à la totalité de ceux qui seraient permis à chacun de ses membres individuellement, elle doit, si le versement excède le maximum ordinaire, justifier du nombre de ses membres au moyen d'un certificat émané de l'autorité municipale, afin d'établir qu'elle ne dépasse pas la limite de ses droits.

7. Si celui qui se présente veut verser pour un tiers, il doit, autant que possible, produire l'autorisation de la personne pour laquelle il verse, à moins que ce ne soit un bienfaiteur qui désire rester inconnu. L'autorisation est mentionnée dans la colonne des signatures au registre matricule.

8. Les dons conditionnels proviennent soit d'un don manuel, soit d'un legs fait par testament authentique ou olographe ; dans ce dernier cas, mention du testament est faite sur le registre matricule. La seule condition admissible est celle d'un remboursement différé. Pour un mineur,

merce, a fait connaître, avec détails, les principes qui doivent

---

cette condition peut être qu'il disposera des sommes seulement à sa majorité ou à une époque plus éloignée, ou bien, en cas de mariage, aussitôt après la célébration : la seule condition à imposer pour des sommes versées au nom d'un majeur est qu'elles ne pourront lui être remises qu'après un temps déterminé. — On n'admet aucune clause soit de retour au donateur, soit de réversibilité d'une tête sur une autre ; on porte seulement sur le registre matricule la mention du nom du donateur, ou celle que le versement est fait par un inconnu. Le concours et l'acceptation du donataire ne sont pas indispensables. — La clause d'incessibilité stipulée par le donateur est admise, alors même que le donateur a voulu rester inconnu ; mais on n'admet celle d'insaisissabilité que dans le cas où cette clause est stipulée par des compagnies industrielles ou par des chefs d'ateliers au profit de leurs ouvriers et employés.

9 . . . .

10. Les diverses justifications produites pour les versements, d'après les indications qui précèdent, doivent être revêtues du numéro d'ordre du registre matricule et soigneusement conservées, soit dans des dossiers distincts, soit reliés ensemble.

11. Il doit être fait, d'après les registres matricules, pour chaque déposant, une carte de répertoire indiquant :

A la première ligne, le nom du déposant ;

A la deuxième, ses prénoms ;

A la quatrième, la date de sa naissance ;

A la cinquième, le numéro de son livret, et, s'il y a lieu, celui de la série ;

A la troisième, dans le cas où le livret appartient à une femme déclarée mariée ou à une veuve, son nom d'alliance.

Il est établi, en outre, pour chaque femme qui s'est déclarée mariée ou veuve, une autre carte indiquant sur la première ligne son nom d'alliance ; sur la deuxième, ses prénoms ; sur la troisième, son nom de famille, et le reste comme ci-dessus. — Toutes ces cartes sont placées dans des boîtes, où elles sont classées et maintenues dans l'ordre alphabétique le plus exact. On y ajoute, chaque semaine, les cartes des nouveaux déposants, et l'on en retire, d'après les livrets soldés et en les frappant du timbre *Compte soldé*, toutes les cartes des comptes éteints. — Ainsi, le répertoire, constamment à jour, est en deux parties, dont l'une comprend les comptes existants, l'autre les comptes soldés.

12. Il est remis à chaque déposant, lors de son premier versement, un livret qui lui sert de titre de créance envers la caisse d'épargne.

13. L'origine des deniers n'est jamais mentionnée, à moins que le versement des fonds n'ait pour cause un remplacement militaire ou ne provienne d'une somme donnée et assujettie à une condition.

14. Les versements postérieurs au premier sont reçus sur la présentation du livret, sans qu'il y ait à fournir d'autre justification, sauf en ce qui concerne les sociétés de secours mutuels (voir ci-dessus, § 6, 2e alinéa). Il n'est pas même nécessaire que le porteur du livret en soit titulaire ou produise une autorisation ou une procuration du titulaire. Seulement il est absolument interdit aux caissiers ou sous-caissiers et à tous autres employés des caisses d'épargne de se rendre porteurs de livrets appartenant à des tiers et même de recevoir la procuration de

être suivis, par application des lois spéciales, et les applica-

---

ceux-ci pour faire quelque opération que ce soit près de leur caisse
d'épargne.

15. Le caissier ou sous-caissier qui reçoit les versements les mentionne, d'après les livrets (voir § 86 ci-après), sur un bordereau dit *de
versements*. — Les bordereaux de versements contiennent les numéros des
livrets, les noms des déposants et le montant des sommes déposées. Ils
sont arrêtés en toutes lettres et certifiés véritables par le caissier ou
sous-caissier.

16. L'administrateur du service tient, de son côté, un semblable bordereau destiné à contrôler celui du caissier, et qui est également arrêté
en toutes lettres. — Les bordereaux de contrôle sont tellement indispensables, que, dans le cas où un administrateur se trouverait, par quelque
circonstance, empêché de les tenir, il devrait être suppléé, soit par une
personne de son choix, soit par un employé de la caisse d'épargne qu'il
désignerait. — On fait, au reste, remarquer que, pour bien assurer le
contrôle des opérations du caissier, il serait utile d'attacher à l'administration de l'établissement un agent indépendant de ce caissier, qui serait
spécialement chargé de toutes les opérations du contrôle et pourrait partager celles de la comptabilité avec le caissier. — Toutes les caisses
d'épargne sont expressément invitées à se pourvoir d'un agent ou con-
trôleur, dès que leurs ressources le leur permettent.

17. A la fin de la séance, la concordance des bordereaux tenus séparément par l'administrateur de service et le caissier est vérifiée, ainsi
que la concordance de ces bordereaux avec le montant effectif des fonds.
L'administrateur remet ou transmet directement au secrétaire du conseil des directeurs, ou à l'agent délégué par ce conseil, les bordereaux
de contrôle. En principe, ces bordereaux ne doivent jamais passer par
les mains du caissier; mais on peut toujours lui en donner communication sur sa demande, sans déplacement.

18. Les bordereaux de contrôle sont immédiatement classés par le
secrétaire du conseil ou l'agent délégué, dans un dossier spécial. Le bordereau du caissier est rattaché à celui de l'administrateur de service,
dès qu'il n'est plus nécessaire à l'établissement des comptes.

CHAPITRE II.

LIVRETS.

19. Le livret est le titre du déposant; il est nominatif et non au porteur. — Les livrets destinés à être remis aux déposants sont numérotés
d'avance en toutes lettres et en chiffres. Ils portent la signature de l'un
des directeurs ou administrateurs, et, à côté, le timbre de l'établissement. — Au moment du premier versement, le nom et les prénoms du
titulaire sont inscrits sur la première page. Si c'est une femme déclarée
mariée ou une veuve, son nom d'alliance est placé à la suite; s'il s'agit
d'une société de secours mutuels, la dénomination adoptée par cette
société est inscrite à la place du nom. — Il est de la plus grande importance de ne jamais porter sur le livret aucun des autres renseignements
propres à établir l'identité du titulaire, et de les réserver exclusivement

tions pratiques qui doivent en être faites. Elle s'applique aux

---

au registre matricule. Il faut surtout s'abstenir de faire jamais signer le titulaire sur le livret.

20. En la forme, les livrets conditionnels présentent cette seule différence avec les autres, qu'une place est réservée en tête pour la mention de la condition, et que deux colonnes distinctes sont destinées, l'une aux sommes réservées, c'est-à-dire assujetties à la condition; l'autre aux sommes disponibles, c'est-à-dire versées sans condition au nom du même titulaire...

21. Toute opération de versement ou de remboursement donne lieu à la présentation du livret. La caisse a le droit, si elle le trouve nécessaire pour passer ses écritures, de retenir le livret pendant une semaine; dans ce cas, il est remis en échange un bulletin contenant le numéro du livret, le nom seulement du déposant et l'opération à effectuer. — Ce bulletin devient le titre provisoire du déposant.

22. Les opérations sont inscrites sur les livrets, avec leur date, en toutes lettres et en chiffres, et chaque inscription de versement et de remboursement est signée par le caissier, ou le sous-caissier dans les succursales, et contresignée par l'administrateur de service (art. 3 du décret).

23. La remise des livrets n'est pas de rigueur pour l'inscription soit des intérêts acquis en fin d'année, soit des arrérages de rentes perçus par la caisse d'épargne. Il suffit d'y porter ces indications lors de leur plus prochaine présentation. Les intérêts ne sont pas indiqués avec détail; on se borne à en inscrire le montant acquis au déposant au moment de la présentation de son livret.

24. En cas de perte, le livret est remplacé par un duplicata. Ce duplicata est délivré dans le délai d'un mois, à partir de la réception de la lettre de demande, laquelle doit être légalisée, soit par le maire, soit par le commissaire de police. Il est pris note, au registre matricule et au compte du déposant, de la délivrance du duplicata. Le solde de ce compte est inscrit sur le nouveau livret comme premier article. — Si le livret primitif est retrouvé, il est annulé après que toutes les pages en ont été biffées.

CHAPITRE III.

REMBOURSEMENTS.

25. Les caisses d'épargne peuvent recevoir les demandes de remboursements tous les jours de la semaine; mais les bordereaux de ces demandes ne sont clos que le jour de la séance hebdomadaire, et les caisses d'épargne ne sont tenues d'effectuer les remboursements que quinze jours après la clôture des bordereaux. — Le déposant ou son représentant remet le livret et souscrit la demande de remboursement sur la première partie d'une formule, dont la seconde partie est destinée à la quittance. Ces deux parties restent adhérentes l'une à l'autre et sont pliées de manière qu'en signant la seconde le déposant ne puisse voir la première.

26. Comme, entre la demande de remboursement et le payement, il est toujours loisible au déposant d'y renoncer, et qu'il peut aussi arri-

versements, aux livrets, aux remboursements, aux achats de

---

ver qu'il ne soit pas en demeure d'y donner suite, il convient de se borner à faire l'addition des capitaux sur les comptes courants, ainsi que sur les livrets, après y avoir ajouté les intérêts de l'année précédente qui n'y auraient pas encore été portés.

27. Il doit être préparé des bordereaux distincts pour les demandes des remboursements partiels et pour les remboursements totaux. Le bordereau de préparation des remboursements partiels ne présente que le numéro, le nom du déposant, le solde des capitaux et la somme demandée ; il ne reste, le jour du payement, qu'à sortir, dans denx colonnes distinctes, les sommes payées et les sommes non payées : la réunion de ces deux dernières sommes doit reproduire le total des demandes. — Quant au bordereau de préparation des remboursements totaux, il contient, dans des colonnes ouvertes à cet effet, outre le numéro du livret et le nom du déposant, tout ce qui a rapport au débit et au crédit, ainsi qu'à la capitalisation des intérêts, savoir : 1° l'ancien débit, c'est-à-dire l'intérêt rétrograde sur les remboursements partiels antérieurs, effectués depuis le commencement de l'année (voir § 77 ci-après) ; 2° le débit nouveau, soit l'intérêt rétrograde calculé sur le solde des capitaux dont le remboursement est demandé; 3° l'ensemble de ces débits ; 4° le montant total des intérêts anticipés depuis le commencement de l'année ; 5° la différence tirée entre le total des intérêts rétrogrades et celui des intérêts anticipés, laquelle donne l'intérêt qui doit en définitive être bonifié au déposant. Cette différence, ajoutée au solde ancien des capitaux, qui figure dans une colonne spéciale, forme le solde nouveau remboursable. Les deux dernières colonnes sont destinées à faire ressortir à la fin de la journée, dans l'une les sommes payées, dans l'autre les sommes non payées. — L'annotation des sommes payées doit toujours être faite sur les bordereaux de préparation des remboursements partiels ou totaux, d'après les livrets mêmes.

28. Le déposant doit, en principe, donner quittance de tout remboursement qu'il reçoit.

29. . . . .

Pour le mineur non émancipé, la quittance doit être souscrite par la personne chargée de l'administration de ses biens ou de sa tutelle. — Lorsque le déposant ne se présente pas lui-même, le tiers qui le remplace doit produire une procuration sous seing privé, à moins qu'il ne soit porteur du brevet original ou de l'expédition d'une procuration authentique, générale ou spéciale, contenant pouvoir de toucher et de donner quittance. Dans l'un et l'autre cas, le mandataire souscrit la quittance, à laquelle la procuration reste annexée, indépendamment de la mention qui en est faite sur la quittance même.

30. La signature apposée sur la quittance, si la personne qui se présente pour toucher déclare être le déposant lui-même, et, dans le cas contraire, celle que contient la procuration, doit toujours être rapprochée de la signature apposée sur le registre matricule. En cas de doute sur la sincérité des signatures, il est procédé à un interrogatoire ou à une information, soit d'après les renseignements présentés par le registre matricule, soit d'après ceux que la personne fournit elle-même.

31. L'obligation de donner quittance n'est pas tellement absolue que le déposant ne puisse en être dispensé, lorsqu'il ne sait ou ne peut signer

rentes, aux transferts de fonds, au calcul et à la capitalisation

---

et que son identité est constante. Dans ce cas, la quittance peut être remplacée par un certificat signé de deux témoins. L'administrateur de service appose également sa signature sur cette pièce, afin d'attester que la formalité s'est accomplie en sa présence. — Toutefois la caisse est toujours en droit, si elle le juge convenable, de refuser à un déposant qui ne sait ou ne peut signer le bénéfice de cette manière de procéder, et de n'effectuer le remboursement que sur une quittance revêtue de la signature d'un mandataire, porteur d'une procuration passée devant un notaire ou devant le maire de la résidence du titulaire du livret.

32. Les quittances pour les remboursements à une société de secours mutuels sont signées par un délégué ou mandataire porteur de toutes les pièces suffisantes pour justifier de l'accomplissement des formalités exigées par les statuts en ce qui concerne les retraits de fonds. Dans le cas où les statuts ne renfermeraient aucune prévision relative à la matière, le délégué ou mandataire doit être porteur d'une procuration revêtue des signatures de tous les membres composant le conseil d'administration de la société.

33. A l'époque où un don conditionnel devient disponible par l'expiration du délai imposé au remboursement, le titulaire doit en fournir la preuve, et, si le don a été subordonné, pour une fille mineure, à la condition de son mariage, l'acte de célébration doit être accompagné du consentement du mari au payement demandé.

34. . . . .

35. En cas de cession faite au profit d'un tiers du montant d'un livret par le titulaire, si la cession a été faite par acte authentique et dûment signifié par acte extrajudiciaire, accompagné de la production du livret, le cessionnaire n'est tenu qu'à justifier de son identité. Si la cession résulte d'un acte sous signature privée, enregistré et dûment signifié à la caisse d'épargne, accompagné de la production du livret, la caisse peut rembourser sans autre justification que celle de l'identité du cessionnaire. Néanmoins, dans les cas où elle le jugerait nécessaire, elle pourrait demander le concours du cédant ou un acte authentique, contenant reconnaissance d'écriture de l'acte de cession sous seing privé.

36 et 37. . . . .

38. Quand l'administration des domaines, appelée à recueillir une succession à titre de déshérence, se présente pour recevoir le montant d'un livret ayant appartenu à un déposant décédé *ab intestat* et sans avoir laissé d'héritiers connus, elle doit justifier de l'accomplissement des formalités prescrites par les articles 768 et suivants du code Napoléon.

39. Lorsque rien ne s'est opposé au remboursement dans les différents cas qui viennent d'être énumérés, ou lorsque les difficultés ont été aplanies, on procède au payement. — Ce payement est mentionné en toutes lettres et en chiffres sur le livret, signé par le caissier et visé par l'administrateur de service (art. 3 du décret).

40. Les remboursements, comme les versements, donnent lieu à la formation de bordereaux de contrôle dressés par l'administrateur de service et contenant le numéro des livrets, le nom des déposants et le montant des sommes remboursées. Les dispositions des paragraphes 15, 16, 17 et 18 ci-dessus sont d'ailleurs applicables aux bordereaux de remboursements.

annuelle des intérêts, à la comptabilité, à la conservation des

---

CHAPITRE IV.

ACHATS DE RENTES.

41. Les demandes d'achats de rentes ne sont admises que pour les valeurs de 4 1/2 0/0 et de 3 0/0. Il n'est fait aucun achat de rentes en 4 0/0, attendu la rareté des titres de cette nature et la difficulté qu'il y a souvent pour les acquérir. — Il faut observer, à l'égard du déposant ou de son représentant, pour les demandes d'achats de rentes, les mêmes formalités que pour les demandes de remboursement. — La demande d'achat de rente porte le numéro du livret, la demeure actuelle du déposant, son domicile au moment du premier dépôt et le chiffre de rente qu'il réclame ou la somme à convertir en rentes. On lui fait apposer, comme pour une demande de remboursement, sa signature au bas de la demande d'achat, afin de la vérifier sur le registre matricule. — On remet en échange du livret un bulletin, et l'on porte sur le bordereau de demandes d'achats de rentes le numéro du livret, le nom du titulaire et le montant de la rente demandée. — Le travail préparatoire et le rapprochement du livret avec le compte particulier se font comme pour les demandes de remboursements partiels.

42. Les demandes d'achats de rentes faites par les déposants sont adressées par les caisses d'épargne au préposé de la Caisse des dépôts et consignations qui a reçu leurs placements; ces demandes doivent être accompagnées d'un bordereau distinct par nature de rente, et établi en double expédition, l'une pour le préposé, l'autre pour la Caisse des dépôts, et faisant connaître : 1° les nom et prénoms de chaque déposant ; 2° la somme à convertir en rente ou le chiffre de la rente à acheter ; 3° si les inscriptions doivent être départementales ou directes, et, dans ce dernier cas, dans quelle localité les arrérages devront être payés.

43. Il importe essentiellement, pour prévenir des retards dans le transfert des rentes, que ces bordereaux indiquent d'une manière très lisible les noms et prénoms qui doivent être inscrits sur les titres de rentes, et contiennent en même temps tous les renseignements indispensables (selon le cas) pour l'immatricule des rentes au grand-livre. — Si le déposant est mineur, le bordereau doit indiquer son âge (mineur, né le......), les nom et prénoms du tuteur ou de la tutrice, et faire connaître s'il y a parenté entre eux et à quel degré. Si le mineur est un orphelin adopté par l'État, par un département ou une commune, le bordereau doit indiquer quelle est la commission qui administre ses biens, et désigner par son titre le fonctionnaire ou l'agent qui la représente. — Si le mineur est émancipé, le nom du curateur doit être exprimé sur le bordereau. — S'il s'agit d'une fille majeure, la mention doit en être faite. — Si la déposante s'est déclarée veuve ou femme mariée, il est indispensable d'indiquer les nom et prénoms du mari. — Si le déposant est interdit, le bordereau doit désigner son tuteur ou l'administrateur provisoire de sa personne et de ses biens. — Si les fonds à employer en achat de rente proviennent d'une donation et sont soumis à une condition, le bordereau et, par suite, l'inscription elle-même doivent porter textuellement la condition mentionnée sur le registre matricule et sur le livret.

44. Les demandes d'achats de rentes au nom des sociétés de secours mutuels doivent être accompagnées, la première fois, d'un exemplaire de

fonds et valeurs, au placement des fonds à la Caisse des

---

leurs règlements constitutifs, certifié par le maire. — Pour les demandes subséquentes d'achats de rentes au nom desdites sociétés, il suffit pour que le transfert des nouvelles rentes acquises soit opéré, d'indiquer sur les bordereaux la date du premier achat et le numéro du transfert effectué à leur nom.

45. Si les achats intéressent des sociétés religieuses, le transfert des rentes à leur nom est opéré moyennant l'envoi d'une copie certifiée du décret qui autorise l'emploi des fonds. — Les inscriptions demandées soit au nom d'un établissement public, soit au nom d'une société de secours mutuels autorisée, doivent toujours être départementales.

46. Les deux expéditions du bordereau énoncé au paragraphe 42 doivent être arrêtées et signées par les administrateurs de service, et visées par le préposé de la Caisse des dépôts et consignations qui tient le compte de l'établissement, pour constater l'existence de fonds suffisants au crédit de ce compte. — Le receveur général transmet l'une des deux expéditions à la Caisse des dépôts et consignations et garde la seconde pour être à portée de comparer plus tard les inscriptions achetées par la direction générale avec les indications données par la caisse d'épargne.

47. Comme l'omission des indications signalées ci-dessus ou l'insuffisance de celles qui seraient données aurait pour résultat de faire suspendre l'achat demandé, il importe, dans l'intérêt des déposants, que les receveurs généraux s'assurent, avant de faire à la direction générale l'envoi de l'un des deux bordereaux, qu'il contient tous les renseignements nécessaires.

48. Les achats ne pouvant avoir lieu qu'au cours de la bourse du jour, il n'est pas donné suite aux demandes qui indiquent des cours fixés d'avance. — Les inscriptions de rentes doivent toujours être nominatives, et non au porteur, cette dernière nature de valeur présentant trop d'inconvénients pour la responsabilité des agents de la Caisse des dépôts et des caisses d'épargne. Il ne peut être employé en rentes, au nom d'un déposant, en une même fois, une somme supérieure au maximum fixé par la loi (1,000 francs actuellement), augmenté des intérêts échus. — Toutefois, les sommes de plusieurs livrets appartenant à des membres d'une même famille peuvent être réunies et converties en une seule inscription de rente au nom de l'un d'eux. Les bordereaux d'achats doivent faire mention de cette circonstance.

49. Aussitôt que la livraison lui en a été faite par les agents de change vendeurs, la Caisse des dépôts transmet aux receveurs généraux les inscriptions de rentes demandées; ceux-ci reçoivent en même temps du directeur général un avis détaillé des payements, accompagné d'autant de bulletins individuels qu'il y a eu d'inscriptions achetées. — Ces bulletins, énonçant le prix d'achat dûment certifié, doivent être transmis par les receveurs généraux, avec les inscriptions de rentes et le double du bordereau qu'ils ont conservé, aux caisses d'épargne chargées de faire la remise des inscriptions aux déposants. — Le caissier de la caisse d'épargne donne un reçu séparé pour chaque nature de rente, et une quittance de remboursement par la Caisse des dépôts de somme égale au coût des rentes délivrées. Il retire lui-même du déposant, en échange de l'inscription, un reçu. Ce récépissé mentionne la quotité et le coût de la rente achetée, ainsi que le numéro de l'inscription.

50. Les achats de rentes sur l'État pour le compte des déposants con-

dépôts et consignations et à la surveillance des services.

stituant de véritables remboursements, puisque la dépense faite pour ces achats libère d'autant les caisses d'épargne envers les déposants, le coût de chaque rente doit être porté tant au compte courant que sur le livret, comme le serait un remboursement ordinaire et *valeur du dimanche qui précède le payement fait à Paris* (circulaire du ministre de l'agriculture et du commerce du 16 décembre 1851).

51. En exécution de l'article 2 de la loi du 30 juin 1851, il y a lieu, chaque année, après la capitalisation des intérêts, mais seulement au 1er avril, de faire acheter d'office 10 francs de rente pour chacun des comptes dont le solde excède 1,000 francs. Dans le courant du mois de janvier de chaque année, les déposants dont le compte est dans cette situation sont prévenus, par une lettre adressée au domicile par eux déclaré, que l'achat des rentes sera effectué d'office, si, à l'époque précitée du 1er avril, ils n'ont pas réduit leur compte au-dessous du maximum fixé. — Conformément à l'article 4 de la loi précitée, l'achat sera, au 1er avril, de 100 francs de rente pour les sociétés de secours mutuels passibles de réduction de compte, lorsque le crédit de leur compte excédera le maximum de 8,000 francs en capital et intérêts. — Lorsque, par application de l'article 3 de la même loi, il y aura lieu de ramener au maximum les comptes de marins portés sur les contrôles de l'inscription maritime ou ceux de remplaçants dans les armées de terre ou de mer, il sera employé en achat de rente une somme suffisante pour réduire le crédit de ces comptes au-dessous de 1,000 francs. — Cet achat est fait en rente 4 1/2 0/0 quand le prix est au-dessous du pair, et en rente 3 0/0 si la rente 4 1/2 0/0 dépasse cette limite. — Les achats de rentes à faire opérer d'office donnent lieu à l'établissement d'un bordereau spécial. — Le coût des achats inscrits immédiatement au débit du compte des receveurs généraux est porté, lors de la remise des inscriptions, au débit du compte des caisses d'épargne, *valeur au 1er avril*, quelle que soit la date du payement effectué pour la livraison des rentes. — Toutes les autres dispositions relatives aux achats de rentes faits à la demande des déposants, en exécution de la loi du 22 juin 1845, sont d'ailleurs applicables aux achats à opérer d'office. Aussitôt que la caisse d'épargne a reçu les inscriptions de rentes achetées d'office, il en est donné avis, par lettre, aux titulaires; la lettre d'avis les informe que leurs inscriptions sont à leur disposition, et que, tant qu'ils ne les auront pas retirées, la caisse d'épargne touchera pour eux les arrérages et les portera à leur compte.

52. La perception des arrérages de rente nécessite, à l'approche de chaque semestre, le classement, dans l'ordre du grand-livre de la dette inscrite, des inscriptions restées en portefeuille. Les arrérages perçus sont l'objet d'une opération distincte, tant sur les comptes individuels que sur les livrets. Ainsi qu'il a été dit précédemment, il n'est pas nécessaire de faire produire ces derniers documents à chaque semestre; les sommes encaissées y sont inscrites lors de la plus prochaine présentation.

53. Les caisses d'épargne n'admettraient pas les demandes qui auraient pour objet, soit le changement, après le décès du titulaire, du nom auquel l'inscription est immatriculée (voir ci-après § 92), soit la vente d'inscriptions pour le compte des déposants, la Caisse des dépôts et consignations

SECTION PREMIÈRE.

RAPPORTS DES CAISSES D'ÉPARGNE AVEC LES DÉPOSANTS.

§ 1ᵉʳ. — Livrets.

139. L'article 7 de la loi du 5 juin 1835 porte :

---

ne pouvant donner aucune suite aux demandes de l'espèce qui lui seraient transmises.

CHAPITRE V.

VERSEMENTS A LA CAISSE DE RETRAITES POUR LA VIEILLESSE.

54. Les caisses d'épargne sont aptes, aux termes de la loi du 18 juin 1850, à servir d'intermédiaires entre leurs déposants et la Caisse des retraites pour la vieillesse. Elles exercent à cet égard leur entremise, non pas comme proposés de la Caisse des retraites, mais comme mandataires de leurs propres déposants. Par conséquent, elles ne peuvent, en aucun cas, prêter leurs bons offices pour verser à la Caisse des retraites des sommes qu'elles-mêmes n'auraient pas, au préalable, prises en charge dans les formes et sous les conditions qui leur sont imposées pour la réception de tout dépôt; mais elles sont appelées à satisfaire à la demande des déposants lorsqu'ils requièrent le versement à la Caisse des retraites de la totalité ou d'une partie des sommes qui se trouvent portées à leur compte courant individuel, comme lorsqu'ils requièrent l'emploi en rentes de la totalité ou d'une partie de leur avoir, ou le transfert de la totalité de leur crédit à une autre caisse d'épargne.

55. Tout déposant qui demande à verser pour la première fois à la Caisse des retraites doit signer une déclaration conforme à l'un des modèles déterminés à cet effet par la Caisse des dépôts et consignations. Les pièces justificatives, telles que l'acte de naissance, des extraits d'actes ou de jugements, etc., doivent y être annexées.

56. Les versements subséquents se font sur la seule production du livret de la Caisse des retraites, à moins qu'il ne soit survenu quelque changement dans l'état civil du déposant, ou dans ses intentions relativement à l'abandon ou à la réserve de son capital et à l'époque d'entrée en jouissance de sa rente viagère; tout changement, en ce qui concerne ces différents points, doit être constaté par une nouvelle déclaration accompagnée, s'il y a lieu, de pièces à l'appui.

57. Les demandes de versements à la Caisse des retraites ne sont reçues qu'en séance publique. Elles donnent lieu d'ailleurs, en règle générale, aux mêmes formalités que les demandes de remboursements ordinaires. — Le déposant ou son représentant souscrit une demande qui porte le numéro du livret de la caisse d'épargne, la demeure actuelle du déposant, son domicile au moment du premier dépôt, l'indication de la somme

« Il sera délivré à chaque déposant un livret en son

à verser à la Caisse des retraites et l'indication du nombre et de la nature des pièces jointes.

58. La demande indique si le versement à la Caisse des retraites doit être immédiat ou différé. — Il doit toujours être immédiat lorsqu'il s'agit d'un premier versement. — Les versements subséquents peuvent être différés, à la volonté des déposants, mais seulement jusqu'à la fin du trimestre dans le cours duquel la demande en a été présentée, c'est-à-dire jusqu'à l'issue de la séance qui précède immédiatement le quinzième jour du dernier mois du trimestre. Ainsi, les demandes de versements différés sont assimilées, pour leur effet, à des demandes de versements immédiats faites dans cette séance. Les séances postérieures à celles-ci, s'il y en a, sont réputées, pour la réception des demandes de versements différés, appartenir au trimestre suivant. — Si les déposants ont à faire une déclaration (voir ci-dessus, § 56) susceptible de régir leur versement différé, ils doivent la remettre à la caisse d'épargne, soit avec leur demande, soit avant la clôture de la séance qui précède immédiatement le quinzième jour du dernier mois du trimestre.

59. On remet, en échange du livret et des pièces qui l'accompagnent, un bulletin. On détache du corps de la déclaration, lorsqu'il en est fait une, un récépissé spécial qui est signé du directeur de service et du caissier, et qui est remis au déposant.

60. On porte sur le bordereau de demandes de versements à la caisse de retraites le numéro du livret de la caisse d'épargne, le nom du titulaire et le montant de la somme à verser. — Le travail préparatoire et le rapprochement du livret avec le compte particulier se font comme pour les demandes de remboursements. Seulement on dresse, après chaque séance, des relevés distincts pour les demandes de versements immédiats et pour les demandes de versements différés.

61. Le caissier de la caisse d'épargne dresse en double expédition, s'il y a lieu, conformément à l'article 16 du décret du 18 août 1853, un ou plusieurs bordereaux des versements à effectuer à la Caisse des retraites pour la vieillesse. — Ces bordereaux, en ce qui concerne les versements différés, sont dressés et clos après la séance qui précède immédiatement le quinzième jour du dernier mois de chaque trimestre.

62. Le caissier remet, avec les bordereaux, les livrets de la Caisse des retraites, les déclarations et les pièces à l'appui, s'il y a lieu, et les fonds au receveur des finances. En cas d'insuffisance des fonds, il remet également une demande de virement, destinée à y suppléer, et une quittance de remboursement de somme égale. La demande de virement, signée de deux directeurs, dont un seul pourra être directeur adjoint, équivaut à un versement en espèces fait à la date de sa réception au receveur des finances, préposé de la Caisse des dépôts et consignations. — Le caissier reprend une expédition de chacun de ses bordereaux et retire du receveur des finances un récépissé qu'il soumet, dans les vingt-quatre heures de sa date, avec les bordereaux, au visa du préfet ou du sous-préfet.

63. Au jour qui lui est indiqué, le caissier de la caisse d'épargne rapporte au receveur des finances le récépissé dont il vient d'être parlé. Il reçoit, en échange, les livrets de la Caisse des retraites sur lesquels les versements effectués auront été inscrits et visés conformément à l'article 16 du décret du 18 août 1853.

64. Chaque livret de la Caisse des retraites est ensuite remis au titu-

nom, sur lequel seront enregistrés tous les versements

laire, soit en échange du bulletin de dépôt, soit sur un récépissé spécial, s'il s'agit d'un premier versement fait à la Caisse des retraites.

65. Les versements à la Caisse des retraites pour le compte des déposants constituant de véritables remboursements, puisque les fonds sortent de la caisse d'épargne à leur profit, le montant en sera porté, tant au compte courant que sur le livret de la caisse d'épargne, comme le serait un remboursement ordinaire et valeur du dimanche qui aura précédé l'inscription faite au livret de la Caisse des retraites.

66. Tout versement à la Caisse des retraites doit être l'objet d'une demande spéciale de la part du déposant qui le réclame (voir ci-dessus, §§ 57 et 58). Il est interdit, en conséquence, aux caisses d'épargne de consentir à faire d'office des versements successifs ou périodiques à la Caisse des retraites pour le compte des déposants qui voudraient les en charger, en vertu d'une déclaration générale.

CHAPITRE VI.

TRANSFERTS DE FONDS D'UNE CAISSE D'ÉPARGNE A UNE AUTRE.

67. Les demandes de transferts de fonds d'une caisse dans une autre ne doivent être admises que pour la totalité des fonds du déposant. En conséquence, il y a lieu d'opérer comme dans le cas de remboursement intégral pour le décompte des intérêts et l'établissement du solde. — A cette occasion, toute irrégularité qui sera reconnue dans l'état du compte devra être immédiatement rectifiée. Notamment, s'il apparaît que, par l'effet d'erreurs, le compte n'a pas été ramené dans les limites du maximum au 1er avril précédent, ou s'est accru de versements indûment reçus alors qu'il atteignait le maximum, la caisse d'épargne devra, préalablement au transfert, opérer la réduction du solde, soit par un remboursement en espèces, soit par un achat de rentes, au choix du déposant. — Dans le cas où le titulaire du compte l'aurait cédé ou serait mort, le cessionnaire ou les héritiers ou ayants droit qui demanderaient le transfert seront tenus, au préalable, de justifier de leur qualité et de faire mettre le livret à leur nom par la caisse d'épargne débitrice du compte. S'il y a plusieurs héritiers ou ayants droit, il sera, suivant les justifications par eux produites et suivant leur demande, ou procédé au partage du compte et ouvert à chaque partie prenante un livret pour le montant de son avoir, ou délivré un livret collectif, au nom de toutes les parties prenantes, comprenant le montant total du compte de leur auteur. Dans le premier cas, il sera fait autant de transferts distincts qu'il y aura de livrets nouveaux et de titulaires qui en feront la demande; dans le second cas, la demande de transfert exigera le concours de tous les titulaires (sans exception) du livret indivis, lesquels seront tenus, en outre, de s'accorder sur la désignation de la caisse d'épargne à laquelle le compte sera transféré. — Les demandes de transferts de fonds doivent être faites en double expédition : l'une est jointe à l'avis de virement dont il va être parlé, l'autre est conservée par la caisse d'épargne. — Si le déposant qui demande le transfert est titulaire d'inscriptions de rentes conservées à la caisse d'épargne, il a le choix, ou de retirer ces inscrip-

et remboursements. » Le livret forme le titre du dépo-

---

tions, ou de les faire comprendre dans le transfert; dans ce dernier cas, la demande doit expressément requérir le transfert des inscriptions. — Tout déposant qui veut obtenir le transfert de son compte d'une caisse d'épargne à une autre est tenu de déposer son livret à l'appui de sa demande.

68. Le caissier, après avoir reconnu l'existence de la caisse désignée par le déposant, lui délivre, s'il ne règle immédiatement son compte, un bulletin de dépôt de livret analogue à celui qui est en usage pour le cas de remboursement. — Le compte du déposant est réglé comme dans le cas de remboursement *intégral*, et le solde en est porté, avec mention du nombre, de la nature et du montant des inscriptions de rentes qui s'y joignent, sur un bordereau que le caissier remet en double expédition au receveur des finances. — Ce bordereau ne doit contenir que les transferts demandés sur la même caisse d'épargne, et par conséquent il doit être dressé autant de bordereaux qu'il y a de caisses sur lesquelles il a été demandé des transferts. — Chaque bordereau doit énoncer la date de la valeur à donner aux transferts auxquels il se rapporte (voir ci-après, § 74). — Dans le cas de transmission d'inscriptions de rentes, la caisse d'épargne doit joindre à son envoi de pièces un bordereau de ces inscriptions en double expédition. — Il devra être établi des bordereaux distincts pour chaque nature de rente. — La caisse d'épargne qui se dessaisit ne sera libérée définitivement que par la remise que lui fera le receveur général d'un récépissé du caissier de la Caisse des dépôts.

69. A l'une des expéditions de chacun des bordereaux il doit être annexé autant d'avis de virement qu'il y a de comptes transférés ; chacun de ces avis doit porter un numéro d'ordre, indiquer les nom, prénoms, âge, profession et domicile du titulaire du compte, ainsi que le montant de la somme transférée et le nombre, la nature et le montant en rentes des inscriptions de rentes transférées, s'il y en a, et être revêtu de la signature du déposant.

70. La caisse d'épargne délivre aux déposants qui ont demandé le transfert, en échange d'une quittance pour solde et du bulletin de dépôt, s'il a été remis contre le livret, un bulletin de virement. Ce bulletin, qui porte le même numéro d'ordre que l'avis individuel auquel il correspond, doit énoncer le nom du déposant et le montant de la somme transférée. Il est signé par le caissier et l'administrateur de service. — Il convient de ne pas perdre de vue que le bulletin de virement est le *titre de propriété* du déposant ; par ce motif, ses prénoms n'y seront pas indiqués et sa signature n'y sera pas apposée, afin que, dans le cas de perte ou de soustraction de cette pièce, un tiers ne puisse pas en abuser, et que la caisse d'épargne qui reçoit le transfert ait ainsi le moyen de constater l'identité du titulaire, en se faisant fournir par lui tous les renseignements propres à établir son droit de propriété.

71. A la réception des pièces, la caisse d'épargne sur laquelle le transfert est effectué ouvre le compte du déposant et prépare son livret sans attendre son arrivée. Elle inscrit dans la colonne des versements de son compte courant le montant de la somme transférée, valeur à la date indiquée par la lettre d'avis individuelle concernant ce transfert; elle porte ensuite, dans la colonne qui y est destinée les

sant. Il lui est remis au moment du premier versement.

---

intérêts anticipés à partir de cette date jusqu'à la fin de l'année. — Elle prend en charge les inscriptions de rentes, s'il y en a, conformément au chapitre IX ci-après, et mentionne en tête du livret le nombre, la nature et le montant en rentes de ces inscriptions ; cette mention est signée de l'administrateur de service et du caissier. — Lorsque le déposant se présente à la caisse d'épargne, il remet le bulletin de virement qui lui a été délivré par l'ancienne caisse : il déclare ses nom, prénoms, âge et profession, son ancienne et sa nouvelle demeure, et il appose sa signature sur le registre matricule. Le caissier compare alors ses déclarations et sa signature avec les renseignements et la signature portés sur l'avis individuel que la caisse a reçu directement. S'il y a conformité, le caissier délivre le livret ; s'il y a doute, le réclamant est tenu de fournir les justifications qui peuvent être reconnues nécessaires pour établir son droit de propriété.

72. Les caisses d'épargne qui demandent à faire transférer dans un autre département ou à Paris les fonds d'un ou de plusieurs de leurs déposants adressent au receveur de l'arrondissement ; — 1° les bordereaux mentionnés plus haut, en double expédition, contenant les renseignements nécessaires ; 2° l'avis de virement, ou lettre d'avis individuelle, destiné à la caisse d'épargne où les fonds doivent être transférés, et portant la signature du déposant (dans le cas où cet avis ne serait pas signé, il serait nécessaire d'y joindre la demande de transfert faite par le déposant) ; 3° les inscriptions de rentes, si le transfert en comprend ; 4° une quittance de remboursement distincte et séparée pour chaque transfert. — Si la demande est adressée à un receveur d'arrondissement, il délivre à la caisse d'épargne un certificat provisoire, et transmet immédiatement la demande, avec les pièces ci-dessus indiquées, au receveur général. — Sur la remise qui lui est faite de ces pièces, soit directement, soit par l'entremise des receveurs particuliers, le receveur général remet à la caisse d'épargne qui a demandé le transfert, ou lui fait remettre par l'entremise du receveur particulier, en échange du certificat provisoire, une déclaration constatant la demande qu'il a reçue et la suite qu'il y a donnée. Il conserve entre ses mains la quittance de remboursement délivrée par la caisse d'épargne, ainsi que l'une des deux expéditions du bordereau, il adresse l'autre, par lettre séparée, à la Caisse des dépôts et consignations, pour être transmise à son collègue (ou au caissier de ladite caisse, s'il s'agit d'un transfert fait à Paris), avec le récépissé souscrit au nom de ce comptable, l'avis de virement ou lettre d'avis individuelle de la caisse d'épargne et les inscriptions de rente, s'il y en a, avec les deux expéditions du bordereau.

73. A la réception des pièces qui lui sont transmises par la Caisse des dépôts et consignations, soit qu'elles proviennent de demandes de transfert des caisses d'épargne des départements ou de la Caisse d'épargne de Paris, le receveur général du département où le transfert a lieu délivre ou fait délivrer, par le receveur particulier compétent, à la caisse d'épargne désignée, les inscriptions de rente, s'il y en a, avec leur bordereau et un récépissé de placement, et il crédite immédiatement de son montant le compte de la Caisse des dépôts et celui de la caisse d'épargne. Le receveur général remet en même temps ou fait remettre à la caisse d'épargne le bordereau, ainsi que l'avis de vire-

E.   8

140. Le livret est numéroté; il est contresigné par un di-

---

ment, pour la mettre en mesure d'ouvrir un compte au déposant qui a changé de résidence.

74. Les débits et les crédits relatifs aux transferts de fonds sont tous donnés *valeur* à la date *du dimanche qui suit la demande*, de manière qu'il n'y ait jamais interruption d'intérêts pendant la durée des opérations. — Le compte de la Caisse des dépôts et consignations est crédité du montant de chaque transfert par la caisse d'épargne qui l'a demandé, et il est débité par la caisse dans laquelle le transfert est effectué.

75. Les transferts entre les caisses d'épargne d'un même département, qu'ils aient lieu au moyen de versements matériels ou de virements de fonds, sont assimilés, quant aux époques de valeur, aux placements et aux remboursements ordinaires.

76. Il est donné, à la suite de la présente instruction, sous forme de tableau, un résumé des procédés à suivre pour opérer les transferts tant par les caisses d'épargne que par les préposés de la Caisse des dépôts et consignations et par cette caisse elle-même.

CHAPITRE VII.

CALCUL ET CAPITALISATION ANNUELLE DES INTÉRÊTS
BALANCE DES COMPTES PARTICULIERS.

77. Les intérêts sur les versements sont calculés jusqu'à la fin de l'année, sans qu'on ait à se préoccuper des remboursements qui pourraient les interrompre. Ils prennent le nom d'intérêts anticipés. — Les intérêts sur les remboursements sont également calculés jusqu'à la fin de l'année, et comme ils réagissent sur ceux dont il vient d'être question, ils sont dénommés intérêts rétrogrades.

78. La balance annuelle des intérêts devant s'effectuer sans aucune interruption des opérations ni des écritures courantes, il est nécessaire de séparer le plus promptement possible l'exercice qui vient de finir de celui qui vient de commencer. En conséquence, la clôture de chaque exercice doit être fixée à la veille du dernier dimanche de décembre, de telle sorte que les opérations de ce dimanche et des jours qui suivent jusqu'au premier jour de l'an appartiennent à l'exercice nouveau.

79. Aussitôt que les dernières opérations de l'année ont été portées aux comptes courants, on inscrit sur tous les comptes ouverts, à la suite des opérations de l'année expirée, le millésime de la nouvelle année, en ayant soin de ménager la place nécessaire pour y consigner l'opération relative à la capitalisation des intérêts. De cette manière, chaque compte est en état de recevoir immédiatement les opérations nouvelles.

80. Pour effectuer la capitalisation des intérêts, on additionne la colonne des capitaux, celle des intérêts anticipés et celle des intérêts rétrogrades; on soustrait le montant des intérêts du débit de celui du crédit; on inscrit la différence dans la colonne des capitaux, et l'on reporte à nouveau le solde résultant de cette capitalisation. — Lorsque les dépôts appartenant à des remplaçants militaires se composeront de deux éléments, savoir : 1° du versement exceptionnel autorisé par l'article 3

de la loi du 30 juin 1851 ; 2° des versements ordinaires, que les remplaçants ont toujours le droit de faire, d'après les règles ordinaires, quel que soit d'ailleurs le montant de leur versement exceptionnel, On aura soin de capitaliser séparément les intérêts afférents à chaque élément, attendu que les fonds provenant du second élément et de leurs intérêts capitalisés tombent sous l'application de l'article 2 de la loi, et sont seuls, en conséquence, passibles de réduction obligatoire et d'achat de rente d'office.

81. La capitalisation annuelle des intérêts est l'objet de relevés des comptes courants portant seulement les numéros des comptes dans la première colonne, le solde ancien dans a seconde, les intérêts capitalisés dans la troisième et le solde nouveau dans la quatrième. Il est bien entendu que cette dernière colonne doit présenter les mêmes résultats que l'addition des deux précédentes. En dehors de ces colonnes principales, il s'en trouve deux supplémentaires, dont l'une est consacrée aux intérêts anticipés sur le solde nouveau de chaque compte pour l'année suivante entière. — Afin de vérifier si tous ces intérêts anticipés ont été bien portés sur les comptes particuliers et bien relevés sur les bordereaux, il faut calculer ce que rapporterait, au taux déterminé, le chiffre de l'addition de chaque page, après en avoir défalqué le montant total des centimes réunis qui ne produisent point d'intérêt.

CHAPITRE VIII.

MODES D'ÉCRITURES ; LIVRES GÉNÉRAUX ET AUXILIAIRES.

82. Les écritures des caisses d'épargne doivent être tenues en parties doubles.

83. Le livre journal prescrit par l'article 6 du décret sera conforme au modèle soumis. Ce livre, qui sert en même temps de livre de caisse, est destiné à résumer, jour par jour, dans des articles passés à cet effet et recevant une série de numéros d'ordre non interrompue du 1er janvier au 31 décembre, toutes les opérations effectuées pour le compte de la caisse d'épargne, savoir : les versements des déposants, totalisés à la fin de chaque journée, ainsi que les remboursements qui sont faits ; les placements de fonds à la caisse du receveur des finances préposé de la Caisse des dépôts et consignations, e les retraits de ces fonds ; les recettes accidentelles ; les payements pour frais généraux ; les transferts de fonds faits ou reçus pour le compte des déposants ; l'allocation annuelle des intérêts dus à la caisse d'épargne par la Caisse des dépôts, l'allocation des intérêts dus aux déposants et portés en compte, soit à l'occasion des remboursements totaux ou des transferts, soit en fin d'année (capitalisation générale).

84. Les articles passés au journal doivent être rapportés sur le grand-livre, à des comptes ouverts par catégorie d'opérations. — Les principaux comptes à ouvrir au grand-livre sont : Le compte de dotation de la caisse d'épargne ; le compte de réserve (mais dans le cas seulement où les statuts de la caisse l'autorisent expressément à avoir un capital de réserve) ; le compte de caisse ; le compte général des déposants ; le compte de la Caisse des dépôts et consignations ; le compte des frais généraux ; le compte des profits et pertes ; le compte des inscriptions

de rentes en dépôt à la caisse d'épargne ; le compte de divers L/C de dépôts en inscriptions de rentes. Le compte de dotation est destiné à résumer et à présenter l'état du capital de dotation. Il y a lieu, en conséquence, d'y porter le montant des dons et legs qui pourraient être faits à l'établissement, et le montant des bonifications qui viennent l'accroître. — Le compte de réserve (s'il y a lieu de l'ouvrir) est destiné à représenter l'état des fonds que la caisse est autorisée à conserver disponibles sur son avoir propre. — Le compte de caisse doit retracer à son débit toutes les entrées d'espèces, et à son crédit tous les payements en numéraire. — Le compte de la Caisse des dépôts et consignations est débité de tous les placements faits à cette caisse ; il est crédité pour les retraits de fonds. Ce compte est en outre crédité, par le débit de celui des déposants, du montant des sommes transférées, à la demande de la caisse d'épargne, dans la caisse d'épargne d'un autre département (voir § 71), et il est débité, par le crédit des déposants, du montant des sommes transférées d'un autre département. — Le compte des frais généraux est soldé en fin d'année par le débit de celui des profits et pertes. — Ce dernier compte est également débité successivement, au crédit de celui des déposants, des intérêts liquidés, soit lors des remboursements totaux, soit en fin d'année, lors de la capitalisation qui est faite au moment du règlement annuel des comptes courants individuels. — Le même compte est crédité, par le débit de celui de la Caisse des dépôts et consignations, du montant des intérêts résultant du compte courant avec cette caisse, arrêté au 31 décembre de chaque année. — Le compte des profits et pertes est soldé en fin d'année par celui de dotation réuni au compte de réserve, s'il y en a un. — Les comptes relatifs aux dépôts d'inscription de rentes sont purement d'ordre, et doivent présenter le même résultat que le registre spécial dont il sera parlé plus loin (voir § 91). Ils indiquent, comme ce livre, les sommes de rente et non les capitaux. Le premier compte est débité, au crédit du dernier, des inscriptions de rentes déposées. L'inverse a lieu lorsque les inscriptions de rentes sont remises aux titulaires ou à leurs ayants droit.

85. L'article 6 du decret du 15 avril 1852 prescrit de tenir un livre de comptes courants individuels. Chaque volume doit contenir cinq cents comptes : on peut diviser les comptes en pairs et impairs, c'est-à-dire de 1 à 999 et de 2 à 1,000. Le nom du déposant et les initiales de ses prénoms doivent seuls être inscrits en tête de son compte ; s'il s'agit d'une femme déclarée mariée ou veuve, on y ajoutera son nom d'alliance ; on fait aussi mention de la qualité de mineur, s'il y a lieu. On doit s'abstenir de consigner d'autres renseignements sur les comptes courants, et surtout d'y faire apposer la signature des déposants. — L'usage des comptes mobiles est d'ailleurs interdit. — S'il est fait, en faveur d'une même personne, des placements conditionnels et des versements ordinaires non soumis à la condition, il doit être ouvert un compte distinct pour chaque catégorie de versements ; seulement ces deux comptes sont placés sur la même feuille. — En même temps qu'on inscrit aux comptes courants les sommes versées ou remboursées, on indique, au moyen de la table d'intérêts, dans les colonnes à ce destinées, le nombre de semaines à courir depuis le jour où ces sommes doivent commencer à porter intérêt jusqu'à la fin de l'année, et les intérêts qu'elles produisent.

86. Afin de s'assurer si les versements et les remboursements d'une

semaine ont été inscrits exactement sur les comptes auxquels ils devaient s'appliquer, on prépare des bordereaux relevés des comptes courants. Ces bordereaux, dressés d'après l'ordre numérique des livrets, ne
présentent d'abord que le numéro et le nom de chaque versement; lorsque
le report a été effectué sur le compte courant, on relève d'après chaque
compte le montant du versement ou du remboursement inscrit à la date
courante, et, dans la colonne des intérêts anticipés ou rétrogrades, le
chiffre de l'intérêt porté à côté du versement sur le compte courant. Les
capitaux et les intérêts sont additionnés ensuite par série de mille
numéros. — L'ensemble de ces capitaux doit nécessairement être conforme au bordereau de caisse dressé séance tenante, et l'on s'assure de
l'exactitude des intérêts en les calculant sur le total des opérations de
chaque série ou de la journée. — Ces bordereaux ainsi préparés servent
à passer les écritures relatives aux comptes divisionnaires ou régulateurs dont il est parlé dans le paragraphe suivant.

87. Enfin, aux termes de l'article 7 du décret, l'administration peut,
pour obtenir plus de garantie de l'exactitude des écritures et prévenir
de longues recherches en cas de différence, prescrire la tenue d'un
double du livre des comptes courants, et d'un livre de *comptes divisionnaires*, dans lesquels seront résumés à des comptes généraux les résultats des comptes courants d'un certain nombre de déposants (mille ordinairement). — Toutes les caisses d'épargne sont invitées à prescrire
d'elles-mêmes à leurs caissiers la tenue d'un double des comptes courants
et celles d'un livre des comptes divisionnaires. Mais le gouvernement
n'exigera ces livres à titre obligatoire que des caisses d'épargne auxquelles l'importance de leurs opérations les rend absolument nécessaires.
Le ministre de l'agriculture, du commerce et des travaux publics notifiera
cette obligation à chacune des caisses individuellement qui y seront
soumises. On aura d'ailleurs égard, en la leur imposant, à l'étendue des
ressources pécuniaires qu'elles peuvent consacrer à la rémunération de
leur personnel. — Les comptes divisionnaires ou régulateurs ont pour
objet de maîtriser, en la divisant, la masse des écritures, quelque multipliées qu'elles puissent être, et quelque considérable que soit le nombre des comptes particuliers. — Ils forment des groupes qui permettent
d'opérer sur des nombres limités, et facilitent ainsi le redressement des
erreurs en les circonscrivant. — Chaque millier de déposants, considérés
comme un seul, a donc son compte sur les registres des comptes divisionnaires et sur leurs contrôles, et l'on y porte chaque semaine les résultats des récapitulations, faites par mille, des bordereaux relatifs aux
comptes particuliers. — A la fin de chaque mois, on fait sur les registres, en encre rouge, et sans arrêter les comptes, les additions du débit et du crédit de chaque compte, on soustrait le total du débit de
celui du crédit, et l'on fait ressortir en dedans le solde de chaque mille
en encre rouge. — On relève tous ces soldes, dont l'addition totale doit
s'accorder avec le solde des comptes courants donné par la balance du
grand-livre. — A la fin de l'année, lorsque l'on a capitalisé les intérêts
et qu'on a fait le relevé d'une série des comptes particuliers des déposants, on s'assure de l'identité des résultats de cette série avec ceux
du compte divisionnaire correspondant. — En cas de différence, l'erreur,
quelque minime qu'elle soit, doit être recherchée jusqu'à ce qu'une par-
faite concordance soit obtenue. — Il est tenu des comptes divisionnaires pour résumer non seulement le mouvement des capitaux, mais
encore le mouvement des intérêts anticipés et rétrogrades, tant d'après

les comptes courants que d'après les contrôles. Ils sont balancés comme les précédents, chaque mois et à la fin de l'année.

88. L'article 8 du décret prescrit d'établir toutes les semaines la balance du grand-livre, tous les mois la balance des comptes divisionnaires, et tous les ans celle des comptes individuels. — Lorsque, dans les caisses de faible importance, il n'a pas été jugé nécessaire d'ouvrir des comptes divisionnaires, il convient de dresser, tous les trimestres, la balance des comptes individuels. Les balances du deuxième et du troisième trimestre peuvent ne comprendre que les opérations du trimestre auquel elles s'appliquent, seulement elles ont chacune pour point de départ les totaux de la balance précédente. Celle du quatrième trimestre doit présenter tous les comptes et être précédée de la capitalisation des intérêts. Les résultats de la balance des comptes courants doivent être d'accord avec ceux du compte général des déposants ouvert au grand-livre. Il est essentiel de veiller à ce que cet accord existe très exactement.

89. Pour assurer à l'avance l'exactitude de ce travail, lorsqu'il n'est pas tenu des comptes divisionnaires, il convient de procéder à l'opération suivante : — Après avoir, chaque semaine, reporté, avec les intérêts y afférents, aux comptes individuels les sommes reçues et remboursées, le caissier fait, sur des formules semblables à celles des bordereaux de versement et de remboursement, le dépouillement ou la décomposition de ces mêmes bordereaux, en classant les déposants par séries ou divisions de 500 ou de 1,000 numéros d'ordre du livre des comptes courants, et en ne relevant que le nom et le numéro de leur compte; puis il prend sur ces comptes mêmes les sommes (capitaux et intérêts) qui y ont été reportées. Si ce report a été fait exactement, l'addition des totaux des diverses séries ou divisions doit nécessairement reproduire les montants des versements, des remboursements et des intérêts portés dans les bordereaux.

CHAPITRE IX.

COMPTABILITÉ SPÉCIALE DES INSCRIPTIONS DE RENTES EN PORTEFEUILLE.

90. Aux termes de l'article 14 du décret du 15 avril 1852, une comptabilité spéciale doit être tenue par les caisses d'épargne en ce qui concerne les inscriptions de rentes achetées par leur intermédiaire pour le compte des déposants. D'après l'article 15, elles ne peuvent être dépositaires que des inscriptions de rentes provenant : 1º de la consolidation (décret du 7 juillet 1848); 2º des achats volontaires opérés conformément à l'article 6 de la loi du 22 juin 1845 et à l'article 5 de la loi du 30 juin 1851; 3º des achats d'office opérés en exécution de la loi du 30 juin 1861. — Ces inscriptions sont d'ailleurs susceptibles d'être transférées de caisse à caisse, à la demande des déposants, comme et avec les comptes en espèces de leurs titulaires (voir § 67 ci-dessus).

91. L'article 16 prescrit la tenue d'un livre spécial sur lequel doivent être enregistrées les inscriptions de rentes dont les caisses d'épargne restent dépositaires. Ce livre doit être divisé en quatre sections, dont trois, correspondant aux trois catégories d'inscriptions énumérées ci-dessus, sont exclusivement réservées aux inscriptions achetées par l'entremise de la caisse; la quatrième est réservée aux inscriptions

reçues à la caisse par voie de transfert, à quelque catégorie qu'elles appartiennent.

92. Le timbre de la caisse d'épargne est appliqué, à son arrivée, sur chaque inscription de rente achetée sur demande ou d'office, ou reçue par transfert d'une autre caisse, et le numéro du livret auquel elle appartient est inscrit en marge. — Le classement des inscriptions dans le portefeuille se fait dans l'ordre numérique des livrets. — Lorsqu'une inscription est remise à son propriétaire, l'agent de la caisse d'épargne retire un reçu en échange. — En cas de décès du titulaire, les inscriptions sont remises aux héritiers ou ayants droit, dès que ceux-ci ont fait reconnaître leurs qualités et ont réglé le compte en numéraire de leur auteur avec la caisse d'épargne. — Les inscriptions, une fois restituées, ne peuvent plus être reçues en dépôt par les caisses d'épargne

93. L'entrée et la sortie des inscriptions de rentes sont constatées de la manière suivante : sur l'un des côtés du registre sont portés, dans des colonnes distinctes, le numéro du livret, le nom du déposant, le numéro et la série de l'inscription et le montant de la rente. Deux dernières colonnes sont destinées : 1° au numéro d'ordre donné à l'entrée, et 2° au numéro d'ordre donné à la sortie. — La seconde partie, celle de la sortie des inscriptions, renferme également le numéro du livret, le nom du titulaire, le numéro et la série de l'inscription, le montant de la rente, et, dans les deux dernières colonnes : 1° le numéro d'ordre de la sortie; 2° le numéro d'ordre qui avait été donné à l'entrée.

94. Les caisses d'épargne ne reçoivent pas d'autres arrérages que ceux des rentes qui ont été acquises par leur intermédiaire, et dont les inscriptions ont été laissées dans leur portefeuille ou y sont entrées par transferts reçus d'une autre caisse d'épargne.

CHAPITRE X.

CONSERVATION DES FONDS ET VALEURS.

95. L'article 9 du décret veut que les fonds et le portefeuille contenant les inscriptions de rentes soient renfermés dans une caisse à deux clefs, que l'une des deux clefs reste au caissier, et que l'autre soit déposée dans les mains d'un administrateur. — Cette disposition exige que l'administrateur de service assiste à l'ouverture et à la fermeture de la caisse toutes les fois qu'il y a lieu d'y procéder.

96. Chaque établissement ne peut d'ailleurs conserver en caisse que la somme jugée indispensable pour assurer le service jusqu'au plus prochain jour de recette. Ainsi, cette somme ne peut dépasser le montant des remboursements demandés et promis pour être effectués avant ou à la plus prochaine séance de recette. — Pour assurer l'exécution de cette disposition, il est, conformément à l'article 4 du décret, dressé, après chaque jour de recette ou de payement, un procès-verbal constatant et résumant les opérations de la journée ainsi que l'état de la caisse et du portefeuille. Le procès-verbal est certifié et arrêté, séance tenante, par l'administrateur de service. Il est également dressé, à la fin de chaque jour de recette, un état de situation sommaire faisant ressortir le solde en caisse sur lequel doit être imputé le versement à faire à la Caisse des dépôts et consignations. Le décret indique avec précision les renseigne-

ments qu'il y a lieu d'y présenter. Cet état de situation est visé par l'administrateur de service.

CHAPITRE XI.

COMPTABILITÉ DES SUCCURSALES.

97. Les succursales des caisses d'épargne se divisent en deux classes, suivant le mode d'organisation qu'elles reçoivent des caisses dont elles dépendent.

98. Les succursales de la première classe sont, à proprement parler, des caisses annexes. Elles doivent être installées dans un local qui leur soit affecté à titre exclusif et permanent, y posséder une caisse à deux clefs, et avoir un sous-caissier spécialement chargé de leur service.

99. Les dispositions des chapitres I, II, III, VII, VIII et X de la présente instruction leur sont communes avec les caisses d'épargne. Il en est de même pour celles du chapitre V, à l'exception des paragraphes 62 et 63. — Les dispositions des chapitres IV, §§ 41, 42, 43, 44, 45, 46, 47, 48, 49, 50, 51, 52 et 53 leur sont communes avec les caisses, sous la réserve, en ce qui concerne le paragraphe 42, que le bordereau y énoncé est transmis par les succursales aux caisses dont elles dépendent, et non aux préposés de la Caisse des dépôts. — Les dispositions du chapitre VI, §§ 67, 68, 69, 70, 71, 74 et 75 leur sont également communes avec les caisses, sous la même réserve, en ce qui concerne le paragraphe 68. — Enfin les dispositions du chapitre XIII, §§ 117, 118, 119, 120 et 123 leur sont encore communes avec les caisses, sous la réserve que les pièces mentionnées aux paragraphes 119 et 120 sont par elles transmises seulement aux caisses dont elles dépendent. — Cette assimilation partielle des succursales de première classe aux caisses d'épargne donne lieu aux prescriptions suivantes, pour l'exécution de l'article 13 du décret.

100. Le sous-caissier de la succursale transmet au caissier de la caisse d'épargne, à l'issue de chaque séance, avec les fonds qu'il n'est pas autorisé à conserver, celles des pièces ci-après énoncées auxquelles ont pu donner lieu les opérations de la séance :

1° Un extrait de son registre matricule pour ce qui regarde les comptes nouveaux ouverts dans la journée ; 2° un duplicata de son bordereau de versements, certifié par le directeur de service conforme au bordereau de contrôle ; 3° un duplicata du bordereau de remboursements, également certifié par le directeur de service conforme à son propre bordereau ; 4° un duplicata de son bordereau de demande d'achats de rentes, certifié conforme par le directeur de service ; 5° les bordereaux relatifs aux achats de rentes exigés par le paragraphe 42 ci-dessus, et les pièces indiquées aux paragraphes 44 et 45 ; 6° les bordereaux relatifs aux versements à la Caisse des retraites exigés par le paragraphe 61 ci-dessus, et les livrets de la Caisse des retraites, déclarations émanées des déposants et pièces à l'appui, s'il y a lieu ; 7° les bordereaux relatifs aux transferts de fonds à une autre caisse d'épargne exigés par le paragraphe 68, et les pièces indiquées au paragraphe 69 ; 8° un duplicata du procès-verbal de séance et un duplicata de l'état de situation, signés du directeur de service et du sous-caissier ; 9° en cas d'insuffisance des recettes pour subvenir aux remboursements, une demande de retrait de fonds signée du directeur de service et d'un second directeur. — Le sous-caissier transmet également, en temps opportun, les bordereaux relatifs aux achats de rente d'office exigés par le paragraphe 51, et les pièces à l'appui, ainsi que les relevés de comptes abandonnés et les bordereaux à l'appui exigés par les paragraphes 119 et 120 ci-après.

101. Le caissier de la caisse d'épargne, informé, suivant le mode inqué au paragraphe 100, des opérations de la succursale, les rattache à sa gestion, comme s'il les eût effectuées personnellement. Le compte courant qu'il ouvre à chaque déposant se trouve le duplicata obligatoire de celui qui est tenu à la succursale. La balance de ces comptes doit être rapprochée de celle qui est établie à la succursale, et sert à justifier de la concordance des écritures passées par lui et par le sous-caissier. — Le caissier transmet en temps utile au sous-caissier les fonds dont le retrait a été demandé (voir ci-dessus, paragraphe 100, 9°), et en retire décharge. — Aussitôt qu'il a reçu du préposé de la Caisse des dépôts et consignations les livrets de la Caisse des retraites afférents aux versements dont la succursale est intermédiaire, le caissier de la caisse d'épargne les renvoie, pour être remis aux titulaires, au sous-caissier de la succursale, avec un bordereau énonçant les numéros des livrets de la Caisse des retraites et les noms des titulaires.

102. Les succursales ne sont jamais appelées à détenir les inscriptions de rentes des déposants ni à les leur délivrer. Il s'ensuit que lorsque le caissier de la caisse d'épargne reçoit du receveur des finances des inscriptions de rentes achetées pour le compte des déposants à la succursale, il doit donner avis au sous-caissier du coût des inscriptions et de la date de leur achat, pour le mettre en mesure de faire sur les livrets et les comptes courants la mention indiquée aux paragraphes 50 et 51 ci-dessus. Le caissier transmet également, en temps opportun, avis de la perception des arrérages de rentes appartenant aux déposants de la succursale, pour l'inscription de ces arrérages sur les livrets et les comptes courants, conformément au paragraphe 52 ci-dessus. Enfin il transmet au sous-caissier avis de la remise des inscriptions aux déposants. — Pour être en mesure de faire connaître aux déposants l'état complet de leur avoir, le sous-caissier tient, d'après les avis dont il vient d'être parlé, un livre d'entrée et de sortie des inscriptions de rentes appartenant aux déposants de sa succursale. Ce livre se trouve ainsi, pour partie, le duplicata de celui que tient le caissier de la caisse, conformément au paragraphe 91 ci-dessus. — Les déposants de la succursale, lorsqu'ils veulent retirer les inscriptions de rentes achetées pour leur compte, doivent, au préalable, en faire la demande au sous-caissier. Cette demande, souscrite sur la première partie d'une formule dont la seconde partie est destinée au reçu, est signée du déposant ou du fondé de pouvoirs qui retirera les inscriptions ; les deux parties restent adhérentes l'une à l'autre, et sont pliées de manière à ce qu'en signant la seconde on ne puisse voir la première. Le sous-caissier envoie la pièce ainsi préparée au caissier de la caisse d'épargne, afin que celui-ci, qui n'a pas le registre matricule de la succursale, puisse, en se faisant donner décharge des titres, conformément aux prescriptions du paragraphe 49, vérifier l'identité des signatures.

103. Les succursales de la deuxième classe ne sont que des bureaux annexes. Elles sont ouvertes uniquement pour recevoir les versements

.et les demandes de remboursements, d'achats de rentes et de transferts de fonds, et pour effectuer les remboursements, ou même seulement pour accomplir telles de ces opérations auxquelles leurs pouvoirs ont été limités par les caisses dont elles dépendent. Elles n'ont pas, en conséquence, de comptabilité particulière. Elles n'ont à tenir d'autres écritures que celles qui doivent être passées en séance, et n'ont de livre propre que leur registre matricule. A chaque séance, ce registre est sorti de la caisse d'épargne, et y est réintégré, avec les bordereaux et procès-verbaux de la journée et les pièces à l'appui, par le sous-caissier chargé du service de la succursale.

CHAPITRE XII.

PLACEMENTS DES FONDS A LA CAISSE DES DÉPOTS ET CONSIGNATIONS. RETRAITS A OPÉRER SUR CES FONDS.

104. Aux termes de l'article 10, les fonds reçus par les caisses d'épargne doivent être immédiatement versés à la Caisse des dépôts et consignations ou à ses préposés dans les départements, sauf la réserve des sommes nécessaires aux remboursements. — En conséquence, les caissiers des caisses d'épargne ont à compter de leurs encaisses au receveur des finances de leur arrondissement, qui les reçoit en qualité de préposé de la Caisse des dépôts.

105. Ils doivent, en conformité de l'article 11 du décret, transmettre, à la fin de chaque jour de recettes, au receveur des finances, l'état de situation indiqué ci-dessus au paragraphe 96.— Cet état doit être joint par le receveur des finances aux pièces justificatives de recettes à produire à la Caisse des dépôts et consignations.

106. Le caissier de chaque caisse d'épargne comprend les fonds provenant des succursales dans ses versements au receveur des finances. Les sommes qui ne lui parviendraient qu'après son versement hebdomadaire feraient l'objet de versements spéciaux aussitôt après la réception desdites sommes.

107. Le retrait de fonds déposés à la Caisse des dépôts s'effectue (article 12 du décret) en vertu d'un avis préalable signé de deux administrateurs au moins, dont un seul pourra être un administrateur adjoint. La quittance fournie par le caissier est ensuite jointe à l'avis, et les deux pièces sont produites par le receveur des finances comme justification des remboursements.

108. Conformément à l'article 6 du décret, il doit être tenu un carnet des placements de fonds faits à la Caisse des dépôts et des retraits de ces fonds. Les uns et les autres sont toujours faits en sommes rondes, sauf ceux qui ont lieu par transfert. Ce carnet est tenu par addition et soustraction, afin qu'il présente toujours le solde en capitaux du compte de la Caisse des dépôts. Les intérêts liquidés chaque année doivent, en conséquence, y être inscrits.

109. Les comptes ouverts par les receveurs des finances aux caisses d'épargne sont arrêtés par eux, à la fin de chaque année, contradictoirement avec les directeurs ou administrateurs de ces caisses, savoir: pour les caisses d'épargne situées dans les arrondissements de sous-préfecture, le 20 décembre (les recettes et les dépenses faites dans ces

arrondissements pendant la dernière dizaine du mois de décembre de chaque année devant figurer dans les comptes de l'année suivante), et, pour les caisses d'épargne situées dans les arrondissements chef-lieux, le 31 dudit mois. Néanmoins, dans l'un et l'autre cas, les intérêts sont calculés jusqu'au 31 décembre. — Ces intérêts ne doivent être ajoutés au solde en capital de chaque compte qu'après que le calcul en a été reconnu exact par la Caisse des dépôts et consignations. Ce solde forme alors le premier article au crédit du compte de l'année suivante.

110. Les comptes des caisses d'épargne sont établis en double expédition, dans les cinq premiers jours de janvier, par le receveur des finances, qui les adresse sans délai aux administrateurs, avec invitation de les renvoyer sous huitaine, de manière que les deux expéditions de chacun desdits comptes, pour toutes les caisses du département, puisse être transmise par le receveur général à la Caisse des dépôts et consignations avant le 20 janvier. Les comptables y joignent, comme pièces justificatives de l'époque de valeur assignée à chaque transfert, les doubles des bordereaux n° 35 qu'ils ont conservés conformément au paragraphe 72 ci-dessus. — Après vérification des comptes, la Caisse des dépôts et consignations renvoie au receveur général une des deux expéditions rectifiée, s'il y a lieu, et autorise en même temps l'allocation des intérêts. — Le receveur général remet alors ou fait remettre à chaque caisse d'épargne l'expédition qui la concerne, en lui faisant connaître que le montant des intérêts auxquels elle a droit a été porté au crédit de son compte, valeur du 31 décembre de l'année précédente.

CHAPITRE XIII.

CONSIGNATION VOLONTAIRE DE COMPTES A LA CAISSE DES DÉPÔTS ET CONSIGNA-
TIONS ; CONVERSION EN RENTES ET CONSIGNATION DE COMPTES ABANDONNÉS
DEPUIS TRENTE ANS.

111. Dans le cas de décès de titulaires de livrets, ou par tout autre motif, les caisses d'épargne peuvent remettre à la Caisse des dépôts et consignations soit le montant, en capital et intérêts, des sommes qui existent au compte des déposants, soit les inscriptions de rentes leur appartenant ; ces sommes et valeurs seront reçues à titre de consignations.

112. Les dépôts qui se composeront de numéraire et d'inscriptions de rentes donneront lieu à la délivrance de deux récépissés distincts : l'un pour le numéraire, l'autre pour les inscriptions de rentes. La somme à porter dans celui-ci sera calculée d'après l'ordonnance du 19 juin 1825, déjà citée.

113. Une déclaration constatant le dépôt sera souscrite par le directeur ou agent de la caisse d'épargne sur le registre tenu à cet effet, en conformité de l'instruction générale sur les consignations du 1er décembre 1851 (art. 6), et un compte sera ouvert sur le registre indiqué par la même instruction (art. 44).

114. Si les inscriptions sont directes, le receveur général les fera convertir en inscriptions départementales, et après que les rentes auront été inscrites sur le livre auxiliaire, il délivrera un bordereau d'annuel, lequel restera entre les mains du comptable qui aura reçu la con-

signation et lui servira à toucher les arrérages à échoir. Ces arrérages devront être portés, à mesure des encaissements, au compte de ladite consignation et donner lieu à la déclaration prescrite par l'article 6 de l'instruction précitée du 1er décembre 1851.

115. Les inscriptions de rentes seront transmises par le receveur général au caissier de la Caisse des dépôts et consignations, et il sera donné avis de cet envoi au directeur général.

116. Toute demande adressée au receveur des finances, détenteur du bordereau d'annuel pour le remboursement du principal et la remise des inscriptions de rentes, devra être transmise, avec les pièces produites à l'appui et reconnues régulières, au directeur général de la Caisse des dépôts par l'intermédiaire du receveur général, à l'effet d'obtenir le renvoi de ladite inscription.

117. Lorsqu'il s'est écoulé un délai de trente ans à partir de la dernière opération faite par un déposant et à sa demande, les fonds qui constituent son avoir à la caisse d'épargne sont convertis en rentes sur l'État, et toutes les inscriptions de rentes qui lui appartiennent sont transmises pour son compte à la Caisse des dépôts et consignations. — Cette opération s'accomplit dans les formes établies par l'instruction du ministre de l'agriculture, du commerce et des travaux publics, en date du 29 mai 1853, et ci-dessous exposées.

118. Le délai de trente ans ne court, pour les versements conditionnels à échéance déterminée, qu'à dater de cette échéance, et, pour les dépôts des remplaçants militaires, qu'à dater de l'expiration de l'engagement. — La période trentenaire est d'ailleurs, pour tous les comptes, supputée du premier jour de l'année qui suit celle dans le cours de laquelle elle devrait rigoureusement commencer; ainsi les fractions d'années ne sont pas comptées, et l'on opère collectivement, pour tous les dépôts d'une même année, le travail exigé par la loi.

119. Après la clôture de chaque année, il est dressé par l'administration de chaque caisse d'épargne un relevé des comptes abandonnés par leurs titulaires depuis vingt-neuf ans accomplis. Ce relevé, dans lequel il est expressément recommandé de comprendre tous les comptes abandonnés sans exception et si minime que soit leur montant, est transmis, avant le 1er juin, au ministère de l'agriculture, du commerce et des travaux publics, en double expédition, par l'entremise du préfet et du receveur des finances. — Les directeurs de la caisse d'épargne font publier, aux frais de la caisse, le relevé par la feuille d'annonces judiciaires de leur arrondissement, dans son dernier numéro du mois de juin. Le ministère de l'agriculture, du commerce et des travaux publics pourvoit à la publication au *Moniteur*.

120. Au 31 décembre de la trentième année, après que chaque compte aura été arrêté et les intérêts capitalisés, il sera dressé, pour l'emploi en rente des fonds au sujet desquels les publications sus-énoncées n'auront produit aucun effet, un bordereau, lequel sera transmis en double expédition au receveur des finances, avec un exemplaire dûment légalisé de la feuille d'annonces judiciaires contenant la publication.—La Caisse des dépôts et consignations transmet à la caisse d'épargne les inscriptions de rentes achetées, sur le vu de ce bordereau, de la même manière que toute inscription de rente achetée d'office.

121. Les inscriptions reçues par la caisse d'épargne sont réunies à celles qu'elle a déjà en garde au nom des mêmes titulaires; la caisse consigne

le tout au receveur des finances dans les formes ci-dessus indiquées aux paragraphes 112, 113 et 115.

122. Les sommes que leur insuffisance ne permet pas de convertir en rentes sur l'Etat, et les reliquats des placements en rentes effectués conformément au paragraphe 120, sont frappés de déchéance, et deviennent la propriété des caisses d'épargne par une sorte de prescription. Chaque caisse doit en faire recette au compte de son fonds de dotation, valeur du 1er janvier.

123. Par voie de conséquence des dispositions qui précèdent, les caisses d'épargne sont autorisées à se décharger des livrets, quittances, registres, etc., afférents aux comptes soldés depuis plus de trente ans. En vue de cette décharge, on dresse, au commencement de chaque année, un procès-verbal sommaire d'annulation constatant le nombre et la nature des pièces dont il s'agit; le procès-verbal est signé du président et du secrétaire du conseil d'administration et de chacun des agents de la caisse chargés de la garde et de la conservation desdites pièces.

CHAPITRE XIV.

CAUTIONNEMENTS A FOURNIR PAR LES CAISSIERS, SOUS-CAISSIERS ET AUTRES AGENTS.

124. Les articles 22 à 27 du décret tracent les règles à observer pour la fixation et la réalisation des cautionnements auxquels les caissiers des caisses d'épargne sont assujettis.

125. Deux instructions de la Caisse des dépôts, en date des 25 octobre 1852 et 15 mai 1857, imprimées à la suite de la présente instruction, donnent d'ailleurs des explications détaillées sur ces cautionnements. On se bornera seulement à ajouter ici que les demandes relatives à la réalisation en rentes de ces cautionnements doivent toujours faire connaître le nom du caissier, et énoncer si c'est en rente 3 0/0 ou bien en rente 4 1/2 0/0 qu'il désire effectuer cette réalisation; cette indication est indispensable pour qu'il soit statué sur la demande.

126. Lorsqu'un débet est constaté à la charge d'un caissier ou d'un sous-caissier, soit pendant le cours, soit à l'expiration de sa gestion, le débet est déclaré par une délibération du conseil des directeurs, qui fixe le délai dans lequel on devra rapporter les fonds; le conseil notifie, par acte extrajudiciaire, sa déclaration au comptable et à son bailleur de fonds, si le cautionnement a été fourni par un tiers. — Dans le cas où le caissier ou sous-caissier a été autorisé à réaliser son cautionnement en rentes, la déclaration du débet emporte de plein droit révocation de cette autorisation. Le comptable ou son bailleur de fonds sont tenus de rétablir le cautionnement en numéraire, dans un délai de huitaine, à dater de la signification de l'acte extrajudiciaire ci-dessus mentionné, quel que soit d'ailleurs le délai accordé par la déclaration pour le remboursement du débet. La caisse d'épargne transmet, en conséquence, au receveur des finances, par une lettre d'avis, l'original de l'acte extrajudiciaire, pour qu'au terme fixé les inscriptions de rentes affectées au cautionnement soient vendues d'office, s'il y a lieu. — Si les fonds ne sont pas rapportés au terme déterminé, le conseil des directeurs prend une nouvelle délibération pour reconnaître définitivement le débet et en fixer le

recteur et le secrétaire du conseil, aux termes des statuts, et porte, en outre, le timbre de l'établissement (1).

141. Depuis la loi du 9 avril 1881, le texte de l'article 12 qui dispose qu' « en cas de force majeure, et le conseil d'État « entendu, un décret peut autoriser le gouvernement à n'opé-

---

montant. Il signifie cette délibération, par acte extrajudiciaire, au comptable, et, s'il y a lieu, à son bailleur de fonds, et en transmet l'original au receveur des finances avec une demande tendant à obtenir la reprise des sommes à recouvrer sur le cautionnement du comptable en débet. — Le receveur des finances transmet au directeur général de la Caisse des dépôts et consignations ces pièces, sur la production desquelles la caisse d'épargne est créditée du montant de ses reprises, par virement de fonds prélevés sur le cautionnement.

La caisse d'épargne est informée de l'accomplissement des mesures dont il s'agit par le receveur des finances, sur l'avis que celui-ci en reçoit de la Caisse des dépôts et consignations.

127. Indépendamment des cautionnements auxquels sont astreints, en vertu du décret du 15 avril 1852 et de la présente instruction, les caissiers et sous-caissiers des caisses d'épargne, les administrateurs de ces caisses peuvent, s'ils le jugent convenable, en exiger des autres employés. Dans ce cas, le montant et la nature du cautionnement sont déterminés par le conseil d'administration. — Lorsque le cautionnement sera fourni en numéraire ou en rentes, il devra être réalisé à la Caisse des dépôts et consignations, suivant les formes et aux conditions exigées pour les cautionnements des caissiers : les cautionnements en rentes seront, en conséquence, soumis à l'autorisation ministérielle exigée par l'article 27 du décret du 15 avril 1852. Les formalités à remplir pour l'exercice des reprises, en cas de débet, sur les cautionnements dont il s'agit, qu'ils soient fournis en rentes ou en numéraire, seront celles que le paragraphe 126 ci-dessus prescrit pour les cautionnements des caissiers.

CHAPITRE XV.

SURVEILLANCE DU SERVICE ET DE LA COMPTABILITÉ PAR LES RECEVEURS ET LES INSPECTEURS DES FINANCES.

128. L'une des dispositions les plus importantes du décret du 15 avril est, sans contredit, celle qui soumet le service et la comptabilité des caisses d'épargne à la surveillance des receveurs des finances et aux vérifications des inspecteurs des finances, soit pendant leurs tournées annuelles, soit en vertu de missions spéciales. — Les administrations des caisses d'épargne apprécieront les avantages de cette mesure, qui assure la bonne gestion des fonds et maintient l'uniformité et la régularité dans les diverses parties du service. — Les articles 18 à 22 du décret contiennent des indications précises sur la manière dont s'exercera cette surveillance, à l'égard de laquelle il sera donné, s'il y a lieu, des instructions spéciales.

(1) L. 9 avril 1881, art. 11. Iust. 4 juin 1856, art. 19.

« rer le remboursement que par acomptes de 50 francs au mi-
« nimum et par quinzaine », doit être inscrit sur tous les livrets
et même à la place la plus apparente. Cette clause, rendue
applicable aux caisses d'épargne ordinaires, et qui est dans
l'intérêt des déposants, auxquels elle a permis d'accorder de
plus grandes facilités, comme dans l'intérêt de l'État, s'impose
aussi bien aux personnes qui avaient alors des livrets qu'à
celles qui ont effectué des dépôts par la suite. Dans la circulaire du 28 décembre 1881, le ministre du commerce a
pensé, en effet, que les déposants anciens n'avaient aucune
objection à élever contre l'application de cette clause, car le
maintien de leurs dépôts après la promulgation de la loi contenant cette disposition devait être considéré comme un
acquiescement tacite. Il a, en conséquence, prescrit de la faire
figurer sur tous les livrets précédemment ouverts.

142. En vertu de la disposition légale ci-dessus rappelée, le
livret ne peut-être que nominatif et ne saurait être au porteur.
Le nom et les prénoms du déposant y sont mentionnés sur la
première page, lorsqu'il est délivré ; si c'est une femme déclarée mariée ou veuve, son nom d'alliance est placé à la suite;
s'il s'agit d'une société, la dénomination adoptée par la société est inscrite à la place du nom. La signature du titulaire
ne doit jamais figurer sur le livret. Les opérations y sont portées avec leur date en toutes lettres et en chiffres, et chaque
inscription d'opération est signée par le caissier ou sous-
caissier et contresignée par un administrateur.

143. La caisse a le droit, si elle le trouve nécessaire pour
passer ses écritures, de retenir le livret pendant une semaine.
Dans ce cas, il est remis en échange un bulletin qui devient
le titre du déposant (1).

144. La remise des livrets n'est pas de rigueur pour l'inscription, soit des intérêts en fin d'année, soit des arrérages
de rentes pour le compte des déposants ; ces indications y
sont portées lors de leur plus prochaine présentation (2).

---

(1) Inst. 4 juin 1857, art. 21.
(2) Inst. 4 juin 1857, art. 23.

145. En cas de perte, le livret est remplacé par un duplicata qui est délivré dans le délai d'un mois à partir de la lettre de demande, laquelle doit être légalisée, soit par le maire, soit par le commissaire de police.

146. L'ouverture d'un compte à un déposant nouveau donne lieu à une inscription sur le registre matricule, destiné à recevoir tous les renseignements que la caisse doit conserver sur chaque déposant et à servir à la comparaison des signatures et à l'interrogatoire des porteurs de livrets dans tous les cas de doute, afin de se prémunir contre les tentatives d'abus, de fraude ou de falsification qui pourraient être la suite de la perte ou de la soustraction du livret (1).

147. Le livret peut être ouvert pour le compte d'un tiers ; dans ce cas, celui qui fait le premier versement doit produire autant que possible l'autorisation de la personne pour le compte de laquelle il verse, à moins que ce ne soit un bienfaiteur qui désire rester inconnu (2).

Un père de famille peut également se faire délivrer, non seulement un livret en son nom, mais encore des livrets au nom de sa femme et de chacun de ses enfants (3). Ce droit lui a été reconnu par une déclaration du ministre des finances intervenue au cours de la discussion de la loi du 22 juin 1845 ; il n'a fait l'objet d'aucune protestation de la part du gouvernement lorsqu'il a été affirmé de nouveau, dans la discussion du projet de loi de 1875, par M. Teisserenc de Bort, dont les arguments appuyés en partie sur ce droit contribuèrent puissamment à faire rejeter un amendement qui élevait le maximum du crédit ; enfin, il a été définitivement confirmé par le rapport présenté à la Chambre des députés à l'occasion de la création de la caisse d'épargne postale.

148. Lorsqu'un premier versement est fait par une femme mariée, si elle entend se prévaloir de la capacité exceptionnelle que lui a conférée la loi du 9 avril 1881, en déclarant

---

(1) Inst. 4 juin 1857, art. 5.
(2) L. 9 avril 1881, art. 6 ; Inst. 4 juin 1857, art. 7.
(3) L. 9 avril 1881, art. 6, §§ 1, 4 et 5.

verser sans l'assistance de son mari, cette déclaration ainsi
que les noms et prénoms du mari sont consignés sur le registre matricule et le livret en fait mention. Dans le cas contraire, elle doit être assistée de son mari ou de lui autorisée.
Si la femme est séparée de corps et de biens, le jugement de
séparation rendu en dernier ressort est mentionné au registre
matricule ; il en est encore de même en cas de séparation de
biens prononcée par jugement (1).

149. Lorsque le premier versement est fait pour le compte
d'un **enfant mineur légitime**, on inscrit sur le registre matricule les nom et prénoms du père, et si le père n'existe plus,
de la mère, et, à défaut de celle-ci, du tuteur (2).

Si le mineur est un enfant naturel, on mentionne le nom
du père, si l'enfant a été légalement reconnu, sinon, celui de la
mère seulement (3).

150. Lorsque le mineur se présente lui-même pour verser,
il lui est permis maintenant de se placer sous le régime particulier édicté par la loi du 9 avril 1881, en ne faisant pas intervenir son représentant légal ; le livret contient alors outre
les indications précédentes une double mention, afin de constater le « *versement direct opéré en vertu de la loi du
9 avril 1881* et l'époque à laquelle le mineur aura 16 ans »,
âge auquel il peut retirer (4).

La justification de l'âge du mineur se fait au moyen de la
production d'un extrait de son acte de naissance.

151. Beaucoup de caisses d'épargne avaient admis, antérieurement à la loi du 9 avril 1881, qu'un livret pouvait être
délivré au mineur sans l'intervention de son représentant
légal, lorsqu'il établissait qu'il avait une profession ou une
industrie distincte de celle de ses parents et que les sommes
qu'il versait étaient le produit de son travail. Cette solution
donnée dans la pratique et qui a beaucoup influé sur l'adop-

---

(1) L. 9 avril 1881, art. 6; Déc. 31 août 1881, art. 12.
(2) L. 9 avril 1881, art. 6 ; Déc. 31 août 1881, art. 2.
(3) L. 9 avril 1881, art. 6; Déc. 31 août 1881, art. 12.
(4) L. 9 avril 1881, art. 6.

E.   9

tion par les Chambres de la disposition de la loi du 9 avril 1881, spéciale au mineur, paraîtrait encore devoir être appliquée, si, par suite de circonstances quelconques, le mineur n'avait pas profité du bénéfice de cette loi.

152. Mais que faut-il décider pour les femmes mariées et les mineurs qui, antérieurement à la loi du 9 avril 1881, étaient titulaires de livrets aux caisses d'épargne dans les conditions ordinaires et qui ont voulu réclamer les avantages que leur faisait cette loi ? La solution de cette question n'est pas sans présenter des difficultés. En l'absence de toute indication dans la circulaire ministérielle du 28 décembre 1881, relative à l'exécution de la loi du 9 avril précédent, la combinaison suivante a été signalée : le mari signe au registre matricule une déclaration par laquelle il autorise l'application de la loi du 9 avril 1881 au compte de sa femme ; mention de cette déclaration est ensuite portée au livret. C'est évidemment le mode de procéder qui paraît le plus simple et le meilleur tout en ne répondant que très imparfaitement au but que se proposait le législateur. Il est donc regrettable que des mesures spéciales n'aient pas été prises pour faire bénéficier des avantages de la loi du 9 avril 1881 les dépôts antérieurement effectués aux caisses d'épargne par les mineurs et les femmes mariées, dans le cas où ces incapables auraient jugé de leur intérêt de se prévaloir de la nouvelle législation.

153. Une société de secours mutuels peut avoir un compte à une caisse d'épargne (1). Lorsqu'il est fait un premier versement par une société de cette nature, son mandataire est tenu de déposer à la caisse un exemplaire des statuts, et l'on fait signer sur le registre les personnes dûment autorisées à représenter la société en pareille circonstance. Précédemment, les caisses d'épargne avaient à se préoccuper de la nature de la société de secours mutuels. En effet, le maximum des fonds qu'elles avaient le droit d'avoir en dépôt variait suivant cette nature. Mais la loi du 9 avril 1881 a supprimé toute distinc-

---

(1) L. 9 avril 1881, art. 13.

tion à cet égard et fixé uniformément à 8,000 francs le maximum que pourra atteindre le crédit ouvert aux sociétés de secours mutuels, qu'elles soient déclarées établissements d'utilité publique (loi du 18 juillet 1857), approuvées par les préfets (décret du 26 mars 1852) ou simplement autorisées.

154. Les sociétés autres que les sociétés de secours mutuels peuvent aussi avoir un compte aux caisses d'épargne pourvu qu'elles soient aptes à posséder des fonds et à en faire emploi (1). Dans ce cas, les règles indiquées plus haut pour les sociétés de secours mutuels leur sont également applicables. Mais elles doivent être traitées comme les simples particuliers et n'ont pas droit au maximum exceptionnel de 8,000 francs. Cependant les institutions de bienfaisance, de coopération, et autres sociétés de même nature sont admises, moyennant une autorisation du ministre du commerce, à bénéficier de la mesure exceptionnelle précédemment réservée aux seules sociétés de secours mutuels, et il leur est alors permis de faire des versements jusqu'à concurrence du maximum de 8,000 francs. Ainsi, l'autorisation qu'il leur faut solliciter a pour objet non pas de leur permettre d'avoir un compte aux caisses d'épargne, mais de leur accorder le droit de bénéficier du maximum de 8,000 francs.

155. La demande signée des représentants légaux de la société, et appuyée de la production de deux exemplaires des statuts et règlements qui la régissent, est remise à la caisse d'épargne et adressée par ses soins avec une délibération du conseil des directeurs, et l'un des exemplaires des statuts et règlements, au préfet du département; le préfet fait parvenir le tout avec son avis au ministre du commerce, chargé de statuer.

156. Une fabrique d'église pourrait-elle déposer à une caisse d'épargne, et encore jouir du maximum exceptionnel autorisé par la loi du 9 avril 1881 ? La question peut être controversée, car la loi ne parle que des institutions de coopéra-

---

(1) L. 9 avril 1881, art. 13.

tion, de bienfaisance, et autres sociétés de même nature. Or, une fabrique, établissement public, n'est pas une institution de bienfaisance. Le *Journal des Caisses d'épargne*, qui soutient l'affirmative, prétend que cette faculté pourrait être attribuée à une fabrique munie d'une autorisation préfectorale, mais nous ne pouvons concevoir sur quels arguments cette opinion est fondée.

157. Des conditions peuvent être mises à la disponibilité des sommes versées aux caisses d'épargne. Dans ce cas, il est délivré au déposant un livret conditionnel présentant cette seule différence avec les autres, qu'une place est réservée en tête pour la mention de la condition et que deux colonnes distinctes sont destinées, l'une aux sommes réservées, c'est-à-dire soumises à la condition, et l'autre aux sommes disponibles, c'est-à-dire versées sans condition au nom du même titulaire. La seule condition généralement admise est celle d'un remboursement différé. Pour un mineur, cette condition peut être qu'il disposera des sommes versées seulement à sa majorité ou à une époque plus éloignée, ou bien, en cas de mariage, après sa célébration. La condition à imposer pour les sommes versées au nom d'un majeur est qu'elles ne pourront lui être remises qu'après un temps déterminé. Mais les caisses d'épargne doivent éviter d'admettre toute clause, soit de retour au donateur, soit de réversibilité d'une tête sur une autre.

158. La clause *d'incessibilité* stipulée par un donateur est admise, alors même que le donateur a voulu rester inconnu ; mais celle *d'insaisissabilité* ne doit être admise que dans le cas où elle est stipulée par des compagnies industrielles ou par des chefs d'atelier au profit de leurs ouvriers et employés.

159. En vertu d'une disposition spéciale arrêtée entre les ministres de la guerre et du commerce, les conseils d'administration des régiments sont chargés de verser aux caisses d'épargne les fonds particuliers des condamnés militaires qui ont subi leur peine et sont renvoyés dans l'armée pour y achever leur temps de service. Ces fonds, non plus que les intérêts en provenant, ne peuvent leur être rendus qu'à l'expi-

ration de leur service militaire et sur la production de leur congé définitif, à moins de justification d'une autorisation émanée du conseil d'administration du corps.

160. Les livrets délivrés à des remplaçants militaires pour les fonds provenant des prix du remplacement étaient semblables en la forme aux livrets conditionnels. Les titulaires, pour en obtenir la délivrance, devaient produire une expédition authentique du traité de remplacement, si ce traité avait été passé par-devant notaire, ou s'il avait été fait sous seing privé, une copie conforme certifiée, et signée par les parties et dûment enregistrée. La production de ce traité devait être accompagnée : pour les remplacements par substitution de numéros entre hommes ayant pris part au même tirage, de l'acte de substitution délivré par le préfet ; pour les remplacements admis par les conseils de révision, de l'acte administratif de remplacement délivré par le préfet ; et pour les remplacements qui avaient lieu dans les corps d'armée de terre et de mer, de l'acte administratif de remplacement, dressé par le sous-intendant militaire ou le commissaire aux revues de la marine. Mention était faite au registre matricule de l'acte notarié ou sous seing privé constatant les clauses du contrat de remplacement et le certificat d'admission du remplaçant.

Lorsque le rengagement eut été admis par la loi du 26 avril 1855 et le décret du 9 janvier 1856, les militaires et marins admis à contracter un rengagement et les engagés volontaires après libération qui voulaient déposer, en un seul versement aux caisses d'épargne, toute portion de prime à eux payable, soit au début, soit dans le cours de la durée du service, devaient produire, suivant qu'ils étaient rengagés ou engagés ; une expédition de l'acte de rengagement dressé par le sous-intendant militaire ou par le commissaire de la marine, ou une expédition de l'acte d'engagement volontaire après libération reçu par le maire et visé par le sous-intendant militaire ou par le commissaire de la marine. Ils devaient produire, en outre, un certificat constatant l'origine et le montant des deniers délivrés par le comptable qui leur avait remis les fonds.

Toutes ces dispositions sont devenues sans objet depuis que la loi militaire du 27 juillet 1872 a supprimé le remplacement et la prime de rengagement.

§ 2. — Versements.

161. Toutes les règles qui viennent d'être énoncées concernent également le premier versement, puisque c'est ce versement qui donne lieu à la délivrance du livret. Seulement il n'est pas admis de versements anonymes ou pseudonymes. Quant aux versements ultérieurs, ils sont reçus sur la présentation du livret. Aucune justification n'est demandée, sauf pour les sociétés de secours mutuels, qui sont tenues de produire à chaque versement toutes les pièces indiquées aux statuts pour la validité des placements de fonds.

162. Les caisses doivent refuser les versements de toutes sociétés régulièrement suspendues ou dissoutes à compter du jour où elles ont eu connaissance soit de la suspension, soit de la dissolution.

163. Ces règles paraissent devoir être également appliquées à toutes les autres sociétés qui ont des comptes ouverts aux caisses d'épargne.

164. Pour les déposants ordinaires, il n'est pas nécessaire que le porteur du livret en soit titulaire (1). Seulement il est absolument interdit aux caissiers, sous-caissiers et à tous les autres employés des caisses d'épargne de se rendre porteurs de livrets appartenant à des tiers, et même de recevoir la procuration de ceux-ci pour faire quelque opération que ce soit près de leur caisse d'épargne (2).

165. Les versements, dont la quotité, déterminée d'abord par les statuts des caisses d'épargne, avait été fixée ensuite à 300 francs par semaine, en vertu de l'article 4 de la loi du 5 juin 1835, limite maintenue par l'article 1er de la loi du

____

(1) Déc. 31 août 1881, art. 15.
(2) Déc. 31 août 1881, art. 15.

22 juin 1845, peuvent maintenant, d'après la loi du 9 avril 1881, s'élever à 2,000 francs, maximum du crédit. Cette loi a laissé subsister toutefois la limite inférieure qui avait été déterminée par la loi du 22 juin 1845. Aucun versement ne peut être moindre de 1 franc (1).

166. Ils sont reçus par la caisse en séance publique (2), inscrits sur les livrets en toutes lettres et en chiffres, datés et signés par le caissier et contresignés par l'administrateur de service ; ils sont ensuite mentionnés, d'après les livrets, sur un double bordereau tenu séparément, l'un par le caissier, et l'autre par l'administrateur de service ; ce dernier bordereau pour servir de contrôle. A la fin de la séance, on vérifie la concordance des bordereaux entre eux et avec le montant effectif des fonds. Le bordereau de contrôle, tenu par l'administrateur de service, ne doit jamais en principe passer par les mains du caissier. Il est remis directement au secrétaire du conseil ou à l'agent délégué pour le contrôle et classé par ses soins dans un dossier spécial.

§ 3. — Intérêts.

167. L'accroissement du capital versé par les déposants au moyen de la capitalisation des intérêts a toujours été présenté comme l'un des heureux effets de l'action des caisses d'épargne, et n'a pas été l'un des moindres attraits qui ont encouragé les masses à leur confier leurs économies. D'abord mensuelle, d'après les premiers statuts de la caisse de Paris, la capitalisation des intérêts devint ensuite semestrielle. Lorsque l'ordonnance du 3 juin 1829 eut réglé que les caisses d'épargne recevraient un intérêt de 4 0/0 sur les fonds qu'elles étaient admises à verser au Trésor public, elles ne capitalisèrent plus qu'une fois par an, comme on le leur faisait pour elles-mêmes, les intérêts qu'elles servaient à leurs déposants. Cette règle a désormais prévalu, et elle a été formulée en ces termes par les statuts de ces établissements: « L'intérêt est réglé à la fin

____

(1) L. 9 avril 1881, art. 8.
(2) Déc. 15 avril 1852, art. 3.

de chaque année, il est capitalisé et produit des intérêts pour l'année suivante. »

168. Sur cet intérêt qui leur était bonifié les caisses d'épargne avaient été amenées à exercer une retenue pour subvenir à leurs frais d'administration.

L'ordonnance du 3 juin 1829 et la loi du 5 juin 1835 leur avaient permis, s'il y avait lieu, d'exercer une retenue qui ne pouvait excéder 1/2 0/0. La loi de 1835 fixa même un maximum dans la crainte que les caisses d'épargne ne fussent entraînées à prélever une quotité trop forte. Les caisses se conformèrent assez généralement à ce système. Mais plusieurs, désireuses de faire bénéficier leurs déposants, leur allouaient, quelquefois même en vertu d'un engagement pris dans les statuts, la totalité de l'intérêt qu'elles recevaient; elles stipulaient seulement que cet intérêt ne courrait sur les versements qu'au bout d'un certain délai, et s'arrêterait sur toute somme remboursée, à une date antérieure au remboursement. Le délai généralement adopté était de quinze jours, de sorte que la caisse bénéficiait d'une retenue de quinze jours d'intérêts sur toutes les sommes versées et remboursées. Quelquefois ce délai était porté à un mois. Enfin sur le dépôt il y avait des fractions qui étaient improductives d'intérêts. Beaucoup de caisses, en effet, avaient stipulé que l'intérêt ne serait alloué que par sommes rondes de 10 francs ou de 12 francs. C'était encore là un moyen employé par elles pour se procurer des ressources. La retenue pour frais de loyer et d'administration que les caisses exerçaient sur l'intérêt qui leur était bonifié fut rendue obligatoire pour un quart pour cent par l'article 7 de la loi du 30 juin 1852; cette retenue pouvait, en outre, être facultativement portée à un demi pour cent. Le système adopté par l'article 7 de la loi du 30 juin 1852, sans grever outre mesure les déposants, était plus équitable en leur imposant à tous indistinctement une charge qui, antérieurement, ne pesait, dans certains cas, que sur ceux qui étaient fréquemment obligés de déplacer leurs fonds. Il suffisait, pour assurer, en général, aux caisses d'épargne un service convenable, et il était utile, dans l'intérêt même du public, de leur créer des ressources, dont elles pouvaient profiter pour se donner une administration bien organisée et pour accroître leur fortune personnelle, qui est une véritable garantie offerte à leurs déposants dans certaines éventualités.

169. La loi du 30 juin 1851 n'avait point déterminé le point de départ des intérêts qui sont alloués aux déposants, ni le terme où ils doivent cesser de courir à leur profit. Afin d'assurer une exacte et uniforme application de la loi, il y avait nécessité de poser à cet égard une règle applicable à toutes les caisses d'épargne. Pour ne pas les exposer à subir une perte en faisant courir l'intérêt au profit des déposants à partir du jour du versement, alors que la caisse des dépôts et consignations servait l'intérêt sur les sommes encaissées au compte de ces établissements, seulement à partir des 10, 20 et 30 de chaque mois, il parut équitable d'établir la règle suivante, qui fut confirmée par le décret du 15 avril 1852; le point de départ des intérêts était fixé au jour de la semaine suivante correspondant à celui du versement, et le terme, au jour de la semaine précédente correspondant à celui du remboursement, de sorte que l'intérêt des fonds versés aux caisses d'épargne qui reçoivent le dimanche courait du dimanche suivant et cessait le dimanche qui précédait le remboursement.

170. Cette règle a été modifiée par la loi du 9 avril 1881 ; d'après l'article 3, l'intérêt part du 1ᵉʳ ou du 16 de chaque mois après le jour du versement et cesse de courir à partir du 1ᵉʳ ou du 16 qui a précédé le jour du remboursement.

171. La quotité des fractions improductives d'intérêts a été abaissée à 1 franc, chiffre minimum des versements permis pour les déposants. On a même soutenu que les termes de l'article 7 de la loi du 30 juin 1851, d'après lesquels la retenue ne peut, en principe, et sauf les cas où des prescriptions spéciales ont été édictées (comme en ce qui concerne les délais à partir desquels les intérêts commencent à courir), dépasser 1/2 0/0, s'opposaient à ce que les sommes supérieures à 1 franc restassent improductives.

172. Le taux de l'intérêt servi par les caisses d'épargne à leurs déposants a donc toujours été en raison de celui qui leur

était accordé. La loi du 7 mai 1853 ayant fixé ce taux à 4 0/0, les caisses d'épargne ne peuvent donner plus de 3,75 0/0, ni moins de 3,50, sauf celle de Paris, dont la retenue, portée à 3/4 0/0, réduit à 3,25 0/0 l'intérêt qu'elle sert à ses déposants. Le plus grand nombre des caisses se contentant de la retenue obligatoire de 1/4 0/0 allouent le taux maximum de 3,75 0/0 ; dans 160 environ, la retenue fixée à 1/2 0/0 ne permet d'accorder que le minimum de 3,50 0/0 ; enfin quelques caisses exercent une retenue entre ces deux taux extrêmes et donnent à leurs déposants 3,60 ou 3,65 0/0.

173. Le calcul des intérêts servis aux déposants est fait par les caisses d'épargne pour chaque compte, d'abord sur le solde créditeur au 1er janvier jusqu'au 31 décembre de l'année, puis sur tous les versements à partir de la date à laquelle l'intérêt part, jusqu'au 31 décembre. Ce sont là les intérêts sur versements ou créditeurs ; ils courent au profit du déposant contre la caisse d'épargne. L'intérêt est pareillement calculé sur tous les remboursements du jour où l'intérêt doit être arrêté jusqu'au 31 décembre ; ce sont les intérêts sur remboursements ou débiteurs qui courent au profit de la caisse et contre le déposant. La différence entre les intérêts créditeurs et les intérêts débiteurs forme le montant des intérêts auxquels a droit le déposant. Le calcul des intérêts est fait en détail sur le compte courant du déposant tenu à la caisse d'épargne. Mais on se contente de porter en bloc sur le livret les intérêts de l'année, lorsque ce livret est présenté à l'établissement.

§ 4. — Remboursements.

174. Les caisses d'épargne ne sont tenues d'effectuer les remboursements que quinze jours après la demande qui en est faite sur une formule spéciale (1). Mais en pratique ce délai a été abrogé ; il a même été supprimé, ainsi que la demande, par un certain nombre de caisses d'épargne qui opè-

---

(1) Déc. 15 avril 1852, art. 12 ; Déc. 23 août 1875, art. 11 ; Déc. 31 août 1881, art. 18.

rent, séance tenante, les remboursements lorsqu'ils sont partiels ou ne dépassent pas une certaine somme fixée par la caisse. Le montant du remboursement partiel, lorsque le payement a été effectué, doit être inscrit au livret, que les caisses ont, du reste, la faculté de retenir en vue de l'opération.

175. Le déposant doit, en principe, donner quittance de tout remboursement qu'il reçoit. Lorsque le déposant ne se présente pas lui-même, le tiers qui le remplace doit produire une procuration sous seing privé, à moins qu'il ne soit porteur du brevet original ou de l'expédition d'une procuration authentique, générale ou spéciale, contenant pouvoir de toucher et de donner quittance. Dans l'un et l'autre cas, le mandataire souscrit la quittance à laquelle la procuration reste annexée, indépendamment de la mention qui en est faite sur la quittance même (1).

176. La signature apposée sur la quittance, si la personne qui se présente pour toucher déclare être le déposant lui-même, et, dans le cas contraire, celle que contient la procuration, doit toujours être rapprochée de celle apposée sur le registre matricule. En cas de doute sur la sincérité des signatures, il est procédé à un interrogatoire ou à une information, soit d'après les renseignements présentés par le registre matricule, soit d'après ceux que la personne fournit elle-même.

177. Si le déposant ne sait ou ne peut signer et que son identité soit constante, la quittance peut être remplacée par un certificat signé de deux témoins, et sur lequel l'administrateur de service appose également sa signature, afin d'attester que la formalité s'est accomplie en sa présence (2). Toutefois, la caisse peut exiger une quittance revêtue de la signature d'un mandataire, porteur d'une procuration passée devant un notaire ou devant le maire de la résidence du titulaire du livret.

178. Les remboursements à une société de secours mutuels

---

(1) Déc. 31 août 1881, art. 19 et 21.
(2) Déc. 31 août 1881, art. 21.

ou à toute autre association admise à verser des fonds à une caisse d'épargne sont faits au délégué ou mandataire porteur de toutes les pièces suffisantes pour justifier de l'accomplissement des formalités exigées par les statuts en ce qui concerne les retraits de fonds. Dans le cas où les statuts ne renfermeraient aucune prévision relative à la matière, le délégué ou mandataire doit être porteur d'une procuration revêtue des signatures de tous les membres composant le conseil d'administration (1).

179. En cas de décès d'un déposant, les héritiers, pour obtenir le remboursement du livret de leur auteur, ont à produire un certificat de propriété délivré, suivant les cas, par un notaire ou par le juge de paix du domicile, sur l'attestation de deux citoyens. La loi du 7 mai 1853 a étendu, en effet, aux livrets de caisse d'épargne les avantages accordés aux inscriptions de rentes par la loi du 28 floréal an VII. Les certificats ainsi établis suffisent pour justifier devant la caisse d'épargne des droits de ceux auxquels ils sont délivrés ; leur présentation remplace un grand nombre de formalités généralement longues et coûteuses, et simplifie le remboursement des dépôts au profit des intéressés et de la caisse d'épargne, à laquelle elle enlève l'appréciation des pièces et dont elle dégage la responsabilité, ainsi que l'a implicitement admis une décision judiciaire du tribunal civil de Saint-Mihiel du 26 décembre 1877, rendue à l'occasion d'un certificat de propriété produit à la caisse de Commercy (succursale de Saint-Mihiel) par les héritiers d'un déposant décédé.

180. Si un livret est ouvert au nom d'une femme mariée et que la femme soit placée sous le régime spécial de la loi du 9 avril 1881, le remboursement est fait à la femme qui, d'après cette loi, a capacité pour recevoir sans l'assistance de son mari le remboursement et, par suite, signer toute demande à cet effet (2) et toutes quittances des sommes reçues. Toutefois, ce droit de la femme cesse lorsque le mari a fait

---

(1) Déc. 31 août 1881, art. 21.
(2) L. 9 avril 1882, art. 6.

opposition. Mais il semble douteux que le mari ait le pouvoir en ce cas de retirer seul le dépôt fait par la femme. Il y a là une question d'interprétation de la loi du 9 avril 1881, sur laquelle l'autorité judiciaire ne paraît pas encore avoir eu à se prononcer et qui sera examinée plus loin au sujet de la valeur de l'opposition du mari.

181. Antérieurement à la loi du 9 avril.1881 et actuellement encore pour les femmes qui n'ont pas déclaré vouloir profiter du bénéfice de cette loi, les règlements prescrivaient que le remboursement serait fait au mari et à la femme présents l'un et l'autre et appelés tous deux à signer la quittance, et que, si l'un des deux seul était présent, on le ferait signer et on annexerait à la quittance le consentement écrit et signé de l'autre. Néanmoins, sur le refus opposé à des maris qui se présentaient seuls pour obtenir le remboursement de sommes versées par leurs femmes, plusieurs décisions judiciaires sont intervenues et ont ordonné que le montant des livrets serait payé entre les mains des maris, mais, en même temps, les ont condamnés aux dépens.

182. Pour le mineur non émancipé, le remboursement doit être reçu et la quittance signée par la personne chargée de l'administration de ses biens ou de sa tutelle. Mais on s'est demandé s'il fallait appliquer aux dépôts faits aux caisses d'épargne, pour le compte de mineurs, les formalités édictées par la loi du 26 février 1880, relatives à l'aliénation de valeurs mobilières appartenant à des mineurs, et qui ne permet au tuteur l'aliénation de ces valeurs qu'avec l'autorisation du conseil de famille, et même l'homologation du tribunal, au-dessus d'un certain chiffre. Comme il s'agit là d'un dépôt qui peut jusqu'à un certain point être regardé comme temporaire, de manière à former par l'accumulation une certaine somme sur laquelle on prend ce qui est nécessaire au mineur, il ne semble pas qu'il y ait une créance ou un placement définitif, et que le retrait doive être assimilé à une aliénation ; ce serait plutôt un acte d'administration que le tuteur aurait qualité pour effectuer.

183. Lorsque le dépôt fait par un mineur provenait d'un

travail personnel et distinct de celui de ses parents, beaucoup de caisses d'épargne étaient dans l'usage de rembourser au mineur, sans aucune autorisation, le montant des économies par lui réalisées lorsqu'il avait atteint sa dix-huitième année. Cette tolérance et cet usage ont reçu une consécration définitive de la loi du 9 avril 1881, qui autorise les caisses d'épargne à rembourser aux mineurs le montant de leurs dépôts, lorsqu'ils ont déclaré vouloir bénéficier des dispositions de cette loi et qu'ils sont âgés de seize ans révolus, mais sauf opposition de leur représentant légal. La nature et la valeur de cette opposition seront également examinées ci-après.

184. En cas de cession du livret à un tiers et si la cession, soit par acte authentique, soit par acte sous seing privé, a été dûment signifiée à la caisse d'épargne avec production du livret, le remboursement est fait au cessionnaire sans autre justification que celle de son identité. Néanmoins la caisse d'épargne peut demander le concours du cédant ou un acte authentique contenant reconnaissance d'écriture de l'acte de cession sous seing privé. Mais cette manière de procéder suppose résolue une question qui sera étudiée dans le paragraphe suivant, celle de savoir si un livret de caisse d'épargne peut faire l'objet d'une cession.

185. En ce qui concerne les livrets conditionnels, si le don devient disponible par l'expiration du délai imposé au remboursement, le titulaire doit fournir la preuve d'accomplissement de la condition, et si le remboursement a été subordonné pour une fille mineure à la condition de son mariage, l'acte de célébration doit être accompagné du consentement du mari au payement demandé.

186. Pour les remplacements militaires, si la condition interdisait le remboursement pendant l'an et le jour de responsabilité ordinaire, le payement ne pouvait avoir lieu que sur la production du certificat de présence au corps, mentionnant l'accomplissement de la condition pour le compte du remplacé, lequel certificat devait être visé par le sous-intendant militaire.

Si le traité de remplacement avait stipulé que le capital ne serait remboursable en tout ou en partie qu'après l'expiration du temps pendant lequel le remplacé était assujetti au service militaire, la pièce à produire était un certificat constatant la libération définitive du remplacé. Ces dernières dispositions sont aujourd'hui sans objet.

187. Le remboursement des fonds particuliers des condamnés militaires libérés ne peut avoir lieu, à moins d'une autorisation émanée du conseil d'administration du corps, qu'à l'expiration du temps de service et sur la production du congé définitif. Mais il a été décidé que le militaire, au lieu de ses fonds en espèces, recevrait, lors de sa libération, un mandat sur le Trésor, à son ordre, payable à la Trésorerie générale du département où serait situé son nouveau domicile et ne pouvant être passé à l'ordre d'un tiers. Les fonds sont préalablement versés à la Trésorerie générale, qui délivre les mandats sur le Trésor dont il vient d'être parlé (1). Ces mesures, arrêtées en 1877 et en 1883 par les ministres de la guerre, du commerce et des finances, ont pour but de prévenir les abus et les scènes parfois scandaleuses qui se produisaient lors de la remise des fonds aux condamnés militaires libérés. La légalité de ces mesures est au moins contestable.

188. En cas de décès d'un militaire au corps, le montant du livret est remboursé au conseil d'administration pour être remis aux ayants droit (2).

189. Quand l'administration des domaines, appelée à recueillir une succession à titre de déshérence, se présente pour recevoir le montant du livret ayant appartenu à un déposant décédé, intestat et sans avoir laissé d'héritiers connus, elle doit justifier de l'accomplissement des formalités prescrites par les articles 768 et suivants du code civil.

190. Le livret est retenu par la caisse d'épargne lors du

---

(1) Ces mandats sont remis aux militaires par les soins des conseils d'administration, qui les reçoivent directement des caisses d'épargne.
(2) Circ. minis. des 27 avril 1877 et 10 octobre 1883.

remboursement intégral, et, pour procéder à un remboursement de cette espèce, la caisse d'épargne établit le décompte
des intérêts depuis le premier janvier et elle arrête le solde
dû au déposant en capital et intérêts au jour du remboursement.

191. Les remboursements, comme les versements, donnent lieu à la formation de bordereaux tenus par le caissier
et par l'administrateur de service ; ces derniers servent de
bordereaux de contrôle. Les règles exposées plus haut pour
la garde et la conservation des bordereaux de versements
sont également applicables aux bordereaux de remboursements (1).

§ 5. — Achats de rentes pour le compte des déposants.

192. Les achats de rentes effectués pour le compte des
déposants ont lieu soit sur leur demande, soit d'office.

193. *Achats de rentes faits sur la demande des déposants.* — Les demandes d'achats de rentes sont soumises aux
mêmes formalités que les remboursements, auxquels elles sont
assimilées, puisqu'elles produisent le même effet, celui de
libérer la caisse d'épargne. La demande, signée par le déposant, mentionne le numéro du livret, sa demeure actuelle,
son domicile au moment du premier versement, le chiffre de
rentes qu'il veut obtenir ou la somme à convertir en rente et
la nature de la rente. Il ne peut être employé en rentes au
nom d'un déposant, en une même fois, une somme supérieure
au maximum 2,000 francs, augmenté des intérêts échus (2).

194. Toutefois les sommes de plusieurs livrets appartenant
à des membres d'une même famille peuvent être réunies et converties en une seule inscription de rente au nom de l'un
d'eux.

195. Les demandes d'achats de rentes sont accompagnées

---

(1) Déc. 15 avril 1852, art. 6.
(2) L. 9 avril 1881, art. 8 et 9.

d'un bordereau distinct par nature de rente, lequel est dressé par la caisse d'épargne et contient toutes les indications nécessaires pour que le transfert de la rente et l'immatriculation du nouveau titre puissent être effectués.

196. Les demandes d'achats de rentes au nom des sociétés de secours mutuels doivent être accompagnées, la première fois, d'un exemplaire de leurs règlements constitutifs, certifié par le maire (1).

197. Si les achats intéressent d'autres associations, le transfert à leur nom est opéré moyennant l'envoi d'une copie certifiée de l'acte qui autorise l'emploi des fonds (2). Dans ces deux cas, les inscriptions sont toujours départementales.

198. Les achats ont lieu au cours moyen de la bourse du jour ; les demandes indiquant des cours fixés à l'avance ne reçoivent aucune suite (3).

199. Les inscriptions sont toujours nominatives.

200. Elles sont achetées par la Caisse des dépôts et consignations et délivrées par elle à la caisse d'épargne, qui les remet au titulaire contre un récépissé mentionnant la quotité et le prix de la rente achetée, ainsi que le numéro de l'inscription, ou bien qui les conserve, si le déposant ne les retire pas et qui en perçoit les arrérages et les porte ensuite au crédit du compte de ce dernier.

201. Les inscriptions, une fois retirées, ne peuvent plus être mises en garde entre les mains des caisses d'épargne (4).

Les établissements n'ont pas qualité pour recevoir les demandes tendant à obtenir soit le changement d'immatriculation du titre, notamment après le décès du titulaire, soit la vente d'inscriptions pour le compte des déposants ; il n'y

---

(1) Inst. 4 juin 1857, art. 44.
(2) Inst. 4 juin 1857, art. 45.
(3) Inst. 4 juin 1857, art. 43.
(4) Déc. 15 avril 1852, art. 15.

E.

sérait donné aucune suite par la Caisse des dépôts et consignations (1).

202. *Achats de rentes d'office.* — Les achats de rentes d'office ont lieu soit pour réduire les comptes qui dépassent le maximum de 2,000 francs fixé par la loi du 9 avril 1881, soit pour convertir les comptes appartenant à des déposants qui pendant trente ans n'ont fait aucune opération.

203. Dans le premier cas, l'achat devait, d'après la loi du 30 juin 1851, être effectué trois mois après le règlement annuel des intérêts qui avait lieu au 31 décembre, par conséquent à la date du 1er avril. Dans le courant du premier trimestre, les déposants dont le compte était dans cette situation étaient prévenus, par une lettre adressée au domicile par eux déclaré, que l'achat des rentes serait effectué d'office, si à l'époque du 1er avril ils n'avaient pas réduit leurs comptes. Mais une grave modification a été apportée par la loi du 9 avril 1881 aux prescriptions qui viennent d'être rappelées.

Le délai de trois mois court à partir de l'avis donné aux déposants par lettre chargée. Cette lettre ne pouvant être envoyée que lorsque le compte a été arrêté, et toutes les lettres concernant les déposants dans cette situation ne pouvant être envoyées, ni en même temps, ni avant le 1er janvier, il en résulte que l'achat de rentes ne peut plus actuellement être opéré au 1er avril.

204. Toutes les autres dispositions relatives aux achats de rentes faits à la demande des déposants s'appliquent également à ces achats d'office. Seulement la rente achetée est toujours celle dont le cours au jour de l'achat est au-dessous du pair.

205. Lorsque le compte d'une fabrique d'église doit être réduit, l'achat est effectué d'office, sur la seule demande de la caisse d'épargne. L'arrêté préfectoral, sans lequel le transfert de la rente ne peut être opéré, est ensuite réclamé d'urgence par la fabrique et, au besoin, par la caisse d'épargne

---

(1) Inst. 4 juin 1852, art. 53.

elle-même, qui l'adresse au trésorier général, chargé de le faire
parvenir à la Caisse des dépôts et consignations (1).

206. Dans le second cas, il a été décidé, pour procéder
collectivement, que le délai de trente ans ne commencerait à
courir qu'à partir du 1er janvier de l'année qui suit celle pendant laquelle a été effectuée la dernière opération. Par conséquent, la publication prescrite par la loi, ayant lieu ̶ mois
avant l'expiration de ce délai, est faite dans le numéro du
30 juin du *Journal officiel* et dans le dernier numéro de juin
du journal d'annonces judiciaires de l'arrondissement. Au
31 décembre suivant, les caisses d'épargne arrêtent en capitaux et intérêts tous les comptes publiés au 30 juin et qui
depuis lors n'ont fait l'objet d'aucune opération. Ces comptes
sont ensuite portés indistinctement sur un bordereau qui est
transmis à la Caisse des dépôts et consignations, avec un
exemplaire légalisé de la feuille d'annonces judiciaires contenant la publication, et c'est cette administration qui examine
alors si le montant de chacun de ces comptes peut servir à
acheter trois francs de rente au minimum au nom du titulaire
et qui fait procéder à ̶ achat. Comme précédemment la
rente achetée est toujours celle dont le cours au jour de
l'achat est au-dessous du pair.

207. Les inscriptions ainsi achetées sont remises dans la
même forme que toutes les autres inscriptions de rentes aux
caisses d'épargne, qui sont tenues de les verser à titre de consignations à la Caisse des dépôts et consignations, ainsi que
toutes les autres inscriptions qu'elles auraient en garde pour
le compte des mêmes titulaires.

208. Les rentes une fois achetées et consignées demeurent,
aux termes de la loi du 7 mai 1853, improductives d'arrérages
jusqu'à ce que les intéressés en réclament la délivrance.

209. Dans ce but ils doivent s'adresser à la Caisse des
dépôts et consignations, la caisse d'épargne, par la consigna-

---

(1) Déc. min. du 3 août 1877, rapportée dans l'instruction de la Caisse
des dépôts et consignations, du 15 janvier 1878.

tion qu'elle a faite de ces inscriptions, étant libérée à leur égard.

§ 6. — Versements à la Caisse des retraites pour la vieillesse.

210. Les caisses d'épargne sont aptes, aux termes de l'article 10 de la loi du 18 juin 1850, à servir d'intermédiaires entre leurs déposants et la Caisse des retraites pour la vieillesse. Elles exercent à cet égard leur entremise non pas comme préposées de la Caisse des retraites, mais comme mandataires de leurs propres déposants. Par conséquent, elles ne peuvent, en aucun cas, prêter leur office pour verser à la Caisse des retraites des sommes qu'elles n'auraient pas, au préalable, prises en charge dans les formes et sous les conditions qui leur sont imposées pour la réception de tous dépôts ; mais elles sont appelées à satisfaire à la demande des déposants, lorsqu'ils requièrent le versement à la Caisse des retraites, de la totalité ou d'une partie des sommes portées à leur compte, comme lorsqu'ils font acheter des rentes avec les fonds qu'ils ont en dépôt (1).

211. Tout déposant qui désire verser pour la première fois à la Caisse des retraites doit signer une déclaration conforme à l'un des modèles arrêtés par la Caisse des dépôts et consignations et à laquelle on annexe les pièces justificatives, telles que l'acte de naissance, des extraits d'acte ou de jugement, etc. (2).

212. Les versements postérieurs sont reçus sur la seule présentation du livret délivré par la Caisse des retraites, à moins qu'il ne soit survenu quelque changement dans l'état civil du déposant ou dans ses intentions relativement à l'abandon ou à la réserve de son capital et à l'époque d'entrée en jouissance de sa rente viagère (3). Tout changement en ce

---

(1) Inst. min. com. et fin. 24 avril 1856, art. 54.
(2) Déc. 27 juillet 1861, art. 2 et 9.
(3) Déc. 18 août 1853, art. 6, 7 et 13.

qui concerne ces différents points doit être constaté par une nouvelle déclaration accompagnée, s'il y a lieu, de pièces à l'appui (1).

213. Chaque versement doit faire l'objet d'une demande spéciale, et il est interdit aux caisses d'épargne de consentir à faire d'office des versements successifs ou périodiques à la Caisse des retraites pour le compte de déposants qui voudraient les en charger en vertu d'une déclaration générale. Cette demande doit être faite par le déposant en séance publique de la caisse et signée par lui. Elle indique le numéro du livret, la demeure actuelle du déposant, son domicile au moment du premier dépôt, la somme à verser à la Caisse des retraites, le nombre et la nature des pièces jointes, et la nature du versement s'il est immédiat ou différé (2).

214. Le premier versement doit être toujours immédiat ; les versements ultérieurs peuvent être différés à la volonté des déposants, mais seulement jusqu'à la fin du trimestre dans le courant duquel la demande est présentée. On remet un bulletin en échange du livret et des pièces qui l'accompagnent, et, si le déposant fait une déclaration, il reçoit un récépissé spécial détaché de la déclaration et signé de l'administrateur de service et du caissier (3).

215. De son côté, la caisse d'épargne dresse un bordereau des demandes de versement à la Caisse des retraites, que le caissier transmet avec les livrets de cette caisse, les déclarations, et les pièces à l'appui, s'il y a lieu, et les fonds au receveur des finances, duquel il retire un récépissé qui doit être soumis, dans les vingt-quatre heures, au visa du préfet ou du sous-préfet.

Le receveur des finances remet ensuite en échange de ce récépissé les livrets de la Caisse des retraites sur lesquels les versements effectués ont été inscrits et visés, et le déposant

---

(1) Déc. 18 août 1853, art. 6.
(2) Inst. min. com. et fin. 24 avril 1857, art. 57 et 66.
(3) Inst. min. com. et fin. 24 avril 1857, art. 58.

reçoit à son tour des mains de la caisse d'épargne le livret qui le concerne (1).

216. Les versements à la Caisse des retraites pour le compte des déposants constituent de véritables remboursements, puisque les fonds sortent de la caisse d'épargne à leur profit ; le montant en est donc porté tant au compte courant que sur le livret du déposant, comme le serait un remboursement ordinaire, et il est procédé pour ces opérations suivant les règles admises en matière de remboursements (2).

§ 7. — Transferts.

217. Tout déposant peut faire transférer ses fonds d'une caisse à une autre. Tel est le principe posé par l'article 8 de la loi du 5 juin 1835, qui donne à tout déposant le moyen de se faire suivre de son pécule partout où il va, sans être obligé de demander le remboursement de ses fonds. Seulement toutes les règles exposées plus haut en matière de remboursements, relativement à la capacité du déposant, sont, de tous points, applicables aux transferts. Les formalités de ce transfert ont été réglées d'abord par le ministre des finances, dans une circulaire du 14 décembre 1835 ; elles le sont maintenant par l'instruction ministérielle du 4 juin 1857.

218. Les demandes de transfert sont adressées par le déposant à la caisse d'épargne, où son compte est ouvert. Elles ne doivent être admises que pour la totalité des fonds (3).

219. Si le déposant est titulaire d'inscriptions de rentes conservées à la caisse d'épargne, il a le droit de les faire comprendre dans son transfert, et, dans ce cas, sa demande doit expressément en requérir le transfert. Le déposant est tenu de remettre son livret à l'appui de la demande, qui est faite en double exemplaire ; il lui est délivré en échange un

---

(1) Inst. min. com. et fin. 24 avril 1857, art. 59, 60, 61, 62, 63 et 64.
(2) Inst. min. com. et fin. 24 avril 1857, art. 65.
(3) Inst. min. com. et fin. 24 avril 1857, art. 67.

bulletin de virement signé du caissier et de l'administrateur de service et qui devient son titre de propriété (1).

220. Le caissier, après avoir reconnu l'existence de la caisse désignée par le déposant, règle le compte en capital et intérêts comme pour un remboursement intégral ; il en porte le solde avec mention du nombre, de la nature et du montant des inscriptions sur un bordereau remis au receveur des finances, en double expédition ; il y joint une quittance distincte et séparée pour chaque transfert, et des avis de virement ou lettres d'avis individuelles en aussi grand nombre qu'il y a de comptes transférés. Chacun des avis de virement indique les nom, prénoms, âge, profession et domicile du titulaire du compte, le montant de la somme transférée et la date de valeur du transfert ainsi que le montant en rentes des inscriptions, s'il y a lieu. Il est revêtu de la signature du déposant, et, dans le cas contraire, on y annexe la demande faite par le déposant ét signée de lui (2).

221. Il doit être dressé autant de bordereaux qu'il y a de caisses sur lesquelles il a été demandé de transferts (3).

222. Le receveur particulier, si c'est à lui que sont adressées les pièces relatives au transfert, délivre à la caisse d'épargne un certificat provisoire. Le trésorier général, sur la remise qui lui est faite de ces pièces, soit directement, soit par l'entremise du receveur particulier, remet à la caisse d'épargne ou lui fait remettre par le receveur particulier une déclaration constatant la demande qu'il a reçue et la suite qu'il lui a donnée (4).

223. Mais la caisse d'épargne qui se dessaisit n'est libérée définitivement que par la remise, que lui fait le trésorier général, d'un récépissé du caissier de la Caisse des dépôts et consignations.

---

(1) Inst. min. com. et fin. 24 avril 1857, art. 67.
(2) Inst. min. com. et fin. 24 avril 1857, art. 68.
(3) Inst. min. com. et fin. 24 avril 1857, art. 68.
(4) Inst. min. com. et fin. 24 avril 1857, art. 72.

224. Le trésorier général, après avoir reçu les pièces relatives au transfert, conserve entre ses mains la quittance de remboursement délivrée par la caisse d'épargne, et l'une des expéditions du bordereau ; il adresse l'autre à la Caisse des dépôts et consignations pour être transmise à son collègue, avec l'avis de virement, et les inscriptions de rentes, s'il y en a. A la réception des pièces qui lui sont envoyées par la Caisse des dépôts et consignations, le trésorier général du département où le transfert a lieu délivre ou fait délivrer, par le receveur particulier compétent, à la caisse d'épargne désignée, les inscriptions de rentes, s'il y en a, et un récépissé du placement ; puis il crédite immédiatement de son montant le compte de la Caisse des dépôts et celui de la caisse d'épargne. Il remet en même temps ou fait remettre à la caisse d'épargne le bordereau et l'avis de virement pour la mettre en mesure d'ouvrir un compte au déposant (1).

225. A la réception de ces pièces, la caisse d'épargne sur laquelle le transfert est effectué ouvre un compte au déposant et prépare son livret. Elle inscrit dans la colonne des versements de son compte courant le montant de la somme transférée, valeur à la date indiquée par l'avis de virement ou lettre d'avis individuelle, date qui doit être donnée de manière à ce qu'il n'y ait jamais d'interruption dans le service des intérêts pendant la durée des opérations ; puis les intérêts sont calculés sur cette somme à partir de cette date de valeur jusqu'au 31 décembre.

La caisse prend en charge les inscriptions de rentes, s'il y en a, et mentionne en tête du livret le nombre, la nature et le montant en rentes des inscriptions (2).

226. Lorsque le déposant se présente, il remet le bulletin de virement qu'il a reçu de la précédente caisse d'épargne ; il déclare ses nom, prénoms, âge et profession, son ancienne et sa nouvelle demeure, et il appose sa signature sur le registre matricule. Le caissier compare ses déclarations et sa

---

(1) Inst. min. com. et fin. 24 avril 1857, art. 72.
(2) Inst. min. com. et fin. 24 avril 1857. art. 73.

signature avec les renseignements et la signature portés sur l'avis de virement, ou lettre d'avis individuelle que la caisse a reçue directement. S'il y a conformité, le caissier délivre le livret; s'il y a doute, le déposant est tenu de fournir les justifications qui peuvent être reconnues nécessaires pour établir son droit de propriété (1).

227. Les règles qui précèdent sont applicables aux transferts opérés entre caisses d'épargne de départements différents, avec cette seule exception que s'ils concernent la Caisse d'épargne de Paris il n'y a pas lieu à l'intervention des receveurs des finances, pour recevoir les transferts et les adresser à la Caisse des dépôts et consignations, ou les recevoir de cette administration et les transmettre à l'établissement.

Les opérations se font directement entre la Caisse d'épargne de Paris et la Caisse des dépôts et consignations.

228. Mais les transferts entre caisses d'épargne du même département, par des motifs que l'on ne s'explique pas, sont assimilés aux remboursements et aux versements ordinaires; et s'ils s'effectuent au moyen du versement matériel des fonds ou au moyen de virement, le déposant ne bénéficie pas de la disposition qui, pour les autres transferts, lui fait continuer l'allocation des intérêts pendant la durée des opérations (2).

SECTION II.

RAPPORTS AVEC LES TIERS.

229. Les rapports que les caisses d'épargne ont avec des tiers à l'occasion de leurs opérations se produisent dans les cas suivants : saisies-arrêts ou oppositions opérées entre leurs mains, oppositions faites, d'après la loi du 9 avril 1881, par le mari ou le représentant légal du mineur, cessions ou transports de livrets, décès du déposant, et enfin communication des renseignements concernant les déposants.

---

(1) Inst. min. com. et fin. 24 avril 1857, art. 71.
(2) Inst. min. com. et fin. 24 avril 1857, art. 75.

§ 1ᵉʳ. — Saisies-arrêts.

230. Les sommes versées aux caisses d'épargne peuvent incontestablement faire l'objet d'une saisie-arrêt.

La loi du 5 juin 1835 l'a implicitement reconnu en disposant que les articles 561 et 569 du Code de procédure et le décret impérial du 18 août 1807 seront applicables aux fonds déposés dans les caisses d'épargne. La commission avait d'abord proposé de supprimer la partie de l'article qui renvoie au décret de 1807, dont la légalité fut même contestée. Mais plusieurs orateurs firent remarquer que l'on ne pouvait, à l'occasion d'une loi spéciale, mettre en question cette légalité sans bouleverser tout le système suivi par le Trésor, et le renvoi au décret de 1807 a été maintenu sur les observations de M. le comte d'Argout qu'il était nécessaire d'exiger toutes les mentions que le décret indique, à cause du grand nombre d'homonymes qui se trouvent parmi les déposants.

231. D'après ces prescriptions, d'une part, l'exploit, indépendamment des formalités communes à tous les actes de cette nature, doit exprimer clairement les noms et qualités de la partie saisie; contenir désignation de l'objet saisi; énoncer la somme pour laquelle la saisie-arrêt est pratiquée; il est signifié à la personne préposée pour le recevoir et visé par elle sur l'original, ou, en cas de refus, par le procureur de la République; il doit y être joint une copie ou extrait en forme du titre du saisissant, le tout à peine de nullité de la saisie-arrêt, qui n'a effet, du reste, que jusqu'à concurrence de la somme portée en l'exploit; d'autre part, les administrations des caisses d'épargne entre les mains desquelles une saisie-arrêt a été opérée ne sont point assignées en déclaration, mais ont à délivrer un certificat constatant s'il est dû à la partie saisie, combien il lui est dû et si la somme est liquide; ce certificat mentionne, en outre, les saisies-arrêts antérieures, les noms et élections de domicile des saisissants et les causes de saisies-arrêts; au besoin un extrait desdites saisies-arrêts est délivré si la demande en est faite. Enfin les caisses d'épargne entre les mains desquelles une saisie-arrêt est opérée

ne peuvent vider leurs mains sans le consentement des parties intéressées, ou sans y être autorisées par justice.

232. La loi du 9 avril 1881, article 6, autorise les mineurs et les femmes mariées, dépositaires à la caisse d'épargne, à retirer sans l'intervention de leurs tuteurs et maris les sommes inscrites en son nom, sauf opposition desdits tuteurs et maris, mais cette loi n'a déterminé ni la forme ni les effets de cette opposition; la circulaire ministérielle du 28 décembre 1881 est également muette. Cependant il est permis de penser que, par les termes employés, la loi a entendu que l'opposition du mari ou du représentant légal du mineur au payement direct, entre les mains de la femme mariée et du mineur placés sous le régime spécial qu'elle a établi à l'égard de ces incapables, fût effectuée par acte extrajudiciaire, comme toute autre opposition. Ce point paraît hors de doute. Il est également incontestable que cette opposition rend indisponibles, pour la femme et le mineur, les sommes qu'ils ont versées aux caisses d'épargne. Mais cette opposition a-t-elle pour effet de faire simplement tomber la situation privilégiée attribuée par la loi de 1881 à la femme mariée et au mineur, en les replaçant purement et simplement sous le droit commun, ou bien les caisses d'épargne sont-elles tenues d'observer, à l'égard de ces oppositions, les règles qui viennent d'être exposées relativement aux saisies-arrêts, et ne doivent-elles vider leurs mains à la suite de ces oppositions que du consentement mutuel des parties ou en vertu de l'autorité de justice?

Cette dernière solution a été indiquée par le *Journal des Caisses d'épargne* comme celle qui devrait être adoptée de préférence par ces établissements. Il ne nous paraît pas douteux non plus que la question doive être résolue en ce sens.

La loi du 9 avril 1881 constitue en faveur des mineurs et des femmes mariées une disposition exorbitante du droit commun tel que l'a établi le Code civil; la réserve faite par l'article 6 a pour effet, en cas d'opposition, de rétablir les prescriptions du droit commun; or, ces prescriptions sont pour les caisses d'épargne celles qui résultent, d'après la loi de 1835, du Code de procédure civile et du décret de 1807.

En présence de ces oppositions, une caisse d'épargne ne

saurait également opérer un achat de rente à la demande .e
la femme mariée ou du mineur, ni effectuer le transfert, sur
une autre caisse, des fonds appartenant à ces déposants.

§ 2. — Cessions ou transports de livrets.

233. Le montant d'un livret peut-il faire l'objet d'une ces--
sion ? A ne consulter que les principes généraux du droit,
l'affirmative ne paraît pas douteuse. Le dépôt fait à une caisse
d'épargne est-il autre chose qu'une créance que le déposant
a sur la caisse d'épargne, un de ces droits incorporels, par
conséquent, que le Code civil, par les articles 1689 et suivants,
déclare pouvoir faire l'objet d'une cession ou d'un transport.
Cependant la cour de Montpellier, dans un arrêt du 22 avril
1842, a refusé d'admettre la cessibilité des livrets de caisses
d'épargne, en considérant qu'il s'agissait là d'une matière
spéciale réglée par des lois et des principes particuliers.
D'après cet arrêt, les termes et l'esprit de la loi organique du
5 juin 1835 et des statuts des caisses, aux termes desquels
les livrets sont nominatifs, s'opposent à un transport qui ne
pourrait se concilier ni avec les dispositions limitant le chiffre
des versements et le maximun du crédit qu'il serait facile
d'éluder par ce moyen, ni avec l'article 8 autorisant les transferts de fonds d'une caisse à une autre, moyennant des formalités à régler par le ministre des finances, mais n'ayant pas
prévu les transferts d'individu à individu en traçant, comme
cela a été fait pour les rentes, un mode spécial de mutation.
De plus, la possibilité d'obtenir la délivrance d'un duplicata
du livret rendrait illusoires, entre le cédant et le cessionnaire, les effets de la délivrance du titre, et permettrait à un
déposant de céder à plusieurs personnes la même créance.
Enfin, la cession par les déposants de leurs droits à des tiers,
cession qui serait presque toujours entachée d'usure et faite
à d'avides spéculateurs à des prix extrêmement vils, altére-
rait le but de l'institution, dont l'objet est d'améliorer le sort
des classes ouvrières et de leur inspirer des principes d'ordre
et d'économie, et surtout leur procurer les moyens d'accroître
graduellement le montant de leurs épargnes.

234. Les motifs invoqués par la cour de Montpellier pour s'opposer à la cessibilité des livrets de caisses d'épargne sont facilement réfutables. De ce que le livret du déposant, formant son titre, est nominatif, il ne résulte pas que la créance représentée par ce titre soit incessible. La limitation du montant des versements et du maximum du crédit atteindrait aussi bien le cessionnaire que le cédant, du moment où toutes les opérations sont consignées, non seulement sur le livret, mais encore sur les registres de la caisse. Quant à l'argument tiré de l'opposition du transfert des fonds de caisse à caisse par rapport au transfert d'individu à individu, il ne repose que sur une inexplicable confusion des deux natures d'opérations qui sont absolument dissemblables : l'une a pour but de faire passer les fonds d'une caisse à une autre, au moyen d'un virement dans les écritures de la Caisse des dépôts et consignations qui centralise les comptes de toutes les caisses d'épargne, de manière à éviter au déposant un remboursement effectif; l'autre, au contraire, dépouille le déposant de ses droits vis-à-vis de la caisse d'épargne pour les transporter à un tiers. Il est également à remarquer que la cession étant évidemment soumise aux formalités prescrites, pour les actes de cette nature, par l'article 1690 du Code civil et devant par suite être signifiée à la caisse d'épargne, la crainte de voir le déposant faire de ses droits l'objet de cessions successives, au moyen de la délivrance de plusieurs duplicatas du livret, est purement chimérique.

A côté de cet arrêt de la cour de Montpellier, qui paraît être seul de cette espèce, plusieurs auteurs et notamment M. Dalloz (1) ont admis la cession comme valable, et considèrent que les sommes déposées dans les caisses d'épargne ne sauraient être regardées comme incessibles; enfin l'instruction ministérielle du 4 juin 1857, article 35, a implicitement reconnu à un déposant le droit de céder son livret, en réglant, ainsi qu'il a été dit ci-dessus, comment, dans ce cas, le remboursement serait fait au cessionnaire, et de plus, en permettant à un donateur de stipuler une clause d'incessibi-

---

(1) Dalloz, *Rép.*, *Établissements d'épargne et de prévoyance*, n° 140.

lité, ce qui n'eût pas eu de raison d'être si l'on avait admis, d'après la doctrine de la cour de Montpellier, l'incessibilité de tous les livrets de caisses d'épargne.

§ 3. — Décès des déposants.

235. Les décès des déposants mettent les caisses d'épargne en relations avec leurs héritiers ou ayants droit. Les règles concernant les remboursements en cas de décès ont été exposées ; mais, au lieu d'un remboursement, les héritiers ou ayants cause d'un déposant décédé peuvent, suivant les justifications et indications contenues au certificat de propriété produit, se faire délivrer au nom de toutes les parties prenantes un livret collectif comprenant le montant total des sommes dues à leur auteur, ou bien obtenir le partage du compte par l'ouverture d'un nouveau livret à chacune des parties prenantes. Il est procédé de la même manière s'il s'agit d'un transfert de fonds appartenant à un déposant décédé.

236. Quant aux inscriptions de rentes, elles sont remises aux héritiers dès que ceux-ci ont fait connaître leurs qualités et ont réglé le compte en numéraire que leur auteur avait à la caisse d'épargne.

§ 4. — Communication à des tiers de renseignements concernant les déposants.

237. Les caisses d'épargne doivent-elles garder le secret des dépôts faits entre leurs mains ? Ce point ne fait l'objet d'aucune disposition spéciale des règlements ; il est donc complètement laissé à l'appréciation des administrations de ces établissements. Cependant on doit reconnaître qu'elles sont tenues à la discrétion sur l'existence et la quotité des dépôts individuels, par le motif que toute divulgation à ce sujet peut blesser les intérêts ou les susceptibilités des déposants. Le secret des actes de chacun lui appartient, et nul n'a le droit d'en disposer sans l'assentiment de l'intéressé. Cependant il existe des cas où la communication de renseignements doit être donnée. Ainsi les héritiers

oules mandataires des titulaires des livrets peuvent en obtenir sur le compte de leur auteur ou de leur mandant. Il en
est encore de même pour les parents ou tuteurs des enfants
mineurs. Des renseignements de cette nature ne sauraient
être évidemment refusés à la justice ou à la police sur sa
demande motivée. Mais il est plus douteux que les créanciers
soient fondés à en obtenir sur le compte de leurs débiteurs, et,
le mari sur le compte de sa femme, lorsqu'elle s'est placée
sous le régime spécial de la loi du 9 avril 1881. Il semble, en
effet, que la meilleure règle de conduite à suivre pour les
caisses d'épargne, en semblable circonstance, est de refuser
cette communication chaque fois qu'on peut craindre qu'elle
ne soit de nature à porter atteinte aux intérêts ou aux con-
venances de leurs clients.

238. Il résulte d'une décision du ministère des finances du
24 mars 1855 que les préposés de l'enregistrement n'ont pas
le droit de demander communication des pièces et documents
qui se trouvent dans les caisses d'épargne, attendu que ce
sont des institutions privées. Par conséquent, on ne saurait
admettre l'administration de l'enregistrement à faire des per-
quisitions dans les bureaux des caisses d'épargne, pour s'assurer de l'existence d'un livret au point de vue des droits à
payer dans une succession.

SECTION III.

**RAPPORTS DES CAISSES D'ÉPARGNE AVEC LA CAISSE DES DÉPÔTS ET
CONSIGNATIONS ET DE CETTE ADMINISTRATION AVEC LE TRÉSOR PU-
BLIC.**

239. Les caisses d'épargne n'ont de rapports qu'avec la
Caisse des dépôts et consignations, chargée de recevoir et
d'administrer les fonds qui lui sont déposés par ces établissements et de leur bonifier un intérêt fixé à 4 0/0 depuis 1853 (1).
Mais la Caisse des dépôts et consignations a des relations

---

(1) L. du 7 mai 1853, art. 1er.

avec le Trésor public pour l'administration des fonds des caisses d'épargne qui lui sont confiés. Les rapports des caisses d'épargne avec la Caisse des dépôts et consignations concernent les placements et retraits de fonds, les décomptes et allocations d'intérêts, les achats de rentes, versements à la Caisse des retraites pour la vieillesse et transferts, la consignation dans certains cas des inscriptions de rentes appartenant aux déposants, et enfin les cautionnements des caissiers et sous-caissiers.

La manière dont cette intervention se produit a été décrite plus haut, en ce qui touche les achats de rentes, versements à la Caisse des retraites pour la vieillesse et transferts. Il ne reste plus à donner d'explications que sur les autres points qui viennent d'être signalés.

§ 1er. — Placements et retraits de fonds.

240. Le décret du 15 avril 1852 (art. 10) fait une obligation aux caisses d'épargne de verser immédiatement à la Caisse des dépôts et consignations ou à ses préposés dans les départements les fonds qu'elles ont reçus des déposants, en ne conservant en caisse que la somme jugée indispensable pour assurer le service jusqu'au plus prochain jour de recette. Les fonds provenant des succursales sont compris dans les versements, ou forment, s'il y a lieu, l'objet de versements spéciaux. A la fin de chaque jour de recette, un état de situation est remis par la caisse d'épargne au receveur des finances, qui le joint aux pièces justificatives de recettes à produire à la Caisse des dépôts et consignations. Un récépissé est délivré à la caisse d'épargne pour chaque versement (1).

241. Les versements sont portés au crédit de chaque caisse d'épargne, valeur au 1er ou au 16 de chaque mois après le jour du versement (2).

---

(1) D. 15 avril 1852, art. 10 et 11; Inst. min. 4 juin 1857, art. 104 et suiv.
(2) Déc. du 9 avril 1881, art. 3.

242. Les retraits de fonds opérés à la Caisse des dépôts et consignations s'effectuent en vertu d'un avis préalable donné au moins cinq jours à l'avance au receveur des finances, et signé de deux administrateurs, dont un seul peut être administrateur adjoint (1).

243. Le payement est effectué entre les mains du caissier qui donne la quittance, laquelle est ensuite annexée à l'avis, et les deux pièces sont produites par le receveur des finances comme justification du retrait fait par la caisse d'épargne (2).

244. Le compte de la caisse est débité, valeur à la date du payement indiquée par la quittance.

§ 2. — Décompte et allocation des intérêts.

245. L'article 4 de l'ordonnance du 3 juin 1829 porte que l'intérêt des fonds versés par les caisses d'épargne court à dater du dernier jour de la dizaine pendant laquelle les versements ont été effectués, soit les 10, 20 et 30 de chaque mois, et l'intérêt des sommes remboursées du jour où le payement en est fait.

Les comptes courants et d'intérêts établis avec les caisses d'épargne sont tenus, dans les départements, par les trésoriers généraux et les receveurs particuliers, et, à Paris, par la Caisse des dépôts et consignations. Ils sont réglés et arrêtés chaque année, contradictoirement avec les administrations des caisses d'épargne, puis vérifiés par la Caisse des dépôts et consignations, qui autorise l'allocation des intérêts, dont le montant est porté au crédit de ces établissements, valeur au 31 octobre précédent (3).

§ 3. — Consignation de fonds et valeurs appartenant à des déposants.

246. Dans le cas de décès des titulaires de livrets ou par

---

(1) Déc. 15 avril 1852, art. 12.
(2) Déc. 15 avril 1852, art. 12; Inst. min. 4 juin 1857, art. 107.
(3) Inst. min. 4 juin 1857, art. 109 et 110.

tout autre motif, les caisses d'épargne peuvent remettre à la Caisse des dépôts et consignations soit le montant en capital et intérêts des sommes qui existent au compte des déposants, soit les inscriptions de rentes leur appartenant. Ces sommes et valeurs sont reçues à titre de consignations. Une déclaration constatant le dépôt est souscrite par le directeur ou l'agent de la caisse d'épargne sur le registre tenu à cet effet en conformité de l'instruction générale sur les consignations, et un compte est ouvert sur le registre indiqué par la même instruction (1).

247. Ce dépôt est obligatoire lorsqu'il s'est écoulé trente ans à partir de la dernière opération faite par un déposant ou à sa demande. Dans ce cas, les fonds qui constituent son avoir à la caisse d'épargne sont convertis en rentes sur l'Etat, et toutes les inscriptions de rentes qui lui appartiennent sont transmises pour son compte à la Caisse des dépôts et consignations. Le délai de trente ans ne court pour les versements conditionnels à échéance déterminée qu'à dater de cette échéance (2).

248. La période trentenaire est d'ailleurs, pour tous les comptes, supputée du premier jour de l'année qui suit celle dans laquelle elle a commencé : les fractions d'années ne comptent pas (3).

249. Après la clôture de chaque année, il est dressé, par l'administration des caisses d'épargne, un relevé des comptes abandonnés par leurs titulaires depuis vingt-neuf ans accomplis; ce relevé est publié dans les journaux d'annonces aux frais de la caisse et par les soins des directeurs des caisses d'épargne; il est également publié par les soins du ministre du commerce au *Journal officiel* (4).

---

(1) Inst. min. fin. et com. 4 juin 1857, art. 111 et 113.
(2) L. 7 mai 1853, art. 4; Inst. min. 4 juin 1857, art. 117 et 118.
(3) Inst. min. 4 juin 1857, art. 118.
(4) L. 7 mai 1853, art. 4; Inst. min. 4 juin 1857, art. 119

§ 4. — Cautionnements des caissiers et sous-caissiers.

250. Les caissiers et sous-caissiers des caisses d'épargne et des succursales sont soumis à l'obligation de fournir un cautionnement dont le montant est fixé par le conseil des directeurs, si la caisse a été constituée antérieurement au décret du 15 avril 1852, et par le ministre du commerce, sur la proposition du conseil, si la création de la caisse est postérieure (1).

251. Le montant du cautionnement ne peut être inférieur à 2 0/0 de la recette d'une année moyenne. Afin d'établir cette recette, on prend celles des cinq dernières années en tenant compte tant des sommes versées par les déposants que des retraits de fonds opérés à la Caisse des dépôts. Toutefois, si le cautionnement déterminé d'après cette loi dépasse 20,000 francs, il peut être ramené à ce taux : à Paris, ce dernier est de 40,000 francs (2).

252. Les cautionnements des caissiers et sous-caissiers, une fois fixés par le conseil des directeurs de la caisse d'épargne ou par le ministre du commerce, sont versés en numéraire à la Caisse des dépôts et consignations, ou réalisés en rentes, après autorisation du préfet (3), et les rentes sont déposées à la même caisse. Deux circulaires du directeur général de la Caisse des dépôts et consignations, en date des 25 octobre 1852 et 15 mai 1857, ont déterminé les conditions dans lesquelles les cautionnements des caissiers sont versés et retirés.

253. Lorsqu'un cautionnement est fourni par des tiers, les bailleurs de fonds font constater leur droit de privilège de deuxième ordre dans la déclaration de versement où ils doivent intervenir et qu'ils doivent signer avec le caissier titulaire du cautionnement.

---

(1) Déc. 15 avril 1852, art. 22, 23 et 24.
(2) Déc. 15 avril 1852, art. 23.
(3) Déc. 1er août 1864.

254. Les cautionnements en numéraire produisent intérêt à 3 0/0, pourvu qu'ils soient restés trente jours à la Caisse des dépôts et consignations ; et les intérêts, arrêtés au 31 décembre, sont payés à partir du 1er janvier de l'année suivante.

Si le cautionnement est réalisé en rente, une déclaration constatant la remise de cette valeur est souscrite par le caissier, la rente affectée au cautionnement doit être départementale et inscrite dans le département où le dépôt est effectué et où se trouve située la caisse d'épargne.

L'inscription avec le double de l'acte d'affectation est transmise à la Caisse des dépôts et consignations, et une opposition au nom de cette administration est formée au transfert et aliénation de l'inscription et à la délivrance de tout nouvel extrait (1).

255. Le remboursement d'un cautionnement versé en numéraire est fait par le receveur des finances préposé de la Caisse des dépôts et consignations qui a reçu le versement, sur la quittance du titulaire ou du bailleur de fonds ou sur celle de leurs ayants cause et sur la production du récépissé de versement, d'un certificat de quitus, signé par le conseil des directeurs de la caisse d'épargne, et d'un certificat de non-opposition délivré par le greffier du tribunal de première instance de l'arrondissement dans lequel le titulaire exerçait ses fonctions, certificat qui doit être visé par le président du tribunal.

256. Pour les cautionnements en rente, il est fait par le titulaire une demande accompagnée de toutes les pièces qui précèdent, et si ces pièces sont reconnues régulières, il est donné mainlevée de l'opposition formée au nom de la Caisse des dépôts et consignations, qui renvoie ensuite l'inscription de rente, laquelle est remise au titulaire sur sa décharge.

257. Lorsqu'un débet est constaté à la charge d'un caissier ou d'un sous-caissier, soit pendant le cours, soit à l'expira-

---

(1) Inst. min. com. et fin. 4 juin 1857, art. 126.

tion de sa gestion, le débet est déclaré par une délibération du conseil des directeurs, qui fixe le délai dans lequel on doit rapporter les fonds; le conseil notifie, par acte extrajudiciaire, sa déclaration au comptable et à son bailleur de fonds, si le cautionnement a été fourni par un tiers. Si les fonds ne sont pas rapportés au terme indiqué, le conseil des directeurs prend une nouvelle délibération pour reconnaître définitivement le débet et en fixer le montant.

Cette délibération est signifiée par acte extrajudiciaire au comptable et, s'il y a lieu, au bailleur de fonds. Une demande tendant à obtenir la reprise des sommes à recouvrer sur le cautionnement du comptable en débet, accompagnée d'une copie de cette délibération, est remise au receveur des finances et transmise, par ses soins, à la Caisse des dépôts et consignations, qui crédite la caisse d'épargne du montant de ses reprises au moyen d'un virement de fonds. Dans le cas où le caissier ou sous-caissier a été autorisé à réaliser son cautionnement en rentes, la déclaration du débet emporte de plein droit révocation de cette autorisation. Le comptable ou son bailleur de fonds sont tenus de rétablir le cautionnement en numéraire dans un délai de huitaine, à dater de la signification de l'acte extrajudiciaire, quel que soit le délai accordé par la déclaration pour le remboursement du débet.

La caisse d'épargne transmet au receveur des finances, par une lettre d'avis, l'original de l'acte extrajudiciaire, pour qu'au terme fixé les inscriptions de rentes affectées au cautionnement soient, s'il y a lieu, vendues d'office (1).

§ 5. — Relations avec le Trésor public.

258. La Caisse des dépôts et consignations a la faculté de placer au Trésor public, à l'intérêt de 4 0/0 par an, soit en compte courant, soit en bons à échéance fixe, les fonds provenant des caisses d'épargne (2). Elle peut également les employer en achats de rentes sur l'État, seulement les achats

---

(1) Inst. min. com. et fin. 4 juin 1857, art. 126.
(2) L. 31 mars 1837, art. 3.

et les ventes de rentes doivent, au préalable, être autorisés par le ministre des finances et être effectués avec concurrence et publicité.

259. La Caisse des dépôts et consignations a été également autorisée à acheter, outre des valeurs d'Etat, des obligations de chemins de fer garanties par l'Etat. Enfin, une partie des fonds des caisses d'épargne a servi au remboursement de l'emprunt contracté pendant la guerre de 1870-1871, dit *emprunt Morgan*, et, en échange, il a été attribué à la Caisse des dépôts et consignations des bons rapportant 4 0/0.

260. Ainsi, d'un côté, la Caisse des dépôts et consignations immobilise dans des placements définitifs une partie des fonds qu'elle a reçus des caisses d'épargne, et, d'un autre côté, elle en conserve une autre partie disponible qu'elle verse en compte courant au Trésor, à un intérêt de 4 0/0, et dont elle se sert pour faire face aux besoins du service que nécessitent ses mouvements de fonds avec les caisses d'épargne. Aucune loi ni aucun règlement n'a fixé les limites de ce compte courant avec le Trésor. Un usage constant qui n'avait rien d'obligatoire en avait fixé le montant à 100 millions. Mais, dans ces dernières années, à la suite de l'affluence des fonds versés aux caisses d'épargne, ce compte courant de la Caisse des dépôts avec le Trésor dépassait 500 millions. Ce chiffre parut trop élevé; on jugea qu'il était opportun de le réduire, car le Trésor, ne pouvant faire valoir ces fonds et les employant aux dépenses courantes de l'Etat, au profit soit du budget ordinaire, soit du budget extraordinaire, était exposé à ce que la Caisse des dépôts demandât la restitution d'une partie considérable de son compte courant pour l'employer en achats de valeurs. Ce fut dans le but de remédier à cette situation que la loi du 30 décembre 1882, portant fixation du budget des dépenses sur ressources extraordinaires de l'exercice 1883, autorisa l'inscription au grand-livre de la dette publique de la somme de rentes amortissables nécessaire pour assurer la consolidation des capitaux de la dette flottante jusqu'à concurrence de 1,200 millions. Une partie de ces rentes était attribuée à la Caisse des dépôts et consignations à titre de remboursement d'une portion de son compte courant avec le

Trésor provenant des fonds des caisses d'épargne. Cette opération fut réalisée par un décret du 14 mars 1883. Elle souleva des critiques aussi violentes qu'elles étaient dénuées de fondement, mais qui, perfidement exploitées, provoquèrent de la part des déposants des demandes de remboursements plus fréquentes que par le passé. Cependant elle ne touchait pas les caisses d'épargne, qui n'ont pas à faire valoir les fonds qu'elles reçoivent, et elle concernait simplement la gestion par l'Etat des fonds des caisses d'épargne. A ce point de vue, on ne pouvait lui reprocher que l'absence de concurrence et de publicité, mesures imposées à la Caisse des dépôts et consignations lorsqu'elle veut employer en achats de rentes les fonds des caisses d'épargne.

261. Avec la différence produite par le taux de l'intérêt que rapportent à la Caisse des dépôts et consignations les divers placements des fonds des caisses d'épargne et celui de 4 0/0 qu'elle sert à ces établissements, cette administration s'est constitué un fonds de réserve qui s'élève actuellement à environ 34 millions, destiné à lui permettre de vendre sans perte à des cours inférieurs aux cours d'achat les rentes qu'elle possède et qui proviennent des fonds déposés dans le cas où le compte courant avec le Trésor étant épuisé, la nécessité de cette vente lui serait imposée par une affluence extraordinaire de remboursements à faire.

CHAPITRE III.

PRIVILÈGES ET CONTENTIEUX.

SECTION PREMIÈRE.

PRIVILÈGES.

262. Au nombre des immunités accordées aux caisses d'épargne figure en première ligne l'exemption du timbre pour les registres et livrets, prononcée par l'article 9 de la loi du 5 juin 1835. Cette immunité a été étendue par l'article 20 de la loi du 9 avril 1881, aux termes duquel les imprimés, écrits et actes de toute espèce nécessaires au service des caisses d'épargne sont exempts des formalités du timbre et de l'enregistrement. Il y a évidemment lieu de faire bénéficier de cette exemption les quittances et récépissés de toute sorte échangés entre la caisse d'épargne et ses déposants, aussi bien qu'entre la caisse d'épargne et la Caisse des dépôts et consignations. En effet, le décret du 23 août 1875 a déclaré que les quittances des sommes déposées aux caisses d'épargne ainsi que les quittances des sommes remboursées aux déposants seraient exemptes de timbre. Puis deux décisions du ministre des finances des 14 décembre 1875 et 16 janvier 1876 ont étendu cette exemption à tous les récépissés et reçus échangés entre les caisses d'épargne et la Caisse des dépôts et consignations.

263. Il y a lieu également de faire bénéficier de l'exemption du timbre les affiches que les administrations des caisses d'épargne font placarder pour publier le relevé de leurs

opérations, ainsi que les indications relatives à la situation, aux heures d'ouverture et de clôture des bureaux (1).

264. Depuis la loi du 9 avril 1881, la question s'est posée de savoir si les certificats de propriété produits par les héritiers pour obtenir le remboursement des sommes versées par leur auteur, les procurations notariées et les actes de l'état civil que les déposants avaient à produire aux caisses d'épargne devaient obtenir le bénéfice de l'article 20 de cette loi et être exemptés des formalités du timbre et de l'enregistrement.

L'administration de l'enregistrement a cherché à restreindre dans ses plus étroites limites la faveur accordée par le législateur, en décidant que « l'immunité qui en résulte doit être, « comme toutes les exceptions, appliquée limitativement, et « qu'elle ne doit s'appliquer qu'aux actes et écrits qui sont « strictement indispensables au service de la caisse d'épargne, « c'est-à-dire à son fonctionnement régulier ou à l'accom-« plissement de ses opérations et non aux actes rédigés uni-« quement dans l'intérêt des parties ». D'après les instructions données par la régie, les agents avaient à « déterminer, d'après le caractère de chaque pièce et d'après ses effets, si elle rentre dans la catégorie des documents nécessités par la gestion de la caisse, ou bien si elle a été rédigée pour répondre à la convenance et à l'intérêt des parties, et si elle reste, par conséquent, soumise au droit commun ».

Cette interprétation a soulevé de nombreuses critiques de la part non seulement des caisses d'épargne, mais encore de certains jurisconsultes. Elle ne peut, d'ailleurs, manquer d'occasionner des difficultés contentieuses, et il est probable que les tribunaux et la Cour de cassation seront appelés à les trancher définitivement. .

265. C'est également en vertu d'une autre immunité que la loi du 7 mai 1853, tout en considérant les caisses d'épargne comme des dépositaires ordinaires, les a autorisées à bénéficier pour partie des sommes afférentes aux comptes restés

---

(1) Sol. de l'Enreg. 30 mars 1882.

pendant trente ans sans mouvement ou comptes abandonnés. Les sommes insuffisantes pour être converties en rentes et les reliquats des placements en rentes demeurent acquis aux caisses d'épargne. Au point de vue où s'est placée la loi, il est impossible de voir là un effet de la prescription trentenaire, qui ne pourrait être admise en matière de dépôts. Mais dans l'impossibilité où s'est trouvé le législateur de faire de ces sommes, d'ailleurs peu importantes, un emploi au profit du déposant, il les a abandonnées à la caisse d'épargne qui, pendant trente ans, avait géré le compte et qui les recueille par une sorte de déchéance prononcée contre le titulaire.

266. Les instructions ministérielles, en vue d'éviter l'encombrement de leurs archives, ont permis aux caisses d'épargne de se décharger des livrets, quittances, registres, et autres pièces afférentes aux comptes soldés, par application des prescriptions de la loi du 7 mai 1853. Cette faculté a été élargie par le dernier alinéa de l'article 14 de la loi du 9 avril 1881, qui autorise ces établissements à se décharger indistinctement de toutes quittances, pièces et livrets ayant plus de trente ans de date.

267. La circulaire du 28 décembre 1881 prescrit la rédaction préalable d'un procès-verbal sommaire d'annulation. Les caisses étaient précédemment tenues de conserver tous ces documents à titre de justification de leurs opérations. En les en dispensant, la loi du 9 avril 1881 leur a donc encore accordé une immunité.

SECTION II.

CONTENTIEUX.

268. Les questions contentieuses que font naître les caisses d'épargne concernent soit les déposants, soit leurs agents, soit les directeurs ou administrateurs.

269. Les contestations des caisses avec leurs déposants portent principalement sur la question de propriété des fonds

déposés. En cas de remboursement irrégulièrement opéré, la caisse peut être actionnée par ceux qui se croiraient lésés dans leurs intérêts par le payement qu'elle aurait fait. L'appréciation de la responsabilité des caisses, par suite de faits imputables à leurs agents, est encore de nature à provoquer des débats entre ces établissements et leurs déposants.

270. Des actions peuvent être intentées par les caisses d'épargne vis-à-vis de leurs agents, pour poursuivre contre eux ou sur leurs biens immobiliers, ou contre leur succession, s'il y a lieu, la restitution des sommes par eux détournées. Les cautionnements déposés en rentes et la manière dont les reprises doivent être exercées sur ces cautionnements provoquent encore parfois des difficultés litigieuses entre les caisses et leurs agents.

271. Quant aux administrateurs, les questions de responsabilité à raison de la manière dont ils ont rempli leurs fonctions, lorsqu'il en est résulté un préjudice pour les déposants, ont jusqu'à présent été les seules à entraîner contre eux personnellement des poursuites judiciaires.

272. Mais de quelque nature que soient les contestations soulevées à l'occasion des caisses d'épargne, ces établissements sont absolument soumis au droit commun (1). Contrairement à ce qui a été avancé par divers auteurs, les caisses d'épargne n'ont pas besoin d'autorisation pour ester en justice. Ce point a été tranché par la Cour de cassation, qui, tout en proclamant une théorie générale dont les termes absolus nous paraissent difficilement acceptables, a cependant, à notre avis, en la matière spéciale qui nous occupe, fort justement déclaré que l'article 1032 du Code de procédure, en imposant aux établissements publics la nécessité d'une autorisation préalable pour ester en justice, n'avait fait que se référer aux lois administratives, et que la loi du 5 juin 1835 n'avait pas imposé cette condition spéciale (2).

---

(1) Cass. civ. 5 mars 1856. V. *Suprà*, n° 75.
(2) Cass. Req. 3 avril 1854. — La Cour, sur le premier moyen pris de la violation de l'article 1032 du Code de procédure civile.: —Attendu que

273. Par conséquent, ce sont les tribunaux ordinaires qui ont à prononcer sur tous les litiges qui s'élèvent à l'occasion des caisses d'épargne, aussi bien entre les caisses et leurs déposants qu'entre les caisses et leurs agents ou entre les déposants et les administrateurs personnellement, et l'exécution des jugements peut être poursuivie contre les caisses comme à l'égard des particuliers (1).

274. De même le conseil d'Etat au contentieux a été appelé à trancher le point de savoir si l'immeuble d'une caisse d'épargne devait être déchargé de la contribution foncière comme appartenant à un établissement de bienfaisance affecté à un service public et non productif de revenus, prétention qu'il a repoussée en se fondant sur ce que cet immeuble n'était pas une propriété publique, mais formait une propriété privée de la caisse, et que, dès lors, il ne pouvait être considéré comme affecté à un service public (2).

---

cet article n'impose pas aux établissements publics la nécessité d'une autorisation préalable pour agir ou défendre en justice ; qu'il ne fait que se référer aux lois administratives ; que c'est donc dans ces lois qu'il faut rechercher la nécessité de l'autorisation ; — Attendu que cette nécessité ne découle d'aucune règle générale, ne procède d'aucun principe absolu ; que loin d'être sanctionnée par le droit commun, la privation de la faculté d'ester en jugement est une exception exorbitante qui ne peut être suppléée ni admise par induction, et qu'elle doit être rejetée lorsqu'elle ne se trouve pas écrite dans une loi spéciale ; — Attendu que la loi du 5 juin 1835, constitutive des caisses d'épargne, ne renferme aucune disposition qui impose à ces établissements la nécessité de se pourvoir d'une autorisation pour ester en justice ; qu'il suit de ces principes que l'arrêt attaqué n'a point violé dans l'espèce l'article 1032 du Code de procédure civile. — Rejette...

(1) Cass. civ. 5 mars 1856. V. *Suprà*, n° 75.

(2) Cons. d'Et. cont. 21 mars 1860. — Vu l'article 105 de la loi du 3 frimaire an VII, le décret du 11 août 1808, les articles 403 et 404 du *Recueil des lois et règlements sur le cadastre*. — Considérant que d'après les dispositions ci-dessus visées l'exemption de la contribution foncière n'est applicable aux bâtiments affectés à un service public et qui ne sont pas productifs de revenus, qu'autant que ces bâtiments sont une propriété publique ; — Considérant que la maison dans laquelle est établie la caisse d'épargne de Montpellier est la propriété privée de cette caisse ; que dès lors, même en supposant que cette maison pût être considérée comme destinée à un service public, c'est avec raison que le conseil de préfecture de l'Hérault a décidé qu'elle serait maintenue a la contribution foncière. — Rejet.

275. Enfin, les cours d'assises, par application des principes admis en cette matière, sont incompétentes pour statuer sur les poursuites en diffamation intentées par les agents des caisses d'épargne à raison de leurs fonctions, qui ne leur confèrent pas le caractère de fonctionnaires publics, attendu que les caisses d'épargne, étant des établissements privés, ne peuvent donner à leurs agents un caractère qu'elles n'ont pas elles-mêmes (1). Le caractère d'agents communaux et de comptables de deniers communaux a été également refusé aux caissiers des caisses d'épargne par des décisions de la Cour des comptes (2), du conseil d'Etat, et il a été jugé par la Cour de cassation que les faux par eux commis étaient seulement des faux en écriture privée (3).

------

(1) Paris, 17 mars 1854 (Danguin), D. P. 54. 2. 107; Besançon, 6 décembre 1860 (Crolet). D. P. 61. 2. 13. Cass. crim. 10 février 1883. D. P. 82. 1437; Cass. crim. 7 décembre 1883 (Freydier). D. P. 84. 1. 312.

(2) Cour des comptes, 6 avril 1842. V. *Suprà*, n° 79.

(3) V. *Suprà*. Paris, 17 mars 1854, et Besançon, 6 décembre 1860. Cass. crim. 10 septembre 1880 (Jeanne). D. P. 81. 1. 48.

CHAPITRE IV.

276. Les caisses constituées sous forme de sociétés anonymes avaient dû, comme il a été dit plus haut, assigner un terme à leur durée. Lorsque l'époque indiquée fut arrivée, pour éviter une dissolution et ses conséquences et en attendant l'aplanissement des difficultés qui s'opposaient à la réorganisation, la durée de l'établissement fut successivement prorogée d'année en année par des décrets. Quant aux caisses placées sous le patronage des conseils municipaux, et fondées notamment depuis 1835, aucune durée n'a été fixée dans les statuts; elles ont été considérées comme des établissements fondés à perpétuelle demeure, de même que les municipalités dont elles étaient en quelque sorte l'émanation.

277. Cependant le peu de succès d'une caisse d'épargne ou toute autre cause pourrait amener la nécessité de dissoudre l'établissement. Il est donc utile que cette éventualité soit prévue par les statuts, et que ces statuts, en même temps, déterminent l'emploi auquel seront affectés les fonds restés libres après remboursement de tous les dépôts et payement de toutes les dettes. Ces fonds, s'ils ne servent pas à la reconstitution de l'établissement, doivent être employés à des œuvres de bienfaisance ou d'utilité publique. Seulement l'affectation à faire de ces fonds a été réservée, soit au conseil des directeurs ou à l'assemblée des fondateurs, soit au conseil municipal, suivant le mode de constitution de la caisse d'épargne.

278. Une caisse d'épargne, même constituée sous forme

de société anonyme, n'étant pas un établissement qui se livre à des actes de commerce, ne saurait être déclarée en faillite, mais il est certain qu'elle peut tomber en déconfiture. En pareil cas, la Cour de cassation a admis que le déposant auquel une caisse d'épargne refuse de rembourser ses fonds, parce que le caissier a omis de mentionner le versement pour couvrir un détournement de valeurs qu'il a commis au préjudice de la caisse, a le droit de venir au marc le franc et par voie de contribution avec tous les déposants, sur toutes les sommes versées par eux à la caisse d'épargne et qui se trouvent soit dans sa caisse particulière, soit à la Caisse des dépôts et consignations, attendu que toutes les sommes déposées à la caisse d'épargne sont le gage commun de tous les déposants (1).

279. Des décrets ont rapporté les actes d'autorisation de caisses d'épargne fondées par des conseils municipaux qui, après en avoir sollicité l'érection, avaient refusé de mettre ces établissements en activité ou avaient préféré organiser une succursale avec le concours d'une caisse voisine.

Cette mesure ne créait pas une dissolution pour la caisse, qui n'avait encore existé que nominalement, du moment où l'autorisation accordée n'avait été suivie d'aucun effet. Mais il est probable que si une caisse d'épargne venait à se dissoudre après avoir fonctionné, l'intervention du gouvernement devrait se produire pour prononcer le retrait de l'autorisation et la suppression de l'établissement dont la liquidation aurait été opérée, lorsqu'il serait devenu certain que toute tentative ayant pour but la reconstitution de la caisse demeurerait infructueuse. L'hypothèse d'une dissolution d'office par acte du gouvernement est d'ailleurs fort admissible, et nous ne voyons rien qui puisse paralyser le droit que celui-ci peut avoir vis-à-vis de tous les établissements d'utilité publique : il a d'ailleurs été approuvé en termes exprès par le conseil d'État (2).

---

(1) Cass. 18 mai 1854 (Grandguillot). D. P. 54. 2. 264.
(2) Cons. d'Ét. com. et trav. pub. 28 janvier 1879 (Avallon). — La section qui a pris connaissance d'un projet de décret approuvant les

nouveaux statuts de la caisse d'épargne d'Avallon (Yonne) a remarqué que dans les délibérations sur la rédaction des nouveaux statuts le conseil des directeurs et le conseil municipal se sont prononcés en sens différents. — La nécessité de remanier les statuts de la caisse est évidente..... En présence de ce texte, il y aurait lieu de craindre que la régularité d'un décret modifiant les statuts contrairement à l'avis du conseil des directeurs fût contestée. Mais il ne s'ensuit pas que le gouvernement soit désarmé si l'organisation ancienne ne peut plus fonctionner utilement. Il lui resterait la ressource de prononcer la révocation de l'autorisation donnée à la caisse, sauf à la reconstituer immédiatement sur de nouvelles bases; — Dans ces conditions, la section décide qu'il convient d'appeler le conseil des directeurs à délibérer de nouveau sur la modification des statuts, en lui faisant connaître que ses propositions ne peuvent être acceptées, et que s'il persistait dans son refus d'adopter les dispositions en usage pour les autres caisses d'épargne, avec les dispositions transitoires que le conseil municipal y a ajoutées pour satisfaire à toutes les réclamations admissibles, le gouvernement aurait à examiner si le retrait de l'autorisation donnée à la caisse d'épargne n'est pas devenu nécessaire.

TITRE III.

CAISSE D'ÉPARGNE POSTALE.

CHAPITRE PREMIER.

ORGANISATION, ADMINISTRATION, GESTION ET SURVEILLANCE.

280. On a vu plus haut, dans l'historique, quelles circonstances avaient paru motiver la création en France d'une caisse d'épargne postale sous la garantie de l'Etat, à l'exemple de ce qui avait été fait dans d'autres pays, notamment en Angleterre et en Italie. Instituée par la loi du 9 avril 1881, cette caisse a commencé ses opérations le 1ᵉʳ janvier 1882. Indépendamment de la loi du 9 avril 1881, elle est régie par un décret du 31 août suivant, portant règlement d'administration publique, et par des instructions du ministre des postes et télégraphes et du ministre des finances des 31 octobre 1881 et 25 avril 1884.

281. La Caisse d'épargne postale a son siège au ministère des postes et des télégraphes, et chaque bureau de poste peut être appelé à participer, en qualité de correspondant, à l'encaissement des sommes versées par les déposants et au remboursement en capital et intérêts des sommes déposées. Dès le 1ᵉʳ janvier 1882, toutes les recettes de poste de la France continentale ont été ouvertes au nouveau service par un décret du 3 décembre 1881 ; un décret ultérieur du 23 février 1882 a étendu ce service à la Corse à partir du 1ᵉʳ mars suivant ; et tous les bureaux de poste de plein exercice d'Algérie et de Tunisie ont été ouverts au même service à partir du 1ᵉʳ avril 1884, en vertu d'un décret du 22 décembre 1883. Enfin, un arrangement international intervenu, le 31 mai 1882, avec la Belgique, où existe une Caisse générale d'épargne et de retraite, qui a pour succursales tous les bureaux de poste du royaume, permet aux déposants de faire transférer sans frais leurs livrets d'une caisse à l'autre, et d'obtenir le remboursement dans l'un des deux pays des sommes versées à la caisse d'épargne du pays voisin. Des négociations pour obtenir de semblables arrangements se poursuivent dans les autres pays qui possèdent une caisse d'épargne postale.

Enfin un décret récent du 29 octobre 1885 a autorisé l'ouverture de bureaux de la caisse d'épargne postale dans les villes situées à l'étranger où fonctionne un bureau de poste français, bureau géré par le receveur des postes sous la surveillance du consul ou du vice-consul de France.

282. A la différence des caisses d'épargne ordinaires, qui ne constituent, ainsi qu'on l'a vu, que des établissements d'utilité publique, la caisse d'épargne postale est un véritable établissement public. Institution de l'Etat, régie par des fonctionnaires de l'Etat, une vie civile indépendante lui a été expressément donnée par les articles 15 et 16 de la loi du 9 avril 1881 (1).

283. L'administration de la Caisse d'épargne postale française comprend, d'une part, un service de centralisation de toutes les opérations effectuées par les receveurs des postes et qui est confié à un agent comptable, dit *agent comptable de la caisse d'épargne postale*, et, d'autre part, un service administratif institué au ministère des postes sous le titre de : *Direction de la caisse d'épargne postale*, et chargé de la direction et de la surveillance des opérations (2).

284. L'agent comptable de la caisse d'épargne postale est

---

(1) Les articles précités contiennent encore un exemple de cette confusion si souvent faite par le législateur entre les établissements publics et d'utilité publique. L'article 15, en effet, l'assimile pour la réception des dons et legs aux établissements d'utilité publique.

(2) Déc. 31 août 1881, art. 2.

nommé par décret, sur la proposition du ministre des postes et télégraphes, et après avis du ministre des finances. En sa qualité d'agent de deniers publics, il est *commissionné* par le ministre des finances ; il prête serment devant la Cour des comptes et il en est justiciable (1). A cet effet, il forme le compte général, à soumettre au jugement de la Cour, des opérations effectuées tant par lui directement que pour son compte par les receveurs des postes (2). Il est assujetti à un cautionnement de 20,000 francs en numéraire, fixé (3) pour toute la durée de ses fonctions, quelles que soient les augmentations et diminutions qui puissent survenir dans la caisse d'épargne postale ; mais le chiffre de ce cautionnement est révisé à chaque nomination d'un nouvel agent comptable (4).

285. Ses émoluments se composent d'un traitement fixe et d'une indemnité de responsabilité de 1,000 francs (5).

286. L'agent comptable est tenu d'exercer personnellement ses fonctions, sauf la faculté qui lui est accordée, à titre exceptionnel, de se faire remplacer, en cas de maladie, de congé ou d'absence dûment justifiée, par un fondé de pouvoirs de son choix, agréé par le ministre des postes et télégraphes. Il est placé sous l'autorité et la surveillance du directeur de la caisse postale et relève du directeur général de la comptabilité publique au ministère des finances, en ce qui concerne le mode et la tenue de ses écritures, la forme de ses comptes et les justifications à l'appui (6).

287. En cas de démission, de décès ou de révocation de l'agent comptable, le ministre des postes et des télégraphes, après avis du ministre des finances, nomme un gérant intérimaire dont la gestion est tout à fait distincte de celle de l'ancien et du nouveau titulaire (7).

---

(1) Déc. 31 août 1881, art. 2 et 3.
(2) Déc. 31 août 1881, art. 2, 4 et 7.
(3) Déc. 19 avril 1883.
(4) Déc. 31 août 1881, art. 2 et 5.
(5) Arr. min. 15 décembre 1882.
(6) Déc. 31 août 1881, art. 2, 3, 4 et 38.
(7) Déc. 31 août 1881, art. 3.

288. A l'expiration de ses fonctions, l'agent comptable obtient du caissier central du Trésor le remboursement de son cautionnement, sur la production d'une expédition de l'arrêt de quitus de la Cour des comptes, du certificat de libération définitive délivré par le directeur général de la comptabilité publique et d'un certificat de non-opposition délivré par le greffier du tribunal de première instance de la Seine. Si, au moment de la cessation de son service, la situation de l'agent comptable ne fait ressortir aucun débet, il peut, aussitôt après la vérification de son dernier compte de gestion au ministère des finances, obtenir le remboursement des deux premiers tiers de son cautionnement; le dernier tiers peut lui être également remboursé, s'il fournit un cautionnement équivalent en rentes sur l'Etat (1).

289. L'agent comptable est chargé de la tenue de la comptabilité, qui, outre le journal et le grand-livre réglementaires, comprend notamment un registre matricule destiné à recevoir tous les renseignements que la caisse doit conserver sur chaque déposant; un livre des comptes courants ouverts à chacun des déposants, un livre récapitulatif des opérations journalières des bureaux de poste ouverts au service de la caisse d'épargne postale, un registre d'entrée et de sortie des inscriptions de rentes achetées par là caisse d'épargne postale, soit d'office, soit sur la demande des déposants; un livre du compte courant de la caisse d'épargne postale avec la Caisse des dépôts et consignations (2).

290. A l'aide des avis journaliers constatant les dépôts et les retraits de fonds qui sont fournis par les receveurs des postes, l'agent comptable établit une balance journalière présentant, d'une part, *le nombre* et le montant des dépôts reçus, et, d'autre part, *le nombre* et le montant des remboursements effectués.

---

(1) Application des règlements ordinaires auxquels sont soumis les comptables publics.
(2) Déc. 31 août 1881, art. 7.

Les écritures de l'agent comptable résument ainsi l'ensemble des opérations de la caisse d'épargne postale (1).

291. La direcfion de la Caisse d'épargne postale reçoit les avis journaliers des dépôts et des retraits de fonds, et les remet à l'agent comptable; elle autorise les remboursements demandés par les déposants, et tient un double du livre des comptes courants individuels (2).

292. Le directeur vérifie, à des époques indéterminées, au moins une fois par mois, le portefeuille de l'agent comptable, et il en dresse procès-verbal (3). Ampliation de son procès-verbal de vérification au 31 décembre est produite à la Cour des comptes avec le compte de gestion dc l'agent comptable (4). Il vérifie tous les livres et carnets tenus par l'agent comptable, et il constate cette vérification par l'apposition de son visa sur les livres et carnets (5). Il vise également la ba-lance journalière, et lorsque, d'après cette balance, le montant des dépôts excède celui des remboursements, il donne l'ordre à l'agent comptable de verser cette différence à la Caisse des dépôts et consignations (6).

293. Le directeur de la Caisse d'épargne postale émet et signe par délégation du ministre, et dans la limite des arrêtés ministériels d'ouverture de crédits, des ordres de payements au nom des parties prenantes, délivrés pour l'acquittement des frais d'administration de l'établissement sur la caisse du receveur principal du département où le payement doit avoir lieu, et il dresse également les états servant au payement des appointements mensuels et qui sont rattachés aux ordres de payement, délivrés au nom de la personne désignée pour toucher les appointements. Les frais d'administration sont ré-

---

(1) Déc. 31 août 1881, art. 6.
(2) Déc. 31 août 1881, art. 6 et 8.
(3) Déc. 31 août 1881, art. 4.
(4) Déc. 31 août 1881, art. 4.
(5) Déc. 31 août 1881, art. 8.
(6) Déc. 31 août 1881, art. 6, 8 et 31.

glés en fin d'année par le ministre des postes et des télégraphes (1).

294. Au-dessous de cette administration centrale, le receveur principal centralise pour son département, dans ses écritures, les opérations de recettes et de payements qui sont matériellement effectuées par les receveurs des postes pour le compte de l'agent comptable de la caisse postale, et règle seul, avec ce dernier, les opérations réalisées dans les bureaux de poste de son département (2).

295. A côté du service d'exécution par des comptables responsables, fonctionne parallèlement et contradictoirement un service de contrôle administratif confié aux directeurs des postes pour leurs départements respectifs, et au directeur de la Caisse d'épargne postale pour l'ensemble des départements (3).

296. Les frais d'administration, comprenant les frais de personnel et de matériel, sont prélevés sur les sommes qui proviennent tant de la différence entre l'intérêt de 3,25 0/0, que la Caisse d'épargne postale reçoit de la Caisse des dépôts et consignations et celui de 3 0/0 qu'elle sert à ses déposants, que de la différence entre le montant des arrérages des valeurs achetées par la Caisse des dépôts et consignations et le taux de 3,25 0/0 alloué par cette administration à la caisse d'épargne postale (4).

297. Si ces sommes dépassent le chiffre des frais d'administration, l'excédent de recettes formant le solde du compte des frais d'administration est attribué au compte de la dotation ; si, au contraire, les ressources destinées au payement de ces frais sont insuffisantes, l'excédent de dépense est cou-

---

(1) Déc. 31 août 1881, art. 9.
(2) Déc. 31 août 1881, tit. III; Inst. min. 25 avril 1884, art. 7.
(3) Déc. 31 août 1881, tit. III, art. 27 28, 29; Inst. min. 25 avril 1884, art. 8.
(4) Déc. 31 août 1881, art. 9.

vert par un crédit spécial ouvert au ministère des postes et
des télégraphes (1).

298. La Caisse d'épargne postale doit posséder une dotation qui est formée, savoir :

1° Du boni prélevé sur les frais d'administration et dont il
vient d'être parlé ; — 2° des dons et legs qui seraient faits
par des tiers et que la loi du 9 avril 1881 autorise la caisse
d'épargne postale à recevoir dans les formes et selon les
règles prescrites pour les établissements d'utilité publique ;
— 3° du produit des dépôts trentenaires que leur insuffisance
ne permet pas de convertir en rentes et des reliquats des placements en rentes ; — 4° de la capitalisation des intérêts de
ces divers fonds demeurés libres après les prélèvements autorisés pour couvrir les frais d'administration, en cas d'insuffisance des ressources qui y sont plus particulièrement
affectées.

Les fonds constituant cette dotation portent intérêt à raison de 3,25 0/0. Ils ne peuvent être aliénés qu'en vertu
d'une loi (2).

299. En dehors du contrôle permanent exercé par le ministère des postes et des télégraphes et de la vérification sur
pièces faite par la direction générale de la comptabilité publique au ministère des finances, la gestion de l'agent comptable de la Caisse d'épargne postale et de ses préposés dans
les départements est soumise aux vérifications de l'inspection
générale des finances. Les rapports et les procès-verbaux de
l'inspection des finances sont communiqués par le ministre des
finances au ministre des postes et des télégraphes (3).

Aux termes de l'article 17 de la loi du 9 avril 1881, le ministre des postes doit présenter chaque année un rapport
sur les opérations et la situation de la Caisse d'épargne postale. Ce rapport est publié au *Journal officiel* et distribué au
Sénat et à la Chambre des députés.

---

(1) L. 9 avril 1881, art. 16 ; Déc. 31 août 1881, art. 9 et 10.
(2) L. 9 avril 1881, art. 16.
(3) Déc. 31 août 1881, art. 38.

CHAPITRE II.

OPÉRATIONS.

300. Les principes exposés plus haut, et qui règlent les rapports des caisses d'épargne privées avec leurs déposants, sont applicables à la caisse d'épargne postale ; il n'y a donc pas lieu de revenir sur les diverses questions relatives notamment à la capacité des déposants pour opérer des versements et des remboursements. Il suffira de signaler les différences qui existent dans la manière de procéder des deux institutions, en ce qui concerne la délivrance des livrets, les versements, les remboursements, les achats de rentes et l'allocation des intérêts, en y ajoutant les dispositions spéciales aux transferts entre la caisse d'épargne postale et les caisses privées.

301. 1° *Livrets.* — Tout déposant qui fait pour la première fois un versement à la caisse postale doit signer une demande de livret énonçant d'abord le nom de famille, les prénoms, l'âge, la date, le lieu de naissance, la demeure et la profession du titulaire. Le déposant est tenu de fournir, sur la demande qu'il fait, des renseignements complémentaires, dans les cas suivants : s'il opère pour le compte d'un tiers, si c'est un bienfaiteur désirant rester inconnu, si le livret est déclaré incessible ou à remboursement différé ; si la demande est formée par une fille majeure, une veuve, une femme mariée agissant avec l'assistance de son mari ou sans cette assistance, ou séparée de corps et de biens, ou par un mineur assisté ou non de son représentant légal; si elle est faite pour le compte d'un aliéné ou d'une personne pourvue d'un conseil

judiciàire ; si elle émane d'une société de secours mutuels ou d'une institution de coopération, de bienfaisance ou autre de même nature; le déposant doit, en même temps, déclarer qu'il n'est titulaire d'aucun autre livret, soit de la caisse d'épargne postale, soit d'une caisse privée (1).

302. Le livret est toujours nominatif. Le livret est délivré gratuitement ; il est dit national, parce que le déposant qui en est muni peut continuer ses versements et opérer ses retraits dans tous les bureaux de poste français dûment organisés en agences de la caisse d'épargne postale, sans qu'il soit besoin d'opérer un transfert. Cette combinaison avantageuse a été introduite par le Sénat dans le projet de loi. Le livret est délivré dans un délai de trois jours à partir de la date de la demande, non compris celui de la demande, les dimanches et jours fériés (2). Pour l'Algérie et la Tunisie ce délai est augmenté du nombre de jours nécessaire pour l'échange des correspondances, aller et retour, entre le chef-lieu du département et le bureau où a lieu le versement (3).

303. Lorsque le titulaire d'un livret incessible ou à remboursement différé désire faire des versements qui ne soient pas soumis à des conditions restrictives, il lui est exceptionnellement remis un second livret portant le même numéro que le premier avec l'indication du mot *bis*. Seulement les sommes versées sur les deux livrets réunis ne doivent pas dépasser le maximum de 2,000 francs. Les livrets délivrés dans les cas indiqués plus haut mentionnent également les conditions spéciales des déposants auxquels ils appartiennent (4).

304. Lorsque à la suite d'une opération le livret n'a pas été retiré par le déposant dans le délai d'un mois, il est renvoyé au directeur du département, qui le transmet ultérieurement

---

(1) L. 9 avril 1881, art. 6 et 13; Déc. 31 août 1881, art. 11, 12 et 13; Inst. min., chap. II.
(2) L. 9 avril 1884, art. 6 ; Déc. 31 août 1881, art. 14 et 15.
(3) Déc. 22 décembre 1883.
(4) Inst. min. 15 avril 1884, art. 86 et 87.

au receveur des postes sur sa demande, lorsque le titulaire vient à le réclamer (1).

305. *Versements.* — Les sommes encaissées à titre de premier versement par les receveurs des postes donnent lieu à la délivrance d'une quittance à souche extraite d'un journal à souche spécial. Le livret est remis au déposant dans le délai de trois jours, contre la quittance à souche au dos de laquelle le porteur de la quittance, quel qu'il soit, se borne à apposer un accusé de réception daté et signé (2).

306. Les versements postérieurs au premier sont reçus par les receveurs des postes sur la simple présentation et le dépôt entre leurs mains du livret antérieurement délivré, sans qu'il y ait à fournir d'autre justification. Il n'est même pas nécessaire que le porteur du livret en soit le titulaire ou qu'il produise une autorisation ou une procuration de ce dernier (3).

307. Les versements ultérieurs donnaient lieu au début à la délivrance d'une quittance à souche extraite d'un journal spécial et distinct du précédent. La quittance, outre diverses indications relatives au livret, contenait l'avis que le livret serait rendu au déposant dans le délai de trois jours (4).

308. Pour prévenir les inconvénients auxquels avait donné lieu pour le déposant l'obligation de se dessaisir de son livret à la suite de chaque versement, une loi, du 3 août 1882, a autorisé la création de timbres-épargne de valeurs diverses variant entre 1 franc et 1,000 francs.

309. Au moment de chaque versement, il est apposé sur le livret en présence du déposant le nombre de timbres nécessaire pour représenter exactement la somme versée, laquelle continue à être inscrite en francs dans la colonne des sommes reçues. Pour former titre envers la caisse, les timbres-épargne

---

(1) Déc. 31 août 1881, art. 16.
(2) Déc. 31 août 1881, art. 14 et 15.
(3) Déc. 31 août 1881, art. 15.
(4) Déc. 31 août 1881, art. 15.

doivent être frappés du timbre à date du bureau et être revêtus de la signature du receveur.

310. L'emploi de ces timbres permet d'exercer sur les bureaux de poste un contrôle suffisant, et les livrets peuvent être immédiatement rendus aux déposants. Avant l'usage de ces timbres, et encore maintenant pour les premiers versements, lorsque les déposants en ont exprimé le désir, les livrets leur sont portés à domicile et sans frais par l'entremise des facteurs, en leur remettant la quittance délivrée au titulaire ou au porteur du livret. Les déposants peuvent également confier leurs livrets aux facteurs de leur localité et les charger pour leur compte d'effectuer des dépôts (1). Mais ces opérations, ayant lieu du libre consentement des deux parties, n'engagent pas la responsabilité de la caisse postale.

Les versements anonymes ou pseudonymes sont interdits (2).

311. Ils doivent toujours être d'une somme ronde en francs, sans fraction de franc. Le montant des versements ne peut être inférieur à 1 franc ni supérieur à 2,000 francs (3). Cependant, pour donner la possibilité de mettre de côté les économies les plus minimes, au fur et à mesure qu'elles se réaliseraient, un décret du 30 novembre 1882 a autorisé l'Etat à mettre gratuitement à la disposition du public des formules dites *bulletin d'épargne,* sur lesquelles toute personne désirant obtenir un livret de la caisse d'épargne postale, ou tout titulaire d'un livret de cette caisse peut apposer successivement des timbres-poste de 5 et 10 centimes ; lorsque la valeur de ces timbres atteint la somme de 1 franc, le bulletin présenté dans un bureau de poste quelconque est accepté comme s'il s'agissait d'un versement en numéraire, et le montant en est porté à l'avoir du déposant.

312. 3° *Remboursements.* — Tout déposant qui veut se

---

(1) Inst. min. 25 avril 1884, art. 92 et 93.
(2) Inst. min. 25 avril 1884, art. 69 et 70.
(3) L. 9 avril 1881, art. 8.

faire rembourser tout ou partie de son compte adresse directement au ministre des postes et télégraphes une demande de remboursement indiquant le numéro de son livret, la somme à rembourser et le bureau de poste où il désire toucher. Les demandes de remboursements, pour les *remboursements partiels* et pour les *remboursements totaux*, sont rédigées sur des formules qui sont mises à la disposition du public dans tous les bureaux de poste désignés comme correspondants de la Caisse d'épargne postale (1).

313. La demande de remboursement ne peut être faite que par le titulaire et signée de lui, et s'il ne sait ou ne peut signer, par le receveur des postes. Si l'identité est constante, la quittance à donner ultérieurement est signée par deux témoins. Le receveur des postes appose également sa signature pour attester que cette formalité s'est accomplie en sa présence (2).

314. La caisse postale est toujours en droit de refuser au déposant le bénéfice de ce mode de procéder et de n'effectuer le remboursement que sur une quittance revêtue de la signature d'un mandataire, porteur d'une procuration passée devant un notaire ou le maire de la résidence du titulaire. Mais le receveur des postes ne peut agir ainsi qu'après avoir pris l'avis du directeur du département, qui, au besoin, consulte l'administration centrale (3).

315. Lorsque le titulaire n'a pas signé la demande de livret, dans le cas notamment de donation par un bienfaiteur resté inconnu, la signature de la demande de remboursement est certifiée par le maire ou le commissaire de police de la commune où il réside (4).

316. Le remboursement n'est fait par les receveurs des postes que sur l'autorisation de la direction de la caisse

---

(1) Déc. 31 août 1881, art. 17 ; Inst. min. 25 avril 1884, ch. IV.
(2) Déc. 31 août 1881, art. 137.
(3) Inst. min. 25 avril 1884, art. 143 et 144.
(4) Déc. 31 août 1881, art. 17.

d'épargne postale ; il a lieu dans au délai de huit jours au maximum pour la France continentale, à partir de la date constatée par le timbre de la poste, sur la demande de remboursement (1). Toutefois, à Paris, le remboursement est opéré immédiatement au siège de la Caisse d'épargne postale.

317. Les *autorisations de remboursements* sont adressées directement au déposant et lui indiquent de plus le jour à partir duquel il pourra se présenter au bureau de poste pour toucher; en même temps, le receveur des postes appelé à effectuer le remboursement reçoit directement aussi de l'administration centrale de la caisse postale un *avis d'émission* et la demande de remboursement pour qu'il puisse vérifier la validité de la signature qui lui sera donnée sur la quittance au moment du payement (2).

318. Avant d'opérer le payement, le receveur des postes compare préalablement l'autorisation de remboursement présentée par le déposant avec l'avis d'émission qui lui a été transmis, pour s'assurer qu'il y a identité dans l'indication du nom et de la somme; il fait acquitter, pour servir de quittance, l'autorisation de remboursement par le déposant, en ayant soin de s'assurer que cette signature est conforme à celle de la demande de remboursement, cette dernière signature ayant été rapprochée de la demande de livret conservée à l'administration centrale; puis il mentionne sur le livret le payement en toutes lettres et en chiffres, et appose au-dessous sa signature et le timbre à date du bureau. Enfin il rend le livret au déposant, à moins qu'il ne s'agisse d'un remboursement total, auquel cas la quittance est annexée au livret, qui est retenu comme justification de l'opération (3).

319. Lorsque, dans le mois qui suit la date de l'autorisation de remboursement, le déposant ne s'est pas présenté pour

---

(1) Déc. 31 août 1881, art. 19.
(2) Déc. 31 août 1884, art. 18; Inst. min. 25 avril 1884, art. 158 et suiv.
(3) Déc. 31 août 1884, art. 19; Inst. min. 25 avril 1884, art. 165 et suiv.

toucher la somme qui lui revient, la demande est considérée comme nulle et le remboursement ne peut plus avoir lieu que sur une nouvelle demande du déposant et sur une nouvelle autorisation de l'administration centrale (1).

320. Les oppositions au remboursement des sommes versées à la caisse d'épargne postale, formées soit par les maris ou les représentants légaux des mineurs en vertu de l'article 6 de la loi du 9 avril 1881, soit par des tiers, doivent être signifiées à la direction centrale de la Caisse d'épargne à Paris.

Les receveurs des postes n'ont pas qualité pour les recevoir (2).

321. Dans le cas de force majeure, des décrets rendus, le conseil d'Etat entendu, peuvent autoriser la caisse d'épargne postale à n'opérer les remboursements que par acomptes de 50 francs au minimum et par quinzaine (3).

322. *Remboursements par voie télégraphique.* — Tout déposant peut demander et obtenir, par télégraphe, un remboursement à valoir sur son compte d'épargne. La taxe du télégramme de demande et de la réponse est à la charge du déposant. Si celui-ci acquitte seulement le prix du télégramme de demande, l'autorisation de remboursement lui est envoyée, sans frais, par la poste.

323. Le déposant doit, au moment de l'envoi du télégramme, justifier de son identité et produire son livret.

324. Le montant d'un remboursement demandé par voie télégraphique doit être inférieur d'un franc, au moins, à l'avoir net du déposant. En aucun cas, il ne peut excéder 300 francs, s'il doit être autorisé par télégramme. Mais un remboursement d'une somme supérieure peut être demandé par télégramme et autorisé par la poste.

---

(1) Déc. 31 août 1884, art. 24.
(2) Inst. min. 25 avril 1884, art. 163.
(3) L. 9 avril 1881, art. 12.

325. *Remboursements par mandats-poste.* — Tout déposant peut demander que le remboursement d'une somme à valoir sur son compte soit effectué au moyen d'un mandat-poste émis à son profit ou au profit d'une autre personne. Les frais de ce mandat sont prélevés sur son compte.

La demande de remboursement par mandat-poste est faite sur une formule spéciale mise à la disposition du public dans tous les bureaux de poste, et que le déposant adresse directement au ministre des postes et des télégraphes, à Paris. Si le déposant réside à l'étranger, il doit faire parvenir son livret en même temps que la demande de remboursement.

326. Les sommes à rembourser sont converties en mandats-cartes, si elles sont payables **en France ou dans l'un des** pays étrangers qui admettent cette forme de mandat.

327. Les remboursements payables par les bureaux de poste des Etats-Unis de l'Amérique du Nord, de la Grande-Bretagne et des Indes orientales néerlandaises donnent lieu à la délivrance de mandats clos, pour la transmission desquels est perçue la taxe d'une lettre ordinaire.

328. Par la remise des talons des mandats au déposant, la Caisse nationale d'épargne se trouve déchargée de toute responsabilité, en ce qui concerne la transmission ou le payement des mandats-poste émis par son entremise.

329. *Achats de rentes pour le compte des déposants.* — De même que pour les caisses privées, les achats de rentes effectués par la caisse d'épargne postale ont lieu sur la demande des déposants ou d'office (1).

330. Tout déposant dont le crédit est suffisant pour faire acheter au moins dix francs de rente signe une formule de demande d'achat de rente qu'il adresse au ministre des postes et des télégraphes et dans laquelle il indique le numéro de son livret, sa demeure actuelle et son domicile au moment du premier versement, le chiffre de rentes qu'il réclame, le

---

(1) L. 9 avril 1881, art. 7 et 9.

département où il désire toucher les arrérages et le bureau de poste où il veut que l'inscription de rente lui soit remise. Le titulaire qui désire laisser son inscription en dépôt à la Caisse des dépôts et consignations doit le faire connaître en formant sa demande d'achat de rente (1). Il doit demander l'achat d'une somme fixe de rente, sans indication du capital à employer, ce capital étant subordonné au prix d'achat; il ne peut pas désigner un capital fixe, à convertir en une inscription de rente d'un chiffre indéterminé (2).

331. Lorsqu'un déposant dont le compte dépasse 2,000 francs ne l'a pas réduit à la suite de l'avis qu'il a reçu, il lui est acheté d'office 20 francs de rente, et, à cet effet, le directeur de la Caisse d'épargne postale établit un relevé des rentes à acheter par l'entremise de la Caisse des dépôts et consignations, et il l'adresse au directeur général de cette administration (3).

332. Les achats de rentes ont lieu par l'entremise de la Caisse des dépôts et consignations, au cours moyen du jour de l'opération (4); il n'est pas donné suite aux demandes qui portent des cours fixés à l'avance (5).

333. Les rentes achetées sur la demande des déposants sont *nominatives* ou *mixtes* au choix des parties, sauf en ce qui concerne les incapables, pour lesquelles les rentes sont toujours nominatives (6).

334. Dès que la livraison lui en a été faite, la Caisse des dépôts et consignations transmet à l'agent comptable de la caisse postale les inscriptions achetées, et ce dernier adresse immédiatement aux déposants un bordereau d'exécution, indiquant le taux et le prix de la rente achetée et invitant le rentier à se présenter au bureau de poste par lui désigné pour

---

(1) Inst. min. 25 avril 1884, art. 221 *bis.*
(2) Inst. min. 25 avril 1884, chap. V.
(3) L. 9 avril 1881, art. 9.
(4) Déc. 31 août 1881, art. 134.
(5) Inst. min. 25 avril 1884, art. 181.
(6) Déc. 31 août 1881, art. 35.

prendre livraison de l'inscription de rente, en lui faisant connaître que, faute par lui de la retirer dans le délai d'un mois à partir de la date du bordereau, l'inscription est renvoyée à Paris pour être conservée à la Caisse des dépôts et consignations (1). En même temps, la direction centrale adresse au receveur du bureau de poste, directement et sous pli chargé, les inscriptions de rente achetées, la demande d'achat de rente et un avis d'envoi que le receveur renvoie immédiatement après avoir rempli la formule d'accusé de réception qui y est jointe (2).

335. Lors de la remise qu'il fait au déposant de l'inscription de rente achetée pour son compte, le receveur des postes lui en fait donner décharge sur le bordereau d'exécution et compare cette signature avec celle portée sur la demande d'achat, puis il mentionne sur le livret, dans la colonne des remboursements, le montant du prix d'achat, tel qu'il est indiqué sur le bordereau d'exécution; il y appose sa signature et le timbre à date du bureau (3).

336. Lorsque, dans le délai d'un mois à partir de la date du bordereau d'exécution adressé au titulaire ou du bordereau d'achat d'office, le déposant n'a pas retiré son inscription, le receveur des postes renvoie directement à l'administration centrale l'inscription non réclamée. Elle est ensuite déposée à la Caisse des dépôts et consignations, qui en touche les arrérages et les reverse à l'agent comptable, lequel en crédite d'office le titulaire sur le livre des comptes courants individuels et en porte lui-même le montant sur le livret comme pour les intérêts annuels. Les inscriptions, une fois restituées aux parties, ne peuvent plus être reçues en dépôt par la Caisse d'épargne postale (4).

337. En cas de décès du titulaire, les inscriptions sont

---

(1) Déc. 31 août 1881, art. 35; Iust. min. 25 avril 1884, art. 209 et suiv.
(2) Inst. min. 25 avril 1884 art. 212 et suiv.
(3) Inst. min. 25 avril 1884, art. 214 et suiv.
(4) Déc. 31 août 1881, art. 36; Iust. min. 25 avril 1884, art. 221 et suiv.

E.   13

remises aux héritiers ou ayants droit, dès que ceux-ci ont fait reconnaître leurs qualités et ont réglé le compte en numéraire que leur auteur avait à la Caisse d'épargne postale (1).

338. En principe, les achats de rente donnent lieu à l'application des mêmes règles et des mêmes formalités que les remboursements ordinaires, notamment en ce qui touche la capacité des parties (2).

339. La femme mariée agissant sans l'assistance de son mari et le mineur agissant sans l'intervention de son représentant légal peuvent, dans les mêmes conditions que pour les remboursements, faire acheter des rentes à leur compte ; mais les rentes ainsi achetées ne peuvent être ultérieurement vendues et transférées sans le concours du mari ou du représentant légal.

340. Les receveurs des postes n'ont point à admettre les demandes qui auraient pour objet soit le changement, après le décès du titulaire, du nom auquel la rente a été immatriculée, soit la vente d'inscriptions pour le compte des déposants, la Caisse postale n'ayant pas qualité pour donner suite à des demandes de cette nature. Elle ne pourrait que se charger de faire rectifier l'inscription qui contiendrait une erreur soit dans l'orthographe du nom, soit dans l'ordre des prénoms.

341. *Allocation des intérêts.* — Un intérêt de 3 0/0 est servi aux déposants par la Caisse d'épargne postale. Cet intérêt part du 1er ou du 16 de chaque mois après le jour du versement ; il cesse de courir à partir du 1er ou du 16 qui a précédé le jour du remboursement, que ce remboursement ait été opéré en numéraire ou au moyen d'un achat de rente effectué d'office pour réduction de compte ou sur la demande des déposants. Au 31 décembre de chaque année, l'intérêt acquis s'ajoute au capital, et devient lui-même productif

---

(1) Inst. min. 25 avril 1884, art. 224.
(2) Inst. minist. 25 avril 1884, art. 215.

d'intérêts. Les fractions de franc ne produisent pas d'intérêts (1).

342. Les intérêts sont calculés à la direction centrale au moyen d'un tarif établi par le directeur de la Caisse d'épargne postale et approuvé par le ministre ; pour ce calcul, chaque mois est compté pour 30 jours et l'année pour 360 jours (2). Les intérêts sont annuellement portés au crédit des déposants sur le livre des comptes courants individuels. Ils sont également inscrits sur les livrets ; mais cette inscription, faite exclusivement par l'agent comptable de la Caisse postale, n'a lieu que lorsque le déposant, désirant faire régler son livret en capital et intérêts, le dépose à un bureau de poste, où il lui est délivré en échange un bulletin de dépôt détaché d'un livre à souche, et énonçant que le livret lui sera rendu dans un délai de 15 jours.

343. Les arrérages des rentes non retirées par les déposants et remises à la Caisse des dépôts et consignations, quand ils ont été encaissés par cette administration et qu'elle en a fait parvenir un bordereau à l'agent comptable, sont portés au crédit de chacun des titulaires, comme le serait un versement ordinaire (3).

344. Les intérêts afférents à un remboursement intégral effectué dans le courant de l'année font l'objet d'un décompte spécial établi par la direction de la Caisse postale et dont le montant est porté au crédit du compte général des déposants, dès que la quittance de la partie remboursée est parvenue à l'agent comptable.

345. *Transferts entre la Caisse d'épargne postale et les caisses privées.* — Le principe adopté pour les transferts de cette nature est celui d'un remboursement effectif suivi d'un versement.

---

(1) L. 9 avril 1881, art. 37.
(2) Déc. 31 août 1881, art. 33 ; Inst. min. 25 avril 1884, art. 227 et suiv.
(3) Déc. 31 août 1881, art. 36.

Lorsque le transfert a lieu d'une caisse d'épargne privée sur la Caisse postale, le remboursement est demandé à la première et le versement effectué à la seconde. Dans le cas, au contraire, où le transfert a lieu de la Caisse d'épargne postale sur une caisse privée, la première rembourse et la seconde encaisse. Dans l'un et l'autre cas, c'est le receveur des postes qui agit par procuration des déposants (1).

346. Pour le transfert sur la Caisse postale, le receveur des postes remet à l'administration de la caisse d'épargne de laquelle émane le livret à transférer ce livret et l'une des deux expéditions de la demande de transfert. Lorsque la caisse d'épargne a reconnu la régularité des pièces produites, elle opère pour le décompte des intérêts et l'établissement du solde, comme en cas de remboursement intégral. Le receveur, au nom duquel est passée la procuration, se présente alors au siège de la caisse d'épargne aux jours et heures réglementaires pour toucher les fonds et en donner quittance au lieu et place du déposant. Le montant des sommes ainsi remboursées est porté sur la deuxième expédition de la demande de transfert, qui doit être certifiée exacte par le caissier de la caisse d'épargne (2).

347. Dès la réception du bordereau nominatif, auquel le receveur a joint la demande de livret et la demande de transfert, le directeur départemental prépare le nouveau livret et y fait inscrire par le receveur principal le montant de la somme remboursée par la caisse-d'épargne privée. Le livret ainsi préparé est envoyé au receveur, chargé de le remettre au déposant ; celui-ci reçoit un avis par lequel le directeur lui fait connaître le montant de la somme remboursée par la caisse d'épargne privée et la date à partir de laquelle il peut se présenter pour retirer son livret national (3).

348. Pour le transfert sur une caisse d'épargne privée, le déposant adresse à l'administration centrale une demande

---

(1) Inst. min. 25 avril 1884, art. 284.
(2) Inst. min. 25 avril 1884, chap. 9.
(3) Inst. min. 25 avril 1881, chap. 9.

de remboursement intégral et donne, en même temps, au receveur des postes du siège de la caisse d'épargne privée les pouvoirs nécessaires pour le représenter auprès de ladite caisse, à l'effet d'y faire un premier versement en son nom et y signer le registre matricule. Le receveur des postes se présente à la caisse d'épargne muni de la procuration du déposant, et il y fait le versement matériel de la somme en francs, sans fractions de centimes, remboursée par la Caisse d'épargne postale. Le nouveau livret délivré par la caisse d'épargne est adressé au receveur des postes qui a reçu la demande de remboursement intégral, afin que ce comptable puisse le remettre en même temps que les centimes à l'ayant droit sur la présentation de l'autorisation de remboursement (1).

.349. Il n'y a pas lieu à transfert d'un bureau de Caisse d'épargne postale à un autre bureau, tous les bureaux n'étant, en réalité, que les caisses diverses d'une même administration centrale.

______

(1) Inst. min. 25 avril 1884, chap. 9.

CHAPITRE III.

RAPPORTS DES AGENTS POSTAUX ENTRE EUX ET AVEC L'ADMINISTRATION CENTRALE.

350. Les receveurs des postes, qui seuls sont en relations avec les déposants, ont, suivant les cas, des rapports avec le receveur principal ou le directeur des postes du département, ou même avec l'administration centrale de la Caisse d'épargne postale. Le receveur principal et le directeur des postes sont également appelés à avoir des rapports entre eux et avec l'administration centrale et les receveurs des postes.

351. Les demandes de livrets et toutes les pièces produites à l'appui, relativement aux autorisations de premier versement, aux statuts des sociétés, etc., sont transmises au directeur des postes par les receveurs dans le bureau desquels elles ont été faites ; ils y joignent à l'appui un bordereau en double expédition, dit *bordereau nominatif des premiers versements*. Si aucune demande de livret n'a eu lieu dans la journée, cette circonstance est mentionnée par le mot néant, inscrit dans un bulletin d'envoi de pièces dont la transmission journalière à la direction est obligatoire pour tous les bureaux (1).

352. De son côté, le directeur départemental, lorsque les demandes ont été reconnues régulières, prépare les livrets et en atteste la délivrance par sa signature ; puis il les remet avec une des expéditions du bordereau nominatif au receveur prin-

---

(1) Déc. 31 août 1881, tit. II ; inst. min. 25 avril 1884, chap. II.

-cipal qui y inscrit en toutes lettres et en chiffres le montant du premier versement, et la date du versement effectif au bureau de poste. Cette double inscription est certifiée par la signature du receveur principal et par celle du directeur qui peut être déléguée à l'inspecteur en résidence au chef-lieu. Le timbre à date du receveur principal est apposé en regard de la somme en toutes lettres (1).

353. Les livrets sont ensuite renvoyés, avec la première expédition du bordereau des premiers versements, à chacun des receveurs des postes qui ont reçu les demandes de livrets, par les soins du directeur qui, d'un autre côté, transmet à la direction de la Caisse d'épargne postale la seconde expédition des bordereaux nominatifs de premier versement concernant une même journée, accompagnée des demandes de livrets et des pièces produites à l'appui, et à l'aide de laquelle l'agent comptable établit le registre matricule. La première expédition du bordereau est conservée par le receveur jusqu'à la fin du mois, époque à laquelle il la fait parvenir au directeur pour servir au contrôle des états mensuels de recettes.

354. L'inscription des versements ultérieurs est faite sur les livrets remis par les déposants au moyen de timbres-épargne spéciaux, dont l'usage est interdit au public et est réservé exclusivement aux receveurs des postes qui ont seuls qualité pour les apposer sur les livrets. Ils doivent le faire en présence des titulaires et signer et oblitérer immédiatement les timbres apposés (2). Les directeurs des postes sont avisés des versements ultérieurs reçus par les receveurs et en tiennent note.

355. Pour les remboursements, les avis d'émission sont adressés directement par la direction de la Caisse d'épargne postale, aux receveurs des postes chargés de les effectuer sans passer par la voie hiérarchique du directeur départemental (3). Le même mode de procéder est suivi en matière

---

(1) Déc. 31 août 1881, tit. III; inst. min. 25 avril 1884, chap. II.
(2) L. 3 août 1882 ; inst. min. 25 avril 1884, art. 104.
(3) Déc. 31 août 1881, art. 18 ; inst. min. 25 avril 1884, art. 156.

d'achats de rentes, pour les inscriptions et les pièces qui les accompagnent (1).

Seulement l'accusé de réception, donné par le receveur des postes sur l'avis d'envoi, est transmis au ministre par l'intermédiaire du directeur départemental. C'est également par cette voie que sont renvoyées au ministre les décharges données sur le bordereau d'exécution par les déposants qui ont retiré leurs inscriptions. Mais les inscriptions non réclamées sont renvoyées directement à l'administration centrale sous pli chargé par les receveurs des postes.

356. Ces comptables sont pareillement tenus d'adresser, tous les jours, au directeur départemental un bordereau nominatif des versements ultérieurs, en double expédition, et un bordereau nominatif des remboursements, en double expédition, accompagné des autorisations de remboursement délivrées par la direction centrale de la Caisse postale et acquittées par les titulaires, des demandes de remboursement et des avis d'émission annexés à ces demandes, des livrets retirés en cas de remboursement intégral et, s'il y a lieu, des procurations et autres pièces justificatives produites pas les déposants (2).

357. Dans le cas où aucune opération n'a eu lieu, le bulletin journalier d'envoi de pièces en fait mention.

358. A l'aide de ces bordereaux ainsi que des bordereaux nominatifs de premiers versements, le directeur départemental tient son *carnet d'ordre* qui est divisé en autant de comptes individuels qu'il y a de receveurs de poste dans le département et qui permet de contrôler les opérations de ces comptables. Ces bordereaux servent également au directeur départemental à établir son avis journalier qu'il est tenu d'envoyer chaque jour au directeur de la Caisse d'épargne postale et à l'aide duquel l'agent comptable dresse sa balance journalière.

---

(1) Inst. min. 25 avril 1884, art. 218, 219 et 220.
(2) Déc. 31 août 1881, art. 6 et 27 ; inst. min. 25 avril 1884, art. 65, 114 et suiv.; 171 et suiv.

Cet avis est négatif si aucune opération n'a eu lieu dans le département (1).

359. De plus, dans les cinq premiers jours de chaque mois, les receveurs des postes forment deux états détaillés mensuels comprenant l'un tous les dépôts reçus, l'autre tous les remboursements effectués pendant le mois précédent et les adressent sans retard au directeur départemental qui, par son carnet d'ordre, s'assure que l'état des dépôts reçus est conforme aux sommes inscrites sur les livrets et vérifie l'état des dépôts remboursés (2).

360. Il dresse à son tour deux états récapitulatifs par bureau de poste, l'un des dépôts reçus, l'autre des remboursements effectués pendant le mois pour l'ensemble du département. Le montant de l'état des remboursements doit être égal aux payements centralisés dans la comptabilité du receveur principal. Il les transmet à l'agent comptable par l'intermédiaire de la direction de la Caisse postale en y joignant les états détaillés mensuels fournis par chaque bureau de poste, et un récépissé de mouvements de fonds que le receveur principal délivre à l'agent comptable et qui représente le montant total des encaissements opérés tant par le receveur principal que par ses collègues (3).

361. La direction de la Caisse postale compare l'état des remboursements avec les pièces justificatives des remboursements opérés dont l'envoi lui a été fait journellement et lorsque, de son côté, l'agent comptable a vérifié le montant des remboursements, la validité des pièces produites et leur entière connexité avec les autorisations de remboursement émanées de la direction centrale, il délivre un récépissé de mouvements de fonds au receveur principal pour le couvrir de ses

---

(1) Déc. 31 août 1881 ; art. 14 et 21 ; inst. min. art. 97 et suiv.; 116 et suiv.; 174 et suiv.

(2) Déc. 31 août 1881 ; art. 28; inst. min. 25 avril 1884 ; art. 242 et suiv.

(3) Déc. 31 août 1881, art. 28, 29 et 30 ; inst. min. 25 avril 1884, art. 248 et suiv.

payements mensuels. Ces divers récépissés sont détachés d'un livre à souche (1).

362. Les recettes et les dépenses centralisées dans les écritures du receveur principal sont inscrites sur un bordereau mensuel où elles sont classées parmi les opérations de trésorerie (2).

363. Les dépôts reçus et les dépôts remboursés étant inscrits chaque jour tant au compte général des déposants que sur le livre des comptes courants individuels, il en résulte que l'agent comptable se charge en recettes de sommes dont les receveurs des postes ne lui enverront la contre-valeur qu'en fin de mois et qu'il fait dépense de sommes dont les pièces justificatives ne lui seront également produites qu'avec l'état récapitulatif mensuel. Pour constater la situation des receveurs des postes envers lui, l'agent comptable doit tenir un livre dénommé livre des *comptes courants des receveurs principaux des postes*, et dans lequel un compte particulier est ouvert à chacun des receveurs principaux, et se compose de deux parties : dans l'une on porte au *débit* le montant des avis journaliers de premiers versements et de versements ultérieurs et au *crédit* le montant des récépissés mensuels du receveur principal; dans l'autre on porte, au *crédit*, le montant des avis journaliers de remboursements et, au *débit*, le montant des récépissés mensuels de l'agent comptable.

Ce livre est additionné tous les mois, et les totaux de chaque compte sont rapprochés des états récapitulatifs mensuels.

364. Il doit y avoir accord entre le compte courant du receveur principal et les états récapitulatifs mensuels pour les recettes et pour les remboursements, sauf dans le cas où les pièces justificatives des remboursements auraient été rejetées pour cause d'irrégularités et devraient être renvoyées par la direction de la Caisse d'épargne postale au directeur

---

(1) Déc. 31 août 1884, art. 29 et 30 ; inst. min. 25 avril 1884, art. 252 et suiv.

(2) Déc. 31 août 1881, art. 37; inst. min. 25 avril 1884 ; art. 255 et suiv.

départemental qui, après avoir fait opérer les régularisations nécessaires, les transmet à l'administration centrale où l'agent comptable en passe écriture et en délivre un récépissé comme s'il s'agissait d'un envoi mensuel.

365. Le journal à souche des premiers versements et celui des versements ultérieurs sont cotés et paraphés sur la feuille de tête par le directeur départemental qui est dépositaire des volumes en blanc et ne les remet aux receveurs des postes qu'au fur et à mesure de leurs besoins. Les volumes épuisés sont conservés pendant trente ans dans les archives des bureaux de poste.

CHAPITRE IV.

RESPONSABILITÉ.

366. A raison de la surveillance qu'il est tenu d'exercer, le directeur de la Caisse d'épargne postale est *administrativement* responsable. L'agent comptable est *pécuniairement et personnellement* responsable des valeurs do portefeuille dont il est détenteur. En cas de vol ou de perte résultant de force majeure, il est statué sur sa demande en décharge par une décision du ministre des postes et télégraphes, après avis du ministre des finances, et sauf recours au Conseil d'Etat au contentieux (1). De plus, comme tous les comptables directs, il est responsable, sauf son recours contre qui de droit, des opérations effectuées pour son compte par les receveurs des postes.

367. En cas de débet ou de déficit constaté à la charge d'un receveur des postes et provenant du service de la Caisse d'épargne postale, l'agent comptable exerce son recours contre lui et est subrogé à tous les droits du Trésor sur le cautionnement de l'agent reliquataire et sur ses biens présents et à venir. Lorsque le cautionnement du receveur des postes est insuffisant pour couvrir le montant du déficit ou du débet, ou lorsque le comptable en déficit ou en débet a obtenu la décharge de sa responsabilité pour cause de force majeure, le ministre des postes et télégraphes délivre au nom de l'agent comptable, sur les crédits de son budget, une or-

---

(1) Déc. 31 août 1881, art. 4.

donnance de payement égale au montant des sommes dont la Caisse postale a été privée.

368. L'emploi des timbres-épargne impose également une responsabilité particulière et, en cas de perte non justifiée, peut être l'occasion de forcements en recettes à l'égard des receveurs des postes.

369. Enfin, il est expressément recommandé aux receveurs des postes d'envoyer jour par jour, avec la plus grande exactitude, les bordereaux nominatifs, qu'il s'agisse de premiers versements, de versements ultérieurs ou de remboursements.

L'infraction à cette prescription les expose à des mesures disciplinaires.

370. Outre la responsabilité spéciale de ces agents divers, la Caisse d'épargne postale est, en outre, responsable personnellement, et comme établissement public ayant la personnalité civile des actes de ses agents qui pourraient occasionner à des tiers un préjudice.

CHAPITRE V.

371. Les rapports que la Caisse d'épargne postale est appelée à avoir avec la Caisse des dépôts et consignations et le Trésor ont trait au placement et au retrait des fonds, au compte courant d'intérêts, aux achats de rentes et à l'emploi des fonds versés par la Caisse d'épargne postale.

372. 1° *Placement des fonds.* — Lorsque d'après la balance journalière le montant des dépôts excède celui des remboursements, la différence est versée à la Caisse des dépôts et consignations par l'agent comptable de la Caisse d'épargne postale sur l'ordre de la direction. A cet effet, l'agent comptable souscrit, au nom du Caissier central du Trésor, un récépissé de fonds de subvention qui est revêtu du visa du directeur ; en échange de ce récépissé, le caissier du Trésor fournit à l'agent comptable un mandat sur la Banque au nom de la Caisse des dépôts et consignations. Ce mandat est ensuite versé à la Caisse des dépôts et consignations par l'agent comptable, qui y joint une expédition de la balance journalière et un avis de versement. De son côté, la Caisse des dépôts et consignations en délivre à l'agent comptable un récépissé au crédit du compte courant de la Caisse d'épargne postale, valeur au jour du versement (1).

373. 2° *Retrait des fonds.* — Quand, au contraire, la balance

---

(1) Déc. 31 août 1881, art. 31.

journalière fait ressortir un excédent de dépenses, le directeur de la Caisse d'épargne postale adresse à la Caisse des dépôts et consignations un avis de retrait de fonds, accompagné d'une expédition certifiée de la balance. Au vu de ces deux pièces, la Caisse des dépôts et consignations remet à l'agent comptable un récépissé sur le Trésor, valeur au jour du remboursement, et débite le compte courant de la Caisse d'épargne postale. L'agent comptable accuse réception de ce récépissé et reçoit, en échange, du caissier du Trésor, un récépissé de mouvements de fonds qui lui sert à passer ses écritures en créditant du montant du retrait le compte de la Caisse des dépôts et consignations.

374. 3° *Compte courant d'intérêts.*—Comme on vient de le voir, les fonds de la Caisse d'épargne postale sont versés à la Caisse des dépôts et consignations; ils produisent un intérêt de 3.25 0/0 par an, à partir du jour du versement, jusques et non compris celui du retrait; la Caisse des dépôts et consignations remet à la Caisse postale un extrait de son compte courant arrêté en capitaux et intérêts à la fin de l'année. Lorsque le compte courant a été vérifié et reconnu exact, l'agent comptable passe écriture des intérêts qui en résultent, tant au compte particulier des déposants qu'au compte affecté aux frais d'administration (1).

375. 4° *Achats de rentes.* — Les achats de rentes effectués pour le compte des déposants de la Caisse d'épargne postale ont toujours lieu par l'entremise de la Caisse des dépôts et consignations. Le coût des rentes achetées est porté au débit de la Caisse d'épargne, valeur au jour de l'opération, de telle sorte que c'est à partir de cette date que la Caisse des dépôts et consignations arrête les intérêts sur le montant des sommes ainsi employées en rentes, tandis que la Caisse postale cesse de faire courir les intérêts vis-à-vis du déposant, à partir du 1er ou du 16 du mois qui a précédé la date de l'opération faite par la Caisse des dépôts (2).

____

(1) Déc. 31 août 1881, art. 32.
(2) Déc. 31 août 1881, art. 34 ; L. 9 avril 1881, art. 2 et 3.

376. Ainsi qu'il a été exposé plus haut, les inscriptions de rentes non retirées par les titulaires sont remises à la Caisse des dépôts et consignations, et, aux échéances, les arrérages en sont portés au débit de la Caisse des dépôts et au crédit des titulaires sur le livre des comptes courants individuels (1).

377. C'est également à la Caisse des dépôts et consignations, mais à titre de consignations, que doivent être versées les inscriptions de rentes provenant d'achats faits d'office pour le compte des déposants, qui pendant trente ans n'ont pas fait d'opérations (2).

378. 5° *Emploi des fonds par la Caisse des dépôts et consignations.* — La Caisse des dépôts et consignations doit faire emploi de toutes les sommes déposées par la Caisse d'épargne postale; cet emploi a lieu en valeurs de l'Etat français. Le prix de ces valeurs est porté au débit du compte courant de la Caisse d'épargne postale, valeur au jour de l'opération. Les titres restent entre les mains de la Caisse des dépôts, qui se borne à en fournir un état détaillé à l'agent comptable. Elle perçoit les arrérages de ces titres, et crédite de leur montant le compte courant de la Caisse postale, valeur au jour de l'échéance. Pour satisfaire aux remboursements qui peuvent être demandés par les déposants, la Caisse des dépôts et consignations conserve par son compte courant au Trésor une réserve du cinquième des versements qui lui ont été effectués par la Caisse postale, sans que cette réserve puisse excéder 100 millions (3).

379. La Caisse nationale d'épargne, comme les caisses d'épargne ordinaires et sous les mêmes conditions, est apte, aux termes de la loi du 18 juin 1850, à servir d'intermédiaire entre les déposants et la Caisse des retraites pour la vieillesse. Les versements et les remboursements sont soumis

---

(1) L. 9 avril 1881, art. 10 ; déc. 31 août 1881, art. 36.
(2) L. 9 avril 1881, art. 14.
(3) L. 9 avril 1881, art. 19 ; déc. 31 août 1881, art. 34.

aux mêmes règles générales ci-dessus exposées nos 210 et suiv. Ils sont, en outre, soumis à des formalités spéciales nécessitées par la régularité des opérations de l'administration postale (1).

380. Les demandes de versement sont reçues au guichet par les receveurs. Le livret de la caisse des retraites doit être joint à toute demande de versement subséquent ; le receveur donne un récépissé de ce livret au moyen du livre à souche.

381. Les demandes de versement à la caisse des retraites, accompagnées des livrets de la caisse des retraites ou de toutes autres pièces, s'il y a lieu, sont adressées au directeur du département. Cet envoi est mentionné sur le bordereau de la journée correspondante.

382. Le directeur du département vérifie si les demandes de versement et les pièces qui les accompagnent sont valides et régulières; il les fait redresser et compléter, s'il y a lieu, d'après les renseignements pris, au besoin, près du trésorier-payeur général, préposé de la Caisse des dépôts et consignations. Puis, toutes rectifications opérées, il transmet les demandes seules à l'administration centrale.

383. Toute demande parvenue à l'administration centrale est traitée comme les autres demandes de remboursement, c'est-à-dire qu'elle est vérifiée au point de vue de la signature et du crédit du déposant. Puis, si cette vérification ne relève aucun empêchement, le directeur de la caisse nationale d'épargne délivre une autorisation de remboursement, au nom du receveur principal du département d'où la demande émane. Cette autorisation, extraite d'un registre à souche, est adressée au directeur du département qui la transmet, avec les pièces afférentes au versement, au receveur principal.

384. Au reçu de chaque autorisation, en cas de versement immédiat, ou pendant la seconde quinzaine du troi-

---

(1) Inst. min. postes et finances, 7 janvier 1885.

sième mois de chaque trimestre, au jour convenu avec le trésorier-payeur général, quand il s'agit de versements différés, le receveur principal dresse en double expédition le ou les bordereaux nominatifs que comportent les autorisations de remboursement qui lui sont parvenues. Il effectue à son profit les remboursements autorisés et met à l'appui du bordereau qui les contient les autorisations dûment acquittées par lui. Le receveur principal, en même temps qu'il effectue le versement, produit à la trésorerie générale une expédition de ses bordereaux de versement et y joint, suivant les circonstances, les déclarations de versement et les pièces justificatives à l'appui.

385. Il remet à la trésorerie générale les livrets relatifs aux versements subséquents. Il lui est délivré par le trésorier-payeur un récépissé provisoire à talon qu'il doit soumettre, dans les vingt-quatre heures de sa date, au visa pour contrôle du préfet, et en échange duquel les livrets lui sont remis au jour indiqué par le préposé, après mention et visa pour contrôle des versements effectués.

Il renvoie alors au directeur du département les livrets de la caisse des retraites pour la vieillesse avec la seconde expédition du bordereau nominatif qu'il a conservée.

386. Le directeur adresse au receveur de la résidence du déposant le livret de la caisse des retraites, après qu'inscription y a été faite des sommes versées, en l'accompagnant d'une lettre d'envoi. Mention de cette expédition et de la rentrée de la lettre d'envoi est portée sur le bordereau nominatif.

Il appartient, en outre, au directeur de contrôler, au moyen des autorisations, des bordereaux nominatifs et des livrets de la caisse des retraites, la concordance entre les sommes portées en remboursement sur le bordereau du receveur principal et les sommes inscrites au profit des déposants sur ces livrets.

Le receveur des postes doit porter sur le livret de la caisse nationale d'épargne, comme s'il s'agissait d'un remboursement effectif, le montant de la somme versée à la caisse des retraites pour la vieillesse, augmentée, pour le premier versement, d'une somme de 25 centimes pour le coût du livret.

387. Dans aucun cas, le receveur des postes ne doit se dessaisir du livret de la caisse des retraites pour la vieillesse sans avoir mentionné le remboursement sur le livret de la caisse d'épargne.

388. Lors de la remise du livret au déposant au nom duquel il a opéré un transfert à la caisse des retraites, le receveur des postes informe celui-ci que la rente afférente à son versement ne pourra être inscrite sur le livret que trois mois après la date du versement; il se charge, après ce délai, de transmettre le livret au directeur du département pour qu'il fasse inscrire les rentes par la trésorerie générale et le lui renvoie. A cet effet, il délivre au déposant un récépissé; en échange de ce récépissé, la remise du livret est effectuée à partir de la date indiquée sur ledit reçu.

389. Les receveurs des postes prêtent leur concours aux déposants de la Caisse nationale d'épargne pour la transmission à la caisse des dépôts et consignations des livrets de la caisse des retraites pour la vieillesse et des certificats de vie qui leur sont déposés pour obtenir la liquidation définitive de la rente et son inscription au grand-livre de la caisse nationale des retraites. A cet effet, après s'être assuré que la jouissance indiquée sur le livret est échue, que le certificat de vie est revêtu du timbre de la mairie ou de celui du notaire et qu'il n'est pas d'une date antérieure au jour de l'entrée en jouissance, le receveur des postes délivre au titulaire, ou à son représentant, un bulletin de dépôt du livret et transmet le livret et le certificat de vie au directeur du département qui dresse un bordereau des demandes qui lui sont parvenues et le transmet, avec les livrets et les certificats de vie, à la Caisse des dépôts et consignations.

390. Les titres de rentes sont renvoyés avec les livrets au trésorier-payeur général, et remis sur sa décharge au direc-

teur des postes et des télégraphes du département qui demeure chargé, sous sa responsabilité, de les faire remettre aux titulaires, par les receveurs des postes sous ses ordres.

391. Cette remise est constatée au moyen du renvoi qui lui est fait, par les receveurs, des bulletins de dépôt des livrets qu'ils ont retirés, et portant reçu, par le titulaire, du titre et du livret.

CHAPITRE VI.

RAPPORTS DE LA CAISSE D'ÉPARGNE POSTALE AVEC L'ADMINISTRATION DES FINANCES.

392. Dans les 20 premiers jours de chaque mois, l'agent comptable de la caisse postale envoie à la direction générale de la comptabilité publique une copie de la balance de son grand-livre, à la fin du mois précédent, un résumé des recettes et des dépenses effectués directement par lui ou centralisées dans ses écritures du mois précédent, et les pièces justificatives de ces opérations (1).

En outre, dans les trois mois qui suivent la clôture de sa gestion, la minute et une expédition du compte de gestion de l'agent comptable sont adressées au ministère des finances. Ce compte est formé et rendu par gestion annuelle, il comprend la totalité des recettes et des dépenses effectuées ou centralisées par l'agent comptable dans ses écritures pendant la durée de chaque année. Il présente la situation de l'agent comptable au commencement de l'année ; le montant des opérations constaté pendant l'année à chacun des comptes de recettes et de dépenses et la situation du comptable au 31 décembre, justifiée, en outre, par la production du procès-verbal de vérification dressé à cette date par le directeur de la Caisse d'épargne postale.

393. La direction générale de la comptabilité publique informe l'agent comptable des résultats de la vérification de

---

(1) Déc. 31 août 1881, art. 37.

son compte, et lui renvoie la minute, rectifiée s'il y a lieu (1).

L'agent comptable doit immédiatement rédiger une seconde expédition de son compte de gestion, et l'adresser à la direction générale de la comptabilité publique, pour être transmise à la Cour des comptes avec les pièces justificatives à l'appui. Cette dernière expédition doit être affirmée sincère et véritable sous les peines de droit, et être daté et signé par l'agent comptable (2).

394. En cas de décès, le compte est signé par les héritiers ou ayants droit du comptable ou, à défaut, par un *commis d'office* désigné par le ministre des postes et télégraphes sur la présentation du directeur de la caisse d'épargne postale (3).

---

(1) Application des règles auxquelles sont soumis les comptables publics.

(2) Application des règles auxquelles sont soumis les comptables publics.

(3) Application des règles auxquelles sont soumis les comptables publics.

CHAPITRE VII.

CAISSES D'ÉPARGNE SCOLAIRES.

395. Les caisses d'épargne scolaires, dont l'idée première revient à la France, où elle avait été appliquée, dès 1834, dans l'école municipale du Mans (Sarthe), ont pris naissance, en 1866, en Belgique, sous l'impulsion de M. Laurent, et elles ont acquis rapidement une très grande extension, dans ce pays, et se sont ensuite propagées, en Allemagne, en Hollande, en Angleterre, en Italie et en France à partir de 1873, grâce à l'initiative et au zèle de M. de Malarce. « Enseigner l'épargne « comme on doit enseigner une vertu, en la faisant prati- « quer, enseigner l'épargne aux enfants qui sont les meilleurs « agents de toute rénovation sociale suivant cette sublime « politique : Laissez venir à moi les petits enfants ; appren- « dre par là aux futurs travailleurs que les petites économies « répétées et bien placées ont leur valeur et une valeur con- « sidérable, qu'ainsi un enfant de sept ans qui prend l'habi- « tude d'épargner deux sous par semaine sur les sous qu'on « lui donne le dimanche pour ses friandises, se trouverait à « sa majorité propriétaire d'une somme de près de 100 francs; « que l'épargne nous habitue à modérer la satisfaction de « nos besoins futurs ; que c'est un exercice moral qui fortifie « la volonté et que c'est aussi le moyen qui mène à la for- « tune les plus déshérités, comme le moyen qui sauvegarde « la fortune des plus riches. » Ces paroles empruntées au manuel de M. de Malarce, sur les caisses scolaires, résument parfaitement le but que se propose la nouvelle institution qui est de développer chez les enfants le sentiment de l'épargne en les invitant à verser entre les mains de leur professeur

les économies réalisées sur les petites sommes mises à leur disposition par leurs parents.

Cependant des critiques sérieuses et qui, à certains points de vue ne paraissent point dénuées de fondement, ont été dirigées contre les caisses scolaires. On a dit que le régime de l'épargne si naturel chez l'homme n'a pas les mêmes conditions d'être chez l'enfant; l'homme est à la fois producteur et consommateur; l'enfant n'est que consommateur et, comme il ignore la nécessité de la production pour vivre, il ne peut comprendre le mérite de l'épargne qui est la mise en réserve d'une partie du produit du travail et dans laquelle il ne voit qu'une tyrannie et un mal sans compensation. Le contraindre à épargner par des moyens indirects, c'est forcer sa nature et, en outre, développer en lui certains instincts mauvais, si l'épargne, ce qui peut être souvent le cas, est mal interprétée par ces intelligences enfantines. Elle peut provoquer chez certaines natures une émulation dans laquelle les pauvres doivent nécessairement succomber; par là elle peut avoir de fâcheux résultats en faisant naître des sentiments d'envie et de jalousie à l'égard des plus favorisés, c'est-à-dire de ceux qui auraient plus de sous disponibles, et ces sentiments sont de nature à conduire facilement à la tentation de se procurer des sous par des moyens répréhensibles.

Un autre danger, non moins sérieux proviendrait de ce que l'on espère par l'enfant moraliser le père et lui apprendre l'épargne ; mais on amène l'enfant à se faire juge de la conduite de ses parents et à les condamner lorsque, s'inspirant des principes absolus qui lui auront été inculqués, il n'aura pu parvenir à les ramener au bien. C'est donc une attaque directe à l'esprit de famille et à la respectueuse subordination des enfants aux parents.

Mais, en face de ces objections, il peut être bon de citer les observations contenues dans un rapport de M. Hippolyte Passy, présenté à l'Académie des sciences morales et politiques au sujet des caisses scolaires, et dans lequel le savant académicien faisait ressortir qu'il est bien difficile et parfois impossible de modifier les habitudes des ouvriers adultes et de convertir à l'esprit de prévoyance, à la pratique de l'économie, des hommes déjà formés par d'autres mœurs, mais que l'habitude de l'ordre, de la sobriété, de l'économie inculquée à l'enfant sur les bancs de l'école, est le moyen le plus efficace de préparer des générations nouvelles considérablement améliorées dans leur état matériel et moral.

396. Aucun règlement n'a établi de prescriptions relatives à l'organisation des caisses d'épargne scolaires qui sont fondées par la libre initiative des instituteurs et des particuliers et n'ont aucune attache officielle ou administrative. Libres également de leur action, elles ne sont soumises à aucun contrôle autre que celui des personnes honorables qui veulent bien les diriger. Cependant l'administration a pris certaines mesures propres à faciliter le développement et le fonctionnement de ces institutions. Ainsi, il a été décidé que les fonds destinés à la fourniture des imprimés nécessaires au service des caisses scolaires et votés par les conseils généraux, les communes, des associations ou même des particuliers, pourraient être centralisés dans les écritures des trésoriers généraux à l'instar des cotisations municipales et particulières et que les fonds ainsi centralisés seraient mandatés par le préfet au profit soit des fournisseurs, soit des personnes autorisées par les conseils généraux ou municipaux à retirer les fonds.

397. La condition essentielle du succès des caisses scolaires était de n'imposer à l'instituteur qu'un travail court et facile et une responsabilité qui ne fût pas trop lourde. En même temps, pour leur faire produire les bons résultats que l'on en attendait, il fallait que l'écolier fût initié au mécanisme de l'institution et des caisses d'épargne. C'est cette méthode qui, généralement appliquée et encouragée par l'autorité publique, a provoqué la création de caisses scolaires dans de nombreuses écoles, non seulement à Paris, mais encore et surtout dans les départements.

398. D'après le mode le plus généralement usité, l'instituteur conserve entre ses mains les économies faites sou par sou par les élèves jusqu'à ce qu'elles atteignent pour chacun le chiffre d'un franc, minimum du versement autorisé par la loi aux caisses d'épargne. Il dépose alors ces petits versements à la caisse ou à une succursale, ou entre les mains du per-

cepteur, s'il a été autorisé à prêter son concours à une caisse d'épargne, et il fait ouvrir au nom de l'élève un livret dans la forme ordinaire, au crédit duquel sont ultérieurement portés les versements successifs de un franc et au-dessus.

399. Après s'être éclairé auprès de l'inspecteur primaire, l'instituteur doit donc se mettre d'accord avec l'administration de la caisse la plus rapprochée pour fixer le jour et l'heure où il viendra faire ses opérations. Certaines caisses avaient voulu faire prévaloir un système d'après lequel, au lieu de délivrer un livret individuel à chaque enfant, elles ouvraient un livret collectif au nom de l'école, sur lequel étaient inscrits tous les versements faits par les instituteurs ; elles se déchargeaient ainsi sur ces derniers du soin de tenir les comptes individuels des élèves et leur imposaient des opérations multiples et délicates pour lesquelles ils n'étaient pas toujours préparés, qu'ils ne pouvaient accomplir sans une grande perte de temps, et qui étaient de nature à les compromettre. De plus, une école ne constitue pas une collectivité ayant des intérêts communs auxquels un livret unique peut être ouvert et enfin les caisses n'étaient pas fondées à refuser de recevoir les versements faits dans les conditions légales par l'instituteur pour le compte de chaque enfant, du moment où les règlements permettent les versements opérés pour le compte d'un tiers. Par suite de ces considérations ce système paraît avoir fini par être abandonné.

400. Les caisses scolaires après avoir recueilli les économies des élèves de l'école, jouent donc, en la personne de l'instituteur, le rôle d'intermédiaire auprès des caisses d'épargne pour le placement à ces établissements des économies en question, dès que le montant est suffisant pour être l'objet d'un versement.

401. Une fois par semaine et autant que possible à jour fixe, pour favoriser l'habitude de l'épargne chez les élèves, l'instituteur préside à *l'exercice de l'épargne*. Il a un *registre de la caisse d'épargne scolaire*, cahier dont chaque page destinée au compte particulier d'un élève porte en tête le numéro du folio du registre, le nom de l'élève et le numéro de son

livret de la caisse d'épargne, quand ce livret a été obtenu.
Chacune de ces pages présente douze colonnes verticales pour
chacun des mois de l'année et autant de lignes horizontales
que de jours que l'instituteur consacre, par mois, à l'*exercice
de l'épargne*. Il doit, en outre, avoir un journal ou main
courante pour y inscrire à mesure les versements reçus pendant le cours de chaque séance et se faire ainsi un contrôle
de ses opérations. Enfin, il tient ou fait tenir un feuillet vo-
lant qui sur le recto est un *fac-simile* d'une page du registre
et qui est remis à l'élève comme duplicata de son compte à
la caisse d'épargne scolaire ; ce duplicata sert de garantie
pour l'instituteur et pour les parents des élèves. Sur le verso
on peut utilement faire imprimer une courte notice sur le
but de la caisse d'épargne scolaire et son fonctionnement.

402. Chaque élève épargnant se présente à tour de rôle et
dépose la petite somme qu'il veut mettre de côté sur le bureau
de l'instituteur qui en inscrit le montant sur le registre, à la
page afférente au compte de l'élève, et s'assure que la même
inscription est faite sur le feuillet duplicata qu'il remet à l'élève
en l'invitant à le rapporter à chaque nouveau versement.

403. Dans les premiers jours de chaque mois, l'instituteur
fait à chaque page du registre, c'est-à-dire pour chaque
compte d'élève, l'addition des menus versements inscrits
dans la colonne du mois, si le total n'atteint pas un franc, il
reporte le chiffre des centimes en haut de la colonne du mois
suivant, pour que cette somme s'ajoute aux versements à
venir. Si le total dépasse un franc ou des francs en somme
ronde, il fait le même report pour les centimes, et inscrit le
franc ou les francs ronds sur un bordereau destiné à la caisse
d'épargne. Dans ce bordereau mensuel, il note pour chaque
élève à inscrire le numéro matricule du registre, le nom de
l'élève et le numéro de son livret à la caisse d'épargne. Les
élèves qui ne possèdent pas encore de livret sont portés sur
un bordereau spécial, contenant outre le nom et le lieu de
naissance de l'élève, les noms et demeure de son représentant légal. L'instituteur totalise les sommes à verser à la
caisse d'épargne ; il date et signe le bordereau qu'il dresse
en double exemplaire, l'un qu'il conserve, l'autre qu'il porte

à la caisse d'épargne avec l'argent et avec les livrets des élèves qui en sont titulaires. La caisse d'épargne délivre au nom et pour le compte des élèves, des livrets individuels sur lesquels le montant du premier versement et les versements ultérieurs sont inscrits de la même manière et suivant les mêmes formes que pour les déposants ordinaires. Les livrets sont ensuite remis à l'instituteur qui les garde, mais les confie pour un jour à l'élève, après chaque versement, afin que ce dernier puisse montrer à sa famille l'inscription de la somme versée.

Si l'enfant est déjà titulaire d'un livret pris en son nom par ses parents, les versements qu'il fait à la caisse scolaire ne sauraient donner lieu pour lui à l'ouverture d'un nouveau livret, contrairement aux prescriptions de la loi du 22 juin 1845. En pareil cas les sommes provenant de la caisse scolaire sont ajoutées à celles déjà portées sur le livret, si toutefois le maximum n'a pas déjà été atteint ; si le livret est conditionnel, les versements scolaires peuvent y être inscrits, un livret pouvant contenir à la fois des sommes libres et des sommes rendues indisponibles.

404. Les retraits peuvent être opérés sur les livrets scolaires avec l'intervention du représentant légal de l'enfant, à qui on ne saurait non plus refuser le droit de retirer seul la totalité des fonds versés.

Quand un élève quitte l'école, l'instituteur remet au représentant légal le livret de la caisse d'épargne, et, s'il y a lieu, les fractions de francs qu'il a entre les mains dans la caisse scolaire. Reçu est donné du tout sur le registre de l'école à la page affectée à l'élève et l'instituteur avise la caisse d'épargne que l'élève a quitté l'école et que son livret a été remis à son représentant légal.

405. Par une circulaire du 1er octobre 1875, le ministre des finances a fait connaître que les instituteurs pouvaient, à titre d'intermédiaires, faire, pour le compte de leurs élèves, des versements entre les mains des percepteurs autorisés à prêter leur concours aux caisses d'épargne. Dans le cas de premier versement, l'instituteur signe autant de demandes de livret qu'il y a d'élèves ; mais le percepteur ne délivre qu'une seule quittance à souche pour l'ensemble des sommes versées par le même instituteur. Les versements ultérieurs effectués sur la présentation des livrets, ne font également l'objet que d'une seule quittance, sauf à indiquer dans le bordereau nominatif la somme afférente à chaque élève. Pour les retraits de fonds totaux ou partiels le percepteur délivre un bulletin collectif de dépôt et les demandes de remboursement sont signées par l'instituteur et l'élève titulaire du livret, mais la quittance doit être donnée par le représentant légal du mineur. Enfin, la remise de 10 centimes, revenant aux percepteurs pour les opérations des caisses d'épargne, est calculée seulement pour chacun des versements collectifs faits par l'instituteur ou pour chacun des retraits collectifs de fonds demandés par lui.

406. Des innovations diverses ont été effectuées. Dans certaines écoles, les anciens *satisfecit* sont remplacés par des *bons points centimes,* qui ont une valeur de un, dix, vingt, vingt-cinq et cinquante centimes et qui sont imprimés sur des cartons de couleur différente. Ils sont distribués aux élèves qui le méritent et qui les remettent chaque mois quand l'instituteur prépare son bordereau de la caisse scolaire. L'instituteur inscrit pour chaque élève le montant de la valeur que représentent ces bons points centimes comme un dépôt ordinaire qui serait fait en espèces à la caisse scolaire ; de plus, il en prend note sur un *journal spécial des bons points payés* qui lui sert de comptabilité et de contrôle. A la fin de l'année scolaire, à la distribution des prix, l'instituteur fait sur son journal le relevé des bons points payés gagnés par chaque élève. La liste qui en est publiée constitue ainsi une sorte de compte rendu public de la gestion des fonds alloués.

407. Les fonds qui servent, en effet, à représenter ces bons points centimes sont ordinairement accordés par les conseils municipaux ou les personnes bienfaisantes qui avaient coutume de donner aux élèves méritants, le jour de la distribution des prix, des livrets de caisse d'épargne, gratifiés de cinq, dix ou vingt francs. Ils remplacent en détail et au jour le jour les sommes ainsi données en bloc et une fois l'an.

408. Ce sont également les conseils municipaux ou ces personnes généreuses, auxquels il faut joindre les conseils généraux, qui souvent allouent les sommes nécessaires pour payer les menus frais des caisses scolaires. Dans bien des cas aussi, les caisses d'épargne consentent à s'imposer quelques sacrifices et remettent aux instituteurs tous les imprimés dont ils ont besoin.

409. Dans certains endroits il est arrivé que l'institution de la caisse scolaire a dévié de son but et que les parents se sont servis de l'entremise de leurs enfants pour verser entre les mains de l'instituteur des sommes assez fortes qui ne pouvaient plus représenter les épargnes que peut faire un enfant sur les sommes minimes qu'il a à sa disposition. Ces abus ont été parfois assez graves dans quelques départements pour appeler l'attention des pouvoirs publics. On avait même demandé qu'un maximum fût fixé au versement que l'enfant est admis à faire à titre de dépôt scolaire. Seulement il a été reconnu qu'on ne pouvait limiter ainsi le droit des déposants, mais que c'était aux instituteurs qu'il était préférable de s'adresser pour leur signaler ces abus en leur faisant remarquer qu'il fallait attacher moins d'importance aux gros versements que le père de famille peut opérer, qu'aux versements modestes, mais répétés qui sont le fait de l'enfant lui-même et dans lesquels il faut voir le véritable type de l'épargne scolaire, parce qu'ils attestent que la prévoyance et l'économie sont familières à l'écolier.

410. Les caisses scolaires ont pris un très grand développement attesté par le nombre considérable de livrets délivrés en 1875 et en 1876 à des enfants mineurs. Depuis cette époque le nombre des livrets ouverts à cette catégorie de déposants, a été un peu moins élevé chaque année, ainsi du reste qu'il fallait s'y attendre ; mais il se maintient néanmoins dans des proportions suffisantes pour attester que la nouvelle institution est toujours prospère.

411. L'administration a voulu apporter l'appui spécial de la Caisse d'épargne postale aux caisses d'épargne scolaires et des instructions, adressées aux bureaux de poste, ont sim-

plifié, à cet effet, et pour l'usage des instituteurs, le fonctionnement général du service de la caisse postale que nous avons fait connaître ci-dessus.

412. En vertu d'un décret en date du 30 novembre 1882, les versements à là Caisse nationale d'épargne peuvent être effectués, jusqu'à concurrence de dix francs par mois, au moyen de timbres-poste ordinaires de cinq centimes et de dix centimes collés sur une feuille imprimée portant le nom de *Bulletin d'épargne*. Les caisses d'épargne scolaires rattachées à la Caisse de l'Etat peuvent trouver, dans l'application de ces dispositions, de grandes facilités pour leur fonctionnement. L'adoption de cette nouvelle méthode simplifie la tâche des instituteurs en supprimant les frais résultant de l'acquisition des imprimés nécessaires et les déplacements, jusqu'ici indispensables, pour le versement des fonds dans les caisses des receveurs des postes.

413. L'administration met gratuitement à la disposition des instituteurs, dans toutes les recettes de poste et de télégraphe, des formules de bulletin d'épargne, de demandes de livret, de demandes de transfert, et enfin des relevés, dont le mode d'emploi est indiqué ci-après. Les instituteurs se munissent à leurs frais, suivant les besoins présumés, de timbres-poste à *cinq* ou à *dix* centimes, dont ils recouvrent le montant sur leurs élèves, au fur et à mesure qu'ils leur fournissent ces timbres.

Les formules de bulletins d'épargne sont reçues comme versement à la Caisse nationale d'épargne, lorsqu'elles sont revêtues de timbres-poste ordinaires à *cinq* ou à *dix* centimes en quantité suffisante pour représenter la valeur d'un franc. Les timbres-poste ainsi employés ne doivent être ni altérés, ni maculés, ni déchirés. La même personne peut, en une ou plusieurs fois, verser *dix* francs par mois en bulletins d'épargne.

414. Au moment choisi par l'instituteur pour l'exercice de l'épargne, il remet, à chaque élève qui en fait la demande, une formule de bulletin d'épargne, sur laquelle les noms et prénoms de l'enfant sont immédiatement inscrits.

Il livre, contre payement, à tout élève à qui un bulletin vient d'être remis ou qui en avait reçu antérieurement les timbres-poste destinés à consolider ses menues économies, et il s'assure que ces timbres sont immédiatement collés sur les bulletins.

Les bulletins revêtus de timbres-poste pour une valeur de un franc sont centralisés par l'instituteur qui les fait parvenir au bureau de poste comme il va être dit plus loin, soit directement, soit par l'intermédiaire du facteur.

415.. Si le titulaire d'un bulletin d'épargne ne possède pas encore de livret émis par la caisse nationale, l'instituteur lui fait remplir une formule dite *demande de livret*. Aux renseignements complémentaires prévus dans le texte de cette formule, l'élève porte l'une des indications suivantes : 1° Mineur, sous l'administration légale ou sous la tutelle de son père ; 2° mineur, sous la tutelle de sa mère ; 3° si la mère est remariée : mineur sous la tutelle de sa mère remariée ; 4° sous la tutelle.

416. A l'égard des enfants qui ne peuvent ou ne savent pas signer, la demande de livret, qui doit relater tous les renseignements énoncés ci-dessus, est établie, sur formule, par les soins de l'instituteur qui la revêt de sa signature.

Les demandes de livret et les bulletins d'épargne y afférents sont décrits par l'instituteur.

417. Ce serait aller à l'encontre du but que se proposent les fondateurs des caisses d'épargne scolaires que de favoriser, par des mesures exceptionnelles, des remboursements au profit des élèves. Toutefois, les élèves peuvent obtenir le remboursement de tout ou partie de leur compte d'épargne, en remplissant les formalités auxquelles sont astreints les autres déposants mineurs.

418. Toute école publique ou privée dans laquelle fonctionne une caisse d'épargne scolaire peut effectuer ses opérations d'épargne par l'entremise du facteur qui la dessert, si cette école est située dans une commune dépourvue d'une recette de poste.

CHAPITRE VIII.

SUCCURSALES NAVALES.

419. L'amirauté anglaise a établi, en 1866, sur les bâtiments de l'Etat une caisse navale d'épargne, qui n'a donné lieu à aucune difficulté sérieuse : l'institution de la caisse d'épargne postale a permis au ministère de la marine française d'établir une organisation semblable dans la marine française. A la date du 18 mars 1885, à la suite d'un accord intervenu entre les trois départements de la marine, des postes et des finances, un décret est intervenu qui a constitué à bord de chacun des bâtiments de l'Etat, une succursale de la caisse d'épargne postale. Nous n'avons à faire connaître des dispositions de ce décret que celles qui présentent un caractère spécial. L'administration s'est efforcée de faciliter seulement aux marins l'usage de la caisse d'épargne postale sans apporter au fonctionnement de cette caisse elle-même aucune modification importante (1).

420. Au moment du payement de la solde, le marin embarqué, quel que soit son grade, peut mettre à la caisse d'épargne une partie de la somme qu'il touche, retirer tout ou partie de celle qui est inscrite à son crédit, faire parvenir de l'argent à sa famille, acheter des rentes ou opérer des versements à la caisse de retraite pour la vieillesse. Il peut encore recevoir, sans frais, de l'argent de France.

---

(1) Une circulaire collective des ministres de la marine, des finances et des postes, en date du 6 mai 1885 a donné les instructions de détail nécessaires au fonctionnement régulier des succursales navales.

Les bords et les divisions se bornent à enregistrer les opérations sur des livrets qu'ils ont, d'ailleurs, qualité pour délivrer, et à informer directement, au moyen de bordereaux, a Direction centrale de la caisse nationale d'épargne des diverses opérations de versement et de retrait.

Les écritures qu'ils ont à tenir pour ce nouveau service se trouvent réduites à leurs termes les plus simples et demeurent, d'ailleurs, entièrement distinctes de la comptabilité du service marine.

421. Les succursales navales sont gérées par les conseils d'administration ou par les capitaines comptables et les opérations effectuées sont centralisées à Paris par l'agent comptable de la caisse d'épargne.

422. Les conseils d'administration et les capitaines comptables sont autorisés à ouvrir des livrets, à recevoir des premiers versements ainsi que des versements ultérieurs et à effectuer des remboursements dans la limite des versements. Quant aux intérêts, ils sont exclusivement calculés par la direction centrale de la caisse d'épargne et ne sont portés sur les livrets que sur l'avis de cette direction.

423. En principe, et sauf autorisation spéciale dans des cas exceptionnels, les succursales navales ne sont ouvertes aux officiers et marins que les jours fixés pour le payement de la solde des équipages. Les intéressés doivent faire connaître, trois jours à l'avance, les sommes dont ils désirent faire le versement ou obtenir le remboursement.

424. Lorsque les versements dépassent les remboursements, l'excédant de recette est employé jusqu'à due concurrence aux dépenses de la division ou du bord. Dans le cas contraire, les conseils d'administration et les capitaines comptables se procurent les fonds nécessaires au moyen d'un mandat émis sur le Trésor pour le compte de la caisse nationale d'épargne.

425. Les officiers et marins ont, d'ailleurs, la faculté de faire au moyen de leurs livrets les mêmes opérations que le public en France. De plus, le taux et les époques de jouis-

sance des intérêts qui leur sont servis sont exactement semblables à ceux qui sont en vigueur pour les dépôts dans la métropole et qui ont été déterminés par la loi précitée du 9 avril 1881. Il a été établi, en effet, que la perte d'intérêts subie par la caisse nationale d'épargne en raison de l'éloignement des points où s'effectuent un certain nombre d'opérations, se trouve compensée par la différence d'intérêts résultant : 1° des versements des marins résidant en France ou naviguant près des côtes de France; 2° des remboursements sur des comptes qui n'en sont réellement débités qu'à une date postérieure.

426. Les opérations des succursales navales sont effectuées sur des livrets de séries spéciales intitulées : *séries marines*.

427. Tout officier ou marin, titulaire d'un compte à la Caisse nationale d'épargne, peut continuer ses opérations par l'intermédiaire des succursales navales, à la condition d'échanger le livret qu'il possède contre un livret d'une *série marine*. Cet échange a lieu sans frais.

428. Tout titulaire d'un livret d'une *série marine*, en congé temporaire, peut continuer ses opérations par l'intermédiaire des bureaux de poste correspondants de la Caisse nationale d'épargne, sous la condition de produire son titre de congé et son livret dont l'avoir net aura été certifié par le conseil d'administration ou par le capitaine comptable.

429. Tout titulaire d'un livret d'une série marine, qui est libéré du service, reçoit, sur sa demande et sans frais, un livret de la série du département qu'il désigne.

430. Les livrets de *séries marines* appartenant au personnel non officier sont conservés par les capitaines de compagnie, le trésorier de la division, l'officier d'administration ou le capitaine comptable du bâtiment.

431. Les tables de bord sont autorisées à se faire ouvrir un compte à la Caisse nationale d'épargne aux conditions fixées par l'article 13 de la loi du 9 avril 1881.

La demande de livret est formée par le chef de table.

432. Les trésoriers, officiers d'administration ou capitaines comptables, ne reçoivent pas d'opposition au remboursement des sommes versées à la Caisse nationale d'épargne. Les oppositions doivent être signifiées par le ministère d'huissier entre les mains de l'agent comptable de la Caisse nationale d'épargne, à Paris ; les mainlevées doivent être données dans la même forme. L'agent comptable donne avis au conseil d'administration ou au capitaine comptable des oppositions formées sur les comptes dont les titulaires appartiennent à la division ou au bâtiment, afin que l'inscription en soit portée sur le livret et mentionnée dans l'arrêté de compte, lorsque le déposant quitte la division ou le bâtiment.

433. Les écritures relatives à la solde ne doivent jamais faire mention des opérations de la Caisse nationale d'épargne. Les gains et pertes au change font l'objet d'états distincts suivant qu'ils se rapportent aux traites relatives à la solde ou à celles qui concernent les excédants des remboursements sur les versements opérés pour le compte de la Caisse nationale d'épargne.

Dans le premier cas, les gains profitent au Trésor public et les pertes sont à la charge du budget de la marine ; dans le second, les gains et les pertes affectent la Caisse nationale d'épargne.

434. Lorsque les versements sont supérieurs aux remboursements, l'excédant est versé dans la caisse de l'agent comptable de la Caisse nationale d'épargne dans la forme suivante : les divisions des équipages de la flotte et les bâtiments qui se trouvent dans un port de France ou des colonies versent cet excédant, en échange d'un récépissé, entre les mains du comptable du Trésor, au moment où le trésorier, l'officier d'administration ou le capitaine comptable perçoit la solde des équipages. Comme pièce justificative du versement, ils remettent au comptable du Trésor un extrait certifié du *bulletin d'envoi*.

Les bâtiments qui se trouvent à l'étranger ne doivent également prendre chez le bailleur de fonds que la différence entre le montant de la solde et l'excédant constaté par le bulletin d'envoi. Ce dernier excédant fait l'objet d'une traite du modèle usité dans la marine, tirée sur le caissier central du Trésor public à l'ordre de l'agent comptable de la Caisse nationale d'épargne. L'avis de cette traite est joint à l'état récapitulatif des dépenses, qui est transmis au ministre de la marine, afin de justifier l'écart existant entre le montant des états de payement et la somme réellement perçue chez le bailleur de fonds.

435. Dans le cas où les remboursements excèdent les versements, le conseil d'administration ou le capitaine comptable se procure la somme nécessaire au moyen d'une traite du modèle usité dans la marine. Cette traite doit, toutefois, être acceptée par le ministre des postes et des télégraphes et le bon à payer est donné par l'agent comptable de la Caisse nationale d'épargne. Les indications de l'imprimé doivent être rectifiées dans ce sens.

Les divisions des équipages de la flotte et les bâtiments qui se trouvent dans un port de France ou des colonies font présenter la traite à la caisse du Trésor, qui en paye le montant.

Les conseils d'administration et les capitaines comptables des bâtiments qui se trouvent dans les ports étrangers la négocient au même taux que celle relative au payement de la solde.

436. Les bénéfices de change sur les mandats tirés pour le compte de l'agent comptable de la Caisse nationale d'épargne sont acquis à cette Caisse ; les pertes au change des mêmes mandats sont imputées sur ses frais d'administration.

437. Pour suivre la comptabilité des succursales marines, l'agent comptable de la caisse d'épargne est tenu d'ouvrir sur son grand livre deux comptes généraux aux titres :

1° *Conseils d'administration et capitaines comptables de la marine.*

2° *Compte de change.*

438. Le compte *Conseils d'administration et capitaines comptables de la marine* est débité :

1° Au crédit du *Compte général des déposants*, du montant des dépôts reçus d'après la balance journalière;

2° Au crédit du compte *Remises du caissier du Trésor*, du montant du récépissé de fonds de subvention délivré par l'agent comptable au caissier central du Trésor, d'après le bordereau d'avis d'émission de traites, pour la partie de ces traites correspondant à l'excédent des remboursements sur les versements.

439. Le compte *Conseils d'administration et capitaines comptables de la marine* est crédité :

1° Par le débit du *Compte général des déposants* du montant des dépôts remboursés d'après la balance journalière.

2° Par le débit du compte *Envois au caissier du Trésor*, du montant du récépissé de fonds de subvention délivré par le caissier central du Trésor à l'agent comptable, d'après le bordereau de récépissés-comptables ou traites pour la partie correspondant à l'excédant des versements sur les remboursements.

440. Le *Compte de change* est débité au crédit du compte *Remises du caissier du Trésor* du montant du récépissé de fonds de subvention délivré par l'agent comptable au caissier central du Trésor pour la partie des traites correspondant aux pertes au change.

Le *Compte de change* est crédité par le débit du compte *Envois au caissier du Trésor* du montant du récépissé de fonds de subvention délivré par le caissier central du Trésor à l'agent comptable pour la partie correspondant aux bénéfices de change.

441. Lorsque le *Compte de change* est créditeur en fin d'exercice, il est soldé au crédit du *Compte de la dotation*.

Lorsque le compte de change est débiteur, il est soldé par le débit du compte *Frais d'administration*, au moyen d'un ordre de payement délivré par le Directeur de la Caisse sur les crédits alloués par le budget annuel.

LÉGISLATION.

CAISSES D'ÉPARGNE PRIVÉES.

30 octobre 1822. — *Ordonnance autorisant les caisses d'é-
pargne à user de la faculté résultant de l'abaissement à 10 fr.
du minimum des inscriptions de rente pour substituer ce minimum à celui de 50 francs en convertissant en rente les fonds
versés par leurs déposants.*

3 juin 1829. — *Ordonnance sur les caisses d'épargne.*

Art. 4. L'intérêt des fonds versés par les caisses d'épargne et
de prévoyance courra à dater du dernier jour de la dizaine pendant laquelle les versements auront été effectués, et l'intérêt des
sommes remboursées, du jour où le payement en sera fait. Les
remboursements ne seront exigibles, pour toutes sommes, que dix
jours après l'avis donné à la caisse chargée de les effectuer.

Art. 5. Les comptes courants et d'intérêt établis avec les Caisses
d'épargne seront tenus, dans les départements, par les receveurs
généraux et particuliers, et, à Paris, par le ministère des Finances
(aujourd'hui la Caisse des dépôts et consignations). Ils seront
réglés et arrêtés, à la fin de chaque année, contradictoirement
avec les directeurs ou commissaires délégués par les caisses
d'épargne.

Art. 7. Le Trésor royal (aujourd'hui la Caisse des dépôts et consignations) et les comptables ne correspondront qu'avec l'administration de chaque caisse d'épargne, et ne pourront être mis en
relation avec les déposants pour les versements et les remboursements.

16 juillet 1833. — *Ordonnance autorisant les caisses d'épar-*

gne à porter à 300 francs par semaine la somme qu'elles pour-
ront recevoir d'un déposant à condition qu'aucun déposant ne
pourra avoir à son compte plus de 2,000 francs en capital.

5 juin 1835. — *Loi sur les caisses d'épargne.*

Art. 1er. Toute caisse d'épargne devra être autorisée par ordonnance du Roi, rendue dans la forme des règlements d'administration publique.

Art. 2. Les Caisses d'épargne autorisées par ordonnances royales
sont admises à verser leurs fonds en compte courant au Trésor
public (aujourd'hui la Caisse des dépôts et consignations).

Art. 7. Il sera délivré à chaque déposant un livret en son nom,
sur lequel seront enregistrés tous les versements et remboursements.

Art. 8. Tout déposant pourra faire transférer ses fonds d'une
caisse à une autre. Les formalités relatives à ce transfert seront
réglées par le ministre des Finances.

Art. 9. Seront exempts des droits de timbre les registres et
livrets à l'usage des caisses d'épargne.

Art. 10. Les caisses d'épargne pourront, dans les formes et selon
les règles prescrites pour les établissements d'utilité publique,
recevoir les dons et legs qui seraient faits en leur faveur.

Art. 11. Les formalités prescrites par les articles 561 et 569 du
Code de procédure, et par le décret impérial du 18 août 1807,
relativement aux saisies-arrêts, seront applicables aux fonds déposés dans les caisses d'épargne.

Art. 12. Il sera, chaque année, distribué aux Chambres un rapport sommaire sur la situation et les opérations des caisses
d'épargne. Ce rapport sera suivi d'un état général des sommes
votées ou données par les conseils généraux, les conseils municipaux et les citoyens, pour subvenir au service des frais des caisses d'épargne.

31 mars 1837. — *Loi sur les rapports de la Caisse des dépôts*
et consignations avec les Caisses d'épargne.

Art. 1er. La caisse des dépôts et consignations sera chargée, à
l'avenir, de recevoir et d'administrer, sous la garantie du Trésor
public et sous la surveillance de la commission instituée par l'article 99 de la loi du 28 avril 1816, les fonds que les caisses d'épargne et de prévoyance ont été admises à placer en compte courant
au Trésor, conformément à l'article 2 de la loi du 5 juin 1835.

Art. 3. La Caisse des dépôts et consignations aura la faculté de placer au Trésor public, à l'intérêt de 4 0/0 par an, soit en compte courant, soit en bons royaux à échéance fixe, les fonds provenant des caisses d'épargne et de prévoyance.

La Caisse des dépôts et consignations ne pourra acheter ou vendre des rentes sur l'Etat qu'avec l'autorisation préalable du ministre des Finances.

Les achats et les ventes ne pourront avoir lieu qu'avec concurrence et publicité.

Les achats s'effectueront successivement, jour par jour, jusqu'à l'épuisement de la somme fixée, dans une proportion qui ne pourra excéder celle affectée à l'amortissement par la loi du 10 juin 1833.

25 août 1837. — *Ordonnance créant, transférant et inscrivant au nom des Caisses d'épargne une somme de 93,830,975 fr., à verser par le Trésor public à la Caisse des dépôts et consignations.*

25 août 1837. — *Ordonnance ayant pour objet le transfert au nom de la Caisse des dépôts et consignations des 3,753,239 fr. de rente, représentant au pair un capital de 93,830,997 fr. 10, pour le payement à faire par le Trésor des sommes dues aux caisses d'épargne.*

22 juin 1845. — *Loi sur le versement à opérer par les remplaçants militaires.*

Art. 5. Nul ne pourra avoir plus d'un livret dans la même caisse ou dans des caisses différentes, sous peine de perdre l'intérêt de la totalité des sommes déposées.

16 juillet 1845. — *Ordonnance autorisant le transfert, au nom de la Caisse des dépôts et consignations, de 4 millions de rente représentant au pair un capital de 100 millions.*

28 juillet 1846. — *Ordonnance relative aux versements exceptionnels faits par les remplaçants militaires et les marins.*

7 mars 1848. — *Arrêté du Gouvernement provisoire élevant à 5 0/0 le taux de l'intérêt servi aux caisses d'épargne.*

9 mars 1848. — *Arrêté du Gouvernement provisoire sur le mode de remboursement des fonds déposés aux caisses d'épargne.*

7 juillet 1848. — *Décret de l'Assemblée nationale relatif au remboursement des fonds déposés aux caisses d'épargne et ordonnant la délivrance aux déposants, remboursés en rente au pair, d'un coupon de rente, représentant la différence entre le pair et le cours de 80 francs.*

21 novembre 1848. — *Loi prescrivant la remise aux déposants d'un livret spécial sur lequel ils seraient crédités de la différence entre le cours de 71 fr. 60 et celui de 80 auquel les rentes leur avaient été attribuées.*

29 avril 1850. — *Loi sur le remboursement de ces livrets spéciaux.*

30 juin 1851. — *Loi autorisant les acquisitions, sans frais, de rentes sur l'État pour le compte des déposants.*

Art. 5. Tout déposant dont le crédit sera de somme suffisante pour acheter dix francs de rentes au moins, pourra faire opérer cet achat sans frais par les soins de l'administration de la Caisse d'épargne.

Art. 6. Dans le cas où le déposant ne retirerait pas les titres de rente achetés pour son compte, l'administration de la Caisse d'épargne en restera dépositaire et recevra les semestres d'intérêts au crédit du titulaire.

Art. 7. A partir du 1er janvier 1852, l'intérêt bonifié par la Caisse des dépôts et consignations sera fixé à 4 1/2 0/0 (aujourd'hui 4 0/0).

La retenue à faire sur cet intérêt par les caisses d'épargne pour leurs frais de loyers et d'administration, est obligatoire pour 1/4 0/0, et facultative pour un autre quart 0/0. En aucun cas, cette retenue ne pourra s'élever au-dessus de 1/2 0/0.

Toutefois, pour la caisse d'épargne de Paris, la retenue facultative sera de 3/4 0/0, sans que la retenue totale puisse jamais excéder 1 0/0.

Art. 8. Un règlement d'administration publique présenté par les ministres des Finances et du Commerce déterminera le mode de surveillance de la gestion et de la comptabilité des caisses d'épargne.

Art. 10. Les dispositions de la loi du 22 juin 1845, contraires à la présente loi, sont abrogées.

15 avril 1852. — *Décret qui détermine le mode de surveillance de la gestion et de la comptabilité des caisses d'épargne.*

Art. 1er. Les opérations de chaque caisse d'épargne sont dirigées et surveillées par un conseil de directeurs ou d'administrateurs.

Les statuts déterminent la composition et les fonctions de ce conseil.

Art. 2. En cas d'insuffisance du nombre de ses membres, le conseil des directeurs ou des administrateurs peut choisir des directeurs ou des administrateurs adjoints, qui remplissent, lorsque la caisse d'épargne est ouverte au public, les mêmes fonctions que les directeurs ou administrateurs. — Le conseil peut également les appeler à concourir, avec voix consultative, à ses délibérations, ou leur confier une partie de ses travaux. — Ils sont nommés pour un an et peuvent être réélus.

Art. 3. Lorsque la caisse d'épargne est ouverte au public, les directeurs ou administrateurs de service doivent être présents à toutes les opérations et apposer, séance tenante, leur visa sur les livrets.

Art. 4. A l'expiration de chaque jour de recette ou de payement, des procès-verbaux constatent et résument les opérations de la journée, ainsi que l'état de la caisse et du portefeuille.

Ces procès-verbaux doivent être certifiés et arrêtés séance tenante, par les directeurs ou administrateurs de service.

Art. 5. (Abrogé.)

Art. 6. Les caisses d'épargne sont assujetties à un mode de comptabilité uniforme.

Les éléments principaux de cette comptabilité sont :

Un registre matricule destiné à recevoir la signature des personnes qui versent pour la première fois, et tous les renseignements que la caisse doit conserver sur chaque déposant;

Un répertoire formé à l'aide de cartons mobiles, et servant à retrouver les noms des déposants au registre matricule;

Les livrets remis aux déposants ;

Un livre de comptes courants individuels;

Les relevés et pièces nécessaires pour la préparation de toutes les opérations qui se rattachent à ces comptes courants;

Le livre journal, où toutes les opérations sont résumées jour par jour ;

Le grand livre, où les opérations sont classées par nature à des comptes généraux;

Les balances du livre des comptes courants et du grand livre;

Les autorisations et procurations à exiger des personnes qui versent ou qui demandent des remboursements pour le compte de tiers ;

Les bordereaux détaillés, quittances et bulletins à préparer lors des versements, lors des demandes de remboursement et pour les transferts d'une caisse à une autre ;

Les demandes d'achats de rente et les bordereaux et pièces qui sont la conséquence de ces achats ;

Un registre d'entrée et de sortie des inscriptions de rentes ;

Un carnet des placements faits à la Caisse des dépôts.

Art. 7. Indépendamment des registres mentionnés à l'article précédent, l'administration peut prescrire aux caisses d'épargne dont les opérations sont étendues :

Un double du livre des comptes courants, pour servir de contrôle ;

Un livre de comptes divisionnaires dans lequel sont résumés, à des comptes généraux, les résultats des comptes courants d'un nombre de déposants.

Lorsque les comptes divisionnaires sont nombreux et ne représentent que les fractions d'une série de déposants, les résultats des comptes de la série sont portés en masse à un compte général du grand livre.

Art. 8. La balance du grand livre se fait chaque semaine.

La balance des comptes divisionnaires se fait tous les mois.

La balance des comptes individuels doit être établie à la fin de chaque année et dans un délai qui ne peut excéder trois mois.

Ces balances doivent concorder rigoureusement entre elles aux époques où elles sont susceptibles de rapprochement.

Art. 9. Les fonds sont renfermés dans une caisse à deux clefs.

L'une des clefs reste au caissier, l'autre est déposée entre les mains d'un administrateur, qui est tenu d'assister à l'ouverture et à la fermeture de la caisse.

Le portefeuille contenant les inscriptions de rentes doit être renfermé dans la même caisse.

Art. 10. Les fonds reçus par les caisses d'épargne doivent être immédiatement versés à la Caisse des dépôts et consignations ou à ses préposés dans les départements.

Chaque établissement ne peut conserver en caisse que la somme jugée indispensable pour assurer le service jusqu'au plus prochain jour de recette.

Art. 11. Après chaque jour de recette, les caissiers des Caisses d'épargne établissent, certifient et transmettent immédiatement au préposé de la Caisse des dépôts et consignations une situation sommaire indiquant :

1° La somme qui existait en caisse au jour correspondant de la semaine précédente ;

2° La totalité des recettes effectuées depuis cette époque et l'addition de ces recettes avec l'encaisse ;

3° La totalité des payements faits pendant la même période ;

4° La différence exprimant le nouveau solde en caisse sur lequel sera imputé le versement à faire à la Caisse des dépôts.

Les situations hebdomadaires ainsi produites sont réunies, par les préposés de la Caisse des dépôts, aux pièces justificatives de recettes qu'ils doivent fournir à cette caisse.

Art. 12. Les retraits à faire sur les fonds placés à la Caisse des dépôts ne peuvent s'effectuer qu'en vertu d'un avis préalable signé de deux administrateurs au moins, dont un seul pourra être un administrateur adjoint. Cet avis détermine la somme dont le remboursement doit être fait au caissier d'épargne.

Le remboursement est ensuite opéré par le préposé de la Caisse des dépôts sur la quittance du caissier de la caisse d'épargne.

Cette quittance est réunie à l'avis préalable des administrateurs, et les deux pièces constituent les justifications que les receveurs des finances doivent produire à la Caisse des dépôts, à l'appui des remboursements.

Art. 13. Lorsqu'une caisse d'épargne a établi des succursales, les agents préposés aux recettes et aux payements qui peuvent avoir lieu dans les succursales remplissent leurs fonctions sous la surveillance du caissier de la Caisse d'épargne.

Leurs opérations doivent faire partie intégrante de la gestion du caissier.

Ils forment des bordereaux détaillés des versements qui leur sont faits et des remboursements qu'ils opèrent. Ils dressent et certifient conjointement avec les administrateurs délégués auprès de la succursale des procès-verbaux résumant et constatant les opérations de chaque jour de recette ou de remboursement.

Les fonds existant entre les mains du préposé sont transmis sans délai à la caisse d'épargne, ainsi que les bordereaux, procès-verbaux et pièces à l'appui, et le caissier rattache à sa comptabilité les opérations de la succursale, comme s'il les eût effectuées personnellement.

Les dispositions des articles 3 et 4 relatives à l'intervention des administrateurs dans les opérations de chaque jour de recette sont applicables aux administrateurs placés près des succursales.

Art. 14. Une comptabilité spéciale est tenue pour les inscriptions des rentes achetées au nom des déposants ou provenant de la consolidation.

Art. 15. Les caisses d'épargne ne peuvent être dépositaires que des inscriptions de rentes provenant :

1° De la consolidation (décret du 7 juillet 1848);

2° Des achats volontaires opérés conformément à l'article 6 de la loi du 22 juin 1845, et à l'article 5 de la loi du 30 juin 1851 ;

3° Des achats d'office opérés en exécution de la loi du 30 juin 1851.

Celles de ces inscriptions qui auraient été remises à leurs propriétaires ne peuvent plus être reçues en dépôt par les caisses d'épargne.

Art. 16. Les inscriptions de rente dont les caisses d'épargne restent dépositaires sont inscrites dans un registre spécial divisé en trois parties distinctes. Chaque partie de ce registre est exclusivement réservée à l'une des catégories d'inscriptions énumérées dans l'article précédent.

Art. 17. Lorsqu'une inscription est rendue, l'agent de la caisse d'épargne retire en échange un récépissé du propriétaire ou de son fondé de pouvoirs, et porte la date de la sortie dans une colonne spéciale du livre d'inscription.

Art. 18. Dans les départements autres que celui de la Seine, les agents des caisses d'épargne préposés à la direction du service, à la tenue des écritures, à la manutention des fonds et valeurs, sont placés sous la surveillance des receveurs des finances, qui peuvent vérifier par eux-mêmes ou par leurs fondés de pouvoirs les écritures et la situation de la caisse toutes les fois qu'ils le jugent convenable.

Ces vérifications doivent avoir lieu au moins une fois par trimestre.

La Caisse d'épargne de Paris est placée sous la surveillance directe du ministre des finances, qui en fait vérifier, quand il le juge convenable, la situation et les écritures.

Art. 19. En commençant leurs vérifications, les receveurs des finances doivent en donner avis au président du conseil des directeurs ou des administrateurs ou à celui qui le remplace, afin qu'il puisse, s'il le juge convenable, assister à la vérification conjointement avec l'administrateur rendu dépositaire d'une des clefs de la caisse, en conformité de l'article 9.

Ils reconnaissent l'existence matérielle des fonds et des inscriptions de rentes déclarés par les écritures.

Ils s'assurent de la régularité de la comptabilité dans ses diverses parties.

Ils examinent si les règlements et instructions sont observés.

Ils communiquent leur rapport au comptable vérifié; les observations sont inscrites en marge.

Enfin, ils peuvent prendre provisoirement toute mesure d'urgence jugée nécessaire.

Ils adressent au président du conseil des directeurs ou des administrateurs copie certifiée de leur procès-verbal et de leur rapport, et ils lui donnent avis des mesures d'urgence qu'ils auraient prises, afin de le mettre en mesure de pourvoir aux nécessités du service.

Les rapports et procès-verbaux sont, en outre, adressés au ministre des finances, qui les communique au ministre de l'intérieur, de l'agriculture et du commerce (aujourd'hui du commerce), et se concerte avec lui sur la suite à leur donner.

Art. 20. Les receveurs des finances veillent à ce que les encaisses leur soient exactement versées, sous la seule réserve des fonds nécessaires au service courant, comme il est dit à l'article 10.

Art. 21. Les caisses d'épargne sont soumises aux vérifications des inspecteurs des finances.

Les inspecteurs peuvent porter leur examen et leurs investigations sur toute la gestion des établissements.

Ils doivent vérifier la régularité des écritures et l'exactitude de la caisse et du portefeuille.

Ils examinent si l'organisation du personnel des agents présente les garanties convenables; si les procédés de comptabilité employés par la caisse d'épargne sont suffisants; s'ils remplissent les conditions d'uniformités voulues par l'article 6, ou s'il y aurait lieu de les étendre conformément à l'article 7; enfin si les versements à la Caisse des dépôts ont lieu régulièrement et dans les limites déterminées par les articles 10 et 20.

Ils rendent compte de leurs vérifications et soumettent leurs propositions au ministre de l'intérieur, de l'agriculture et du commerce (aujourd'hui au ministre du commerce), avec lequel il se concerte sur la suite à donner à ces propositions.

Les inspecteurs des finances se conforment d'ailleurs, lors de leurs vérifications, aux dispositions prescrites aux receveurs des finances par l'article 19.

Art. 22. Les caissiers et les sous-caissiers préposés aux succursales des caisses d'épargne sont soumis à l'obligation de fournir un cautionnement.

Art. 23. Le conseil des directeurs ou des administrateurs fixe le montant du cautionnement du caissier et des sous-caissiers; mais sans que ce cautionnement puisse être inférieur à 2 0/0 de la recette d'une année moyenne.

La recette d'une année moyenne est évaluée d'après les recettes effectuées pendant les cinq dernières années en tenant compte, tant des sommes versées par les déposants, que des retraits de fonds opérés à la Caisse des dépôts et consignations. Toutefois, si le cautionnement déterminé d'après cette base dépasse 20,000 francs dans les départements et 40,000 francs à Paris, il peut être ramené à ce taux.

Art. 24. Pour les caisses d'épargne nouvellement établies, le cautionnement est fixé par le ministre de l'intérieur, de l'agriculture et du commerce (aujourd'hui du commerce), sur la proposition du conseil des directeurs ou administrateurs. Lorsque la caisse compte cinq ans d'existence, le cautionnement est régularisé en conformité de l'article 23.

Art. 25. Le cautionnement de chaque comptable est réglé pour toute la durée de ses fonctions.

Art. 26. Le cautionnement doit être réalisé à la Caisse des dépôts et consignations, sous les conditions déterminées pour les dépôts des établissements publics.

Art. 27. Le cautionnement doit être versé en numéraire.

Néanmoins, sur la demande du conseil des directeurs ou administrateurs, les caissiers des caisses d'épargne peuvent être autorisés à réaliser leur cautionnement en rentes sur l'État.

Art. 28. Le ministre de l'intérieur, de l'agriculture et du commerce (aujourd'hui le ministre du commerce), de concert avec le ministre des finances, détermine la forme des registres et pièces de comptabilité à l'usage des caisses d'épargne et indique avec détail les procédés à suivre pour la tenue des écritures, pour le calcul et la capitalisation des intérêts, pour le mode spécial de comptabilité concernant les inscriptions de rentes et pour les relations avec les déposants.

7 mai 1853. — *Loi relative aux caisses d'épargne.*

Art. 1er. A partir du 1er juillet 1853, l'intérêt bonifié aux caisses d'épargne par la Caisse des dépôts et consignations est fixé à 4 0/0.

Art. 3. Les certificats de propriété destinés aux retraits de fonds versés dans les caisses d'épargne doivent être délivrés dans les formes et suivant les règles prescrites par la loi du 28 floréal an VII.

Art. 4. Lorsqu'il s'est écoulé un délai de trente ans, à partir tant du dernier versement ou remboursement que de tout achat de rente et de toute autre opération effectuée à la demande des déposants, les sommes que détiennent les caisses d'épargne aux comptes de ceux-ci sont placées en rentes sur l'État; et les titres de ces rentes comme les titres des rentes achetées, soit en vertu de la loi du 22 juin 1845, soit en vertu de la loi du 30 juin 1851, à la demande des déposants ou d'office, sont remis à la Caisse des dépôts et consignations pour le compte des déposants.

A partir du même moment, et jusqu'à la réclamation des déposants, le service des arrérages de la rente est suspendu.

Les reliquats des placements en rente ci-dessus énoncés, et les sommes qui, à raison de leur insuffisance, n'auraient pu être converties en rentes sur l'État, demeureront, à la même époque, acquis définitivement aux caisses d'épargne.

A l'égard des versements faits sous la condition stipulée par le donateur, que le titulaire n'en pourra disposer qu'après une époque déterminée, le délai de trente ans ne court qu'à partir de cette époque.

A l'égard des sommes déposées pour le compte des remplaçants dans les armées de terre et de mer, le délai de trente ans ne court qu'à partir de l'expiration de leur engagement.

Dans tous les cas, les noms des déposants seront publiés au *Moniteur* et dans la feuille d'annonces judiciaires de l'arrondissement où est située la caisse d'épargne dépositaire, six mois avant l'expiration du délai de trente ans, fixé ci-dessus.

15 mai 1858.—*Décret sur les dépôts à opérer dans les caisses d'épargne par les engagés et les rengagés volontaires.*

Art. 1er. Les hommes liés au service, dans les armées de terre et de mer, suivant les conditions déterminées par la loi du 26 avril 1855 et le décret du 9 janvier 1856, qui voudront jouir de la faveur accordée aux remplaçants dans les armées de terre et de mer par la loi du 30 juin 1851, devront satisfaire aux conditions suivantes :

Art. 2. Les militaires et marins admis à contracter un rengagement, et les engagés volontaires après libération, qui se présenteront pour déposer en un seul versement, aux caisses d'épargne, toute portion de prime à eux payable, soit au début, soit dans le cours de la durée du service, conformément aux articles 12 et 14 de la loi du 26 avril 1855 et à l'article 26 du décret du 9 janvier 1856, produiront, suivant qu'ils seront rengagés ou engagés :

Une expédition de l'acte de rengagement dressé par le sous-intendant militaire ou par le commissaire de la marine;

E.   16

Ou une expédition de l'acte d'engagement volontaire après libération, reçu par le maire et visé par le sous-intendant militaire ou par le commissaire de la marine.

Ils produiront, en outre, un certificat constatant l'origine et le montant des deniers, délivré par le comptable qui les leur aura remis.

1ᵉʳ août 1864. — *Décret sur le cautionnement des caissiers des caisses d'épargne.*

Les préfets peuvent, sur la demande des directeurs des caisses d'épargne, autoriser les conversions en rentes sur l'État du cautionnement des caissiers de ces établissements, versé en numéraire à la Caisse des dépôts et consignatious.

17 septembre 1870. — *Décret limitant à 50 fr. par livret le remboursement provisoirement acquitté en espèces, le surplus remboursable en bons du Trésor à 5 0/0 trois mois d'échéance.*

12 juillet 1871. — *Loi rapportant le décret du 17 septembre 1870 et faisant rentrer les caisses d'épargne dans le droit commun de leur institution pour les remboursements à effectuer.*

23 août 1875. — *Décret autorisant les percepteurs des contributions directes à donner leur concours aux opérations des caisses d'épargne.*

Art. 1ᵉʳ. Les percepteurs des contributions directes, dont le concours aura été demandé par les administrations des caisses d'épargne, pourront, sur l'avis conforme du ministre de l'agriculture et du commerce, être autorisés par le ministre des finances à recevoir les versements et à effectuer les remboursements pour le compte des caisses d'épargne de leur département.

Art. 2. Les caisses d'épargne peuvent obtenir le concours, soit de tous les percepteurs du département, soit seulement d'un certain nombre de ces comptables, déterminé par la situation ou l'importance des localités.

Art. 3. Les opérations s'effectuent, savoir :

Par les percepteurs :

Au siège de la résidence du comptable, tous les jours non fériés, autres que ceux fixés par les règlements pour les tournées de recouvrements et de mutations, ou pour les versements à la recette des finances ;

Dans les autres communes de la perception, les jours fixés pour les tournées réglementaires de recouvrements.

Les informations nécessaires à cet égard sont portées à la connaissance du public au moyen d'une affiche placardée dans les bureaux des percepteurs et des receveurs des postes.

Les comptables du Trésor n'ont pas à intervenir dans les villes et communes où les caisses d'épargne ont leur siège principal ou possèdent une succursale permanente.

Art. 4. Les percepteurs, dont le concours aura été autorisé, seront munis d'une commission spéciale émanée du conseil d'administration de la caisse d'épargne.

Cette commission devra être contresignée, pour autorisation, par le trésorier-payeur général.

Art. 5. Tout versement fait à un percepteur, pour le service des caisses d'épargne, donne lieu à la délivrance d'une *quittance à souche*. Les versements sont ultérieurement consignés par le caissier de la caisse d'épargne sur le livret qui doit être déposé entre les mains des comptables du Trésor.

Les demandes de remboursement sont également accompagnées du livret correspondant. Un *bulletin de dépôt* en est remis à la partie.

Les livrets sont restitués au déposant en échange de la quittance à souche ou du bulletin de dépôt, dans les délais déterminés par le ministre des finances.

Les livrets qui n'auront pas été réclamés dans le mois qui suivra l'expiration des délais ci-dessus seront renvoyés au siège de la caisse d'épargne, et il incombera aux ayants droit de les y faire retirer directement.

En cas de perte des quittances à souche ou bulletins de dépôt, il peut y être suppléé par une *déclaration de perte* formée par le déposant et visée par le maire de sa résidence. Les comptables du Trésor peuvent d'ailleurs exiger telles justifications que de droit en vue de sauvegarder leur responsabilité.

Art. 6. Le concours des percepteurs sera rémunéré au moyen d'une remise fixe de dix centimes pour chacun des versements ou remboursements effectués par leurs soins, et cette remise sera à la charge des caisses d'épargne.

Les états, bordereaux et autres formules imprimés nécessaires au service, à l'exception du journal à souche et des registres de comptabilité, seront fournis gratuitement aux comptables par les caisses d'épargne.

Art. 7. Les receveurs des finances sont responsables, vis-à-vis des caisses d'épargne, de la gestion des percepteurs de leur arrondissement, sauf leur recours, en cas de débet, sur le cautionnement de ces derniers comptables. En cas d'insuffisance du cautionnement des percepteurs et si le déficit provient de force majeure ou de circonstances indépendantes de la surveillance du receveur des finances, celui-ci péut obtenir la décharge de sa responsabilité, conformément à l'article 545 du décret du 31 mai 1862.

Art. 8. La demande formée par les caisses d'épargne à l'effet d'obtenir le concours·des percepteurs emporte de plein droit adhésion, non seulement aux conditions énoncées tant dans le présent décret que dans les arrêtés du ministre des finances en date de ce jour, mais encore aux décisions et mesures d'exécution qui pourraient être ultérieurement prises par le même ministre, sauf recours au conseil d'État.

Art. 9. Les quittances de sommes déposées aux caisses d'épargne, ainsi que les quittances de sommes remboursées aux déposants, sont exemptes de timbre.

9 avril 1881. — Loi *qui crée une Caisse d'épargne postale*

Art. 1er. Il est institué une caisse d'épargne publique sous la garantie de l'État; elle est placée sous l'autorité du ministre des postes et des télégraphes et prend le nom de Caisse d'épargne postale.

Les bureaux de poste français seront appelés au fur et à mesure, par des arrêtés ministériels, à participer au service de la Caisse d'épargne postale.

Tout déposant muni d'un livret de la caisse d'épargne peut continuer ses versements et opérer ses retraits dans tous les bureaux de poste français dûment organisés en agences de cette caisse.

L'administration des postes représentera l'État dans ses rapports avec les déposants.

Art. 2. Les fonds de la Caisse d'épargne postale seront versés, à Paris, à la Caisse des dépôts et consignations; dans les départements, aux caisses des trésoriers-payeurs généraux et des receveurs particuliers préposés à la Caisse des dépôts (1).

---

(1) Cet article a été modifié par l'article 34 de la loi de finances du 29 juillet 1881, lequel est ainsi conçu :

Art. 34. Le premier paragraphe de l'article 2 de la loi du 9 avril 1881, relative à la Caisse d'épargne postale, est modifié ainsi qu'il suit :

Les fonds de la Caisse d'épargne postale seront versés à la Caisse des dépôts et consignations.

Ils produiront à la caisse d'épargne, à partir du jour de leur versement, jusques et non compris le jour du retrait, un intérêt de trois francs vingt-cinq centimes pour cent (3 fr. 25 0/0) par an.

Art. 3. Un intérêt de trois francs pour cent (3 0/0) sera servi aux déposants par la caisse d'épargne.

Cet intérêt partira du 1er ou du 16 de chaque mois après le jour du versement.

Il cessera de courir à partir du 1er ou du 16 qui aura précédé le jour du remboursement.

Au 31 décembre de chaque année, l'intérêt acquis s'ajoutera au capital et deviendra lui-même productif d'intérêts. Les fractions de franc ne produiront pas d'intérêts.

Art. 4. Le taux de l'intérêt fixé par les deux articles précédents ne pourra être modifié que par une loi.

Art. 5. Les frais d'administration de la Caisse d'épargne postale seront prélevés sur les sommes dont elle bénéficiera :

1° Par suite de la différence entre l'intérêt servi par le Trésor et l'intérêt dont on tiendra compte aux déposants ;

2° Par suite de la différence d'intérêt produit par les arrérages des valeurs achetées en exécution de l'article 19 et le taux de trois francs vingt-cinq centimes pour cent servi à la Caisse postale.

En cas d'insuffisance, il y sera pourvu au moyen des intérêts de la dotation dont il est parlé à l'article 16.

Art. 6. L'administration des postes ouvrira un compte à toute personne par laquelle ou au nom de laquelle des fonds auront été versés, à titre d'épargne, dans un bureau de poste.

Elle délivrera gratuitement, au nom des bénéficiaires, un livret sur lequel seront inscrits les versements, les retraits de fonds et les intérêts acquis.

Nul ne pourra être titulaire de plus d'un livret à la Caisse d'épargne postale, sous peine de perdre l'intérêt des sommes inscrites sur le second livret et les livrets de date ultérieure.

Si plusieurs livrets ont la même date, la perte de l'intérêt portera sur la totalité des dépôts constatés par ces livrets.

Les mineurs sont admis à se faire ouvrir des livrets sans l'intervention de leur représentant légal. Ils pourront retirer, sans cette intervention, mais seulement après l'âge de seize ans révolus, les sommes figurant sur les livrets ainsi ouverts, sauf opposition de la part de leur représentant légal.

Les femmes mariées, quel que soit le régime de leur contrat de mariage, seront admises à se faire ouvrir des livrets sans l'assistance de leurs maris ; elles pourront retirer sans cette assistance les sommes inscrites aux livrets ainsi ouverts, sauf opposition de la part de leurs maris.

Art. 7. Tout déposant dont le crédit sera suffisant pour acheter dix francs (10 fr.) de rente au minimum pourra faire opérer cet achat, sans frais, par la Caisse d'épargne postale.

L'achat de rente pourra être supérieur à dix francs (10 fr.) si la situation du crédit le comporte.

Art. 8. Chaque versement ne pourra être inférieur à un franc (1 fr.).

Le compte ouvert à chaque déposant ne pourra excéder le chiffre de deux mille francs (2,000 fr.) versés en une ou plusieurs fois.

Art. 9. Dès qu'un compte dépassera, par les versements et capitalisation des intérêts, le chiffre de deux mille francs (2,000 fr.), il en sera donné avis au déposant par lettre chargée.

Si, dans les trois mois qui suivront cet avis, le déposant n'a pas réduit son crédit, il lui sera acheté d'office et sans frais vingt francs (20 fr.) de rente sur l'État.

Le service des intérêts sur l'excédent sera suspendu à partir de la date de l'avis jusqu'au jour de la réduction du compte.

Art. 10. Lorsque le déposant n'aura pas retiré les titres de rente achetés pour son compte, dans le cas prévu par l'article précédent, la Caisse d'épargne en touchera les arrérages et les inscrira comme nouveau versement au crédit du titulaire.

Art. 11. La demande de retrait devra être déposée à l'avance et le remboursement aura lieu dans un délai de huit jours au maximum pour la France continentale.

Des délais supplémentaires seront fixés par décret pour les opérations nécessitant l'intervention d'un bureau situé en dehors de la France continentale.

Art. 12. Dans le cas de force majeure, des décrets rendus, le conseil d'État entendu, pourront autoriser la Caisse d'épargne postale à n'opérer le remboursement que par acomptes de cinquante francs (50 fr.) au minimum et par quinzaine.

Art. 13. Les sociétés de secours mutuels seront admises à faire des versements à la Caisse d'épargne postale, et le compte ouvert à leur crédit pourra atteindre le chiffre de huit mille francs (8,000 fr.). Les institutions de coopération, de bienfaisance et autres sociétés de même nature, pourront être admises à faire des versements dans les mêmes conditions, après en avoir obtenu l'autorisation du ministre.

Au delà de ce chiffre, il leur sera fait application des articles 9 et 10 ci-dessus ; toutefois, le montant de la rente achetée d'office pour leur compte sera de cent francs (100 fr.),

Art. 14. Le montant d'un livret n'ayant donné lieu depuis trente ans à aucun versement, à aucun remboursement, ni à aucune autre opération faite sur la demande du déposant, cessera d'être productif d'intérêts et devra être remboursé à l'ayant droit.

Si l'ayant droit ne peut être connu, ou si, par une cause quelconque, le remboursement ne peut être opéré, la somme inscrite à son crédit sera convertie en un titre de rente sur l'État, qui sera consigné à la Caisse des dépôts et consignations.

Seront également consignées les inscriptions de rentes achetées, soit d'office, soit à la demande du titulaire, et non retirées dans le délai de trente ans.

Par exception, pour les placements faits sous la condition, stipulée par le donateur ou le testateur, que le titulaire n'en pourra disposer qu'après une époque déterminée, le délai de trente ans ne courra qu'à partir de cette époque.

Du jour de la consignation et jusqu'à la réclamation des déposants, le service des arrérages de la rente est suspendu.

Les reliquats des placements en rente et les dépôts qui, en raison de leur insuffisance, n'auraient pu être convertis en rente, seront acquis à la Caisse d'épargne.

La Caisse d'épargne est autorisée à se décharger de toutes quittances et pièces et de tous livrets qui ont plus de trente ans de date.

Art. 15. Des dons et legs pourront être faits au profit de la Caisse d'épargne postale, dans les formes et selon les règles prescrites pour les établissements d'utilité publique.

Art. 16. La Caisse d'épargne postale possédera une dotation qui sera formée, savoir :

1° Du boni réalisé sur les frais d'administration, lorsque ceux-ci n'atteindront pas le produit du prélèvement de vingt-cinq centimes destiné à couvrir ces frais ;

2° Des dons et legs qui pourraient être consentis par des tiers ;

3° Des produits des reliquats de dépôts attribués à la Caisse d'épargne dans les conditions prévues à l'avant-dernier alinéa de l'article 14 ;

4° De la capitalisation des intérêts de ces divers fonds demeurés libres après le prélèvement autorisé par l'article 5 ;

5° Enfin de la différence d'intérêt produit par les arrérages des valeurs achetées en exécution de l'article 19 et le taux de trois francs vingt-cinq centimes pour cent servi à la Caisse postale, après le prélèvement autorisé par l'article 5.

Les fonds constituant cette dotation ne pourront être aliénés qu'en vertu d'une loi,

Art. 17. Le ministre des postes et des télégraphes présentera chaque année un rapport sur la situation et les opérations de la Caisse d'épargne postale.

Ce rapport sera publié au *Journal officiel* et distribué au Sénat et à la Chambre des députés.

Art. 18. Un règlement d'administration publique déterminera le mode de contrôle de la Caisse d'épargne postale.

Art. 19. La Caisse des dépôts et consignations devra faire emploi de toutes les sommes déposées par la Caisse d'épargne postale.

Cet emploi aura lieu en valeurs de l'État français.

La différence d'intérêt produit par les arrérages de ces valeurs et le taux de trois francs vingt-cinq centimes pour cent servi à la Caisse postale accroîtra la dotation instituée par l'article 16, après prélèvement, s'il y a lieu, des sommes nécessaires pour couvrir les frais d'administration.

Néanmoins, pour satisfaire aux remboursements qui pourraient être réclamés, la Caisse des dépôts et consignations conservera, par son compte courant au Trésor, une réserve du cinquième des versements qui lui seront effectués, sans que cette réserve puisse excéder cent millions de francs.

Art. 20. Les imprimés, écrits et actes de toute espèce nécessaires pour le service de la Caisse d'épargne postale seront exempts des formalités du timbre et de l'enregistrement.

Art. 21. Les paragraphes 2 et 3 de l'article 3, 4 et 5 de l'article 6, les articles 8, 9, 12 et 13, le dernier paragraphe de l'article 14 et l'article 20 sont applicables aux caisses d'épargne ordinaires.

Toutefois, cette disposition ne recevra son effet qu'à partir du jour où la Caisse d'épargne postale aura commencé de fonctionner.

Nul ne pourra être en même temps titulaire d'un livret de Caisse d'épargne postale et d'un livret de caisse d'épargne ordinaire, sous peine de perdre l'intérêt de la totalité des sommes déposées.

31 août 1881. — *Décret portant règlement d'administration publique sur le contrôle de la Caisse d'épargne postale.*

TITRE PREMIER.

DISPOSITIONS GÉNÉRALES.

Art. 1er. La Caisse d'épargne postale, instituée sous la garantie de l'État par la loi du 9 avril 1881, a son siège, à Paris, au ministère des postes et des télégraphes.

Tous les bureaux de poste français désignés par un arrêté ministériel sont appelés à participer, en qualité de correspondants de la Caisse d'épargne postale, à l'encaissement des sommes versées par les déposants, et au remboursement, en capital et intérêts, des sommes déposées.

Art. 2. Les opérations effectuées par les receveurs des postes et des télégraphes sont centralisées par un agent justiciable de la Cour des comptes et astreint au versement d'un cautionnement. Cet agent prend le titre d'*Agent comptable de la Caisse d'épargne postale*.

La direction et la surveillance desdites opérations sont confiées à un service administratif institué au ministère des postes et des télégraphes, sous le titre de *Direction de la Caisse d'épargne postale*.

Art. 3. L'agent comptable de la Caisse d'épargne postale est nommé par décret du Président de la République, sur la proposition du ministre des postes et des télégraphes, après avis du ministre des finances. Il prête serment devant la Cour des comptes.

En cas de maladie, de congé ou d'absence dûment justifiée, il peut, à titre exceptionnel, être remplacé par un fondé de pouvoirs à son choix, dûment agréé par le ministre des postes et des télégraphes. Ce fondé de pouvoirs agit pour le compte et sous l'entière responsabilité de l'agent comptable.

Dans le cas de décès, de démission ou de révocation de l'agent comptable, le ministre des postes et des télégraphes, après avis du ministre des finances, nomme un gérant intérimaire qui en remplit les fonctions jusqu'au jour de l'installation de son successeur.

La gestion du gérant intérimaire est tout à fait distincte de celle de l'ancien ou du nouveau titulaire.

Art. 4. Le directeur de la Caisse d'épargne doit, à des époques indéterminées, et au moins une fois par mois, procéder à la vérification du portefeuille de l'agent comptable et en dresser procès-verbal. Une ampliation du procès-verbal de vérification au 31 décembre est produite à la Cour des comptes avec le compte de gestion de l'agent comptable.

L'agent comptable est responsable des valeurs déposées dans son portefeuille. En cas de vol ou de perte résultant de force majeure, il est statué sur sa demande en décharge par une décision du ministre des postes et des télégraphes, après avis du ministre

des finances, et sauf recours au conseil d'État par la voie con-
tentieuse.

Art. 5. Le montant du cautionnement de l'agent comptable est
déterminé par un décret rendu sous le contreseing du ministre des
postes et des télégraphes et du ministre des finances. Il est réalisé
en numéraire.

TITRE II.

COMPTABILITÉ DE L'ADMINISTRATION CENTRALE.

Art. 6. Des avis journaliers, constatant les dépôts et les retraits
de fonds opérés pendant la journée, sont adressés par chacun des
receveurs des bureaux de poste au directeur départemental, qui les
transmet au ministère des postes et des télégraphes.

Aucun remboursement ne peut être fait par les receveurs des
postes que sur l'autorisation de la direction centrale.

Lorsque tous les avis de dépôt et de retrait de fonds concernant une même journée sont parvenus à l'agent comptable de la
Caisse d'épargne postale, celui-ci établit une balance journalière
présentant : d'une part, le nombre et le montant des dépôts
reçus, et, d'autre part, le nombre et le montant des remboursements effectués. L'excédant de recette ou de dépense résultant de
cette balance sert à déterminer le montant du versement ou du
retrait de fonds à opérer à la Caisse des dépôts et consignations
au crédit ou au débit du compte courant de la Caisse d'épargne
postale.

Art. 7. La comptabilité de l'agent comptable de la Caisse d'épargne
postale est tenue en partie double.

Elle contient notamment, outre le journal et le grand-livre réglementaires :

1° Un registre matricule destiné à recevoir tous les renseignements que la caisse doit conserver sur chaque déposant ;

2° Un livre des comptes courants ouverts à chacun des déposants, reproduisant intégralement les opérations de recette et de
dépense inscrites sur les livrets individuels ;

3° Un livre des comptes divisionnaires groupant, par catégories,
les comptes courants individuels ;

4° Un livre récapitulatif des opérations journalières des bureaux
de poste ouverts au service de la caisse d'épargne ;

5° Un registre d'entrée et de sortie des inscriptions de rente achetées par la caisse d'épargne, soit d'office, soit sur la demande des
déposants ;

6° Un livre du compte courant de la Caisse d'épargne postale avec la Caisse des dépôts et consignations.

Les autres livrets et carnets nécessaires au service de l'agent comptable de la caisse d'épargne sont déterminés par une instruction du ministre des postes et des télégraphes, concertée avec le département des finances.

Art. 8. La direction centrale tient un double du livre des comptes courants individuels mentionné, à l'article précédent.

Elle vérifie tous les livres et carnets tenus par l'agent comptable de la caisse d'épargne, et constate cette vérification par l'apposition du visa du directeur sur lesdits livres et carnets.

Art. 9. Les frais d'administration de la Caisse d'épargne postale sont acquittés au moyen d'ordres de payement délivrés par le ministre des postes et des télégraphes, sur la caisse des receveurs principaux, et appuyés des justifications prescrites par le règlement du 15 octobre 1880.

A cet effet, il est ouvert dans les écritures de l'agent comptable de la Caisse d'épargne postale un compte de trésorerie, auquel sont portés :

En dépense, les frais de personnel et de matériel nécessités par l'exploitation de ladite caisse ;

En recette, le produit de la différence entre le taux de l'intérêt (3,25 0/0) servi par la Caisse des dépôts à la caisse d'épargne, et le taux d'intérêt (3 0/0) alloué par cette caisse à ses déposants.

Jusqu'à ce qu'il puisse être établi un budget normal des dépenses de personnel et de matériel de la Caisse d'épargne postale, les frais d'administration seront déterminés par des arrêtés ministériels, au fur et à mesure des besoins du service.

Art. 10. Si les ressources prévues par les articles 5, 16 et 19 de la loi du 9 avril 1881 sont inférieures au montant des frais d'administration, l'excédent de dépense du compte de trésorerie est couvert par un crédit spécial à ouvrir par exercice au budget du ministère des postes et des télégraphes.

TITRE III.

OPÉRATIONS EFFECTUÉES DANS LES BUREAUX DE POSTE.

Art. 11. Tout déposant qui fait, pour la première fois, un versement à la caisse d'épargne postale, doit former en même temps une demande de livret où il énonce ses nom de famille, prénoms, âge, date et lieu de naissance, demeure et profession, et déclare qu'il n'est titulaire d'aucun autre livret, soit de la caisse d'épargne postale, soit d'une caisse d'épargne privée.

Les formules de livrets, numérotées par la direction centrale, sont fournies par elle aux directeurs départementaux, et par ceux-ci aux receveurs des postes, à mesure des versements et suivant la marche indiquée à l'article 14.

Art. 12. Les premiers versements effectués à la caisse d'épargne postale sont soumis aux règles ci-après :

1° Quiconque vient faire un premier versement doit déclarer s'il verse pour son compte ou pour le compte d'un tiers ;

2° Lorsque le déposant déclare verser pour son propre compte, la demande de livret est signée par lui, ou, s'il ne sait pas signer, le receveur des postes en fait mention sur la demande et signe ladite mention ;

3° A l'égard de la femme qui déclare être veuve, on ajoute, à ses nom et prénoms, les nom et prénoms du mari décédé ;

4° Lorsque la femme qui fait un premier versement est en puissance de mari, si elle entend bénéficier des dispositions du dernier alinéa de l'article 6 de la loi du 9 avril 1881, elle le déclare et indique les nom et prénoms du mari. Dans le cas contraire, elle doit être assistée de ce dernier, et la demande de livret est signée simultanément par le mari et la femme. Si l'un d'eux ne sait pas signer, le receveur en fait mention comme il est dit ci-dessus ;

5° Quand un premier versement est fait directement par un enfant mineur, en exécution de l'avant-dernier alinéa de l'article 6 de la loi précitée, la demande de livret énonce les nom et prénoms du père, et si le père n'existe plus, de la mère, ou, à défaut de celle-ci, du tuteur.

Si le versement est fait pour le compte d'un enfant mineur par son représentant légal, c'est ce dernier qui signe la demande.

6° Toute personne qui verse pour un tiers doit signer la demande. Toutefois la signature d'un bienfaiteur qui désire rester inconnu n'est pas requise ; elle est remplacée par une attestation signée du receveur des postes. Si le versement est effectué en vertu d'une disposition testamentaire, mention est faite du testament sur la demande.

7° Les sociétés de secours mutuels sont inscrites sous le nom distinctif adopté par la société. Lorsqu'il est fait un premier versement, le mandataire de la société est tenu de déposer à la caisse d'épargne un exemplaire de ses statuts, et on exige, pour tous les versements sans exception, la production des pièces indiquées aux statuts pour la validité des placements de fonds. La demande signée par le mandataire doit, en outre, indiquer si la société a été reconnue comme établissement d'utilité publique (loi du 15 juillet 1850) ou si elle a été approuvée par le préfet (décret du 26 mars 1852).

Ces dispositions sont également applicables aux institutions de coopération, de bienfaisance, et autres sociétés de même nature, dont les versements sont autorisés par le ministre des postes et des télégraphes.

Art. 13. Les livrets délivrés par suite de versements faits par un tiers, à titre de libéralité ou en vertu d'un testament, peuvent être soumis à certaines conditions. Les seules conditions admises sont les suivantes :

1° Le livret est déclaré incessible ;

2° Le remboursement est différé : s'il s'agit d'un majeur, le terme du délai doit être une date fixe; s'il s'agit d'un mineur, on peut indiquer le jour de sa majorité ou une époque plus éloignée, ou la célébration de son mariage.

Art. 14. Les sommes encaissées à titre de premier versement par les receveurs des postes donnent lieu à la délivrance d'une quittance a souche échangeable dans un délai de trois jours (non compris le jour du versement et les dimanches et jours fériés), contre un livret de caisse d'épargne postale.

Le livret est le titre du déposant; il est toujours nominatif. Les livrets, numérotés à la direction centrale, portent la signature du directeur départemental.

A cet effet, les receveurs des postes adressent chaque soir au directeur du département les demandes reçues pendant la journée. Après vérification, le directeur fait inscrire sur les livrets, par le receveur principal, le montant du premier versement; puis, après avoir pris note sur un carnet des numéros et du montant des livrets délivrés, il les envoie immédiatement aux receveurs qu'ils concernent pour être échangés contre les quittances provisoires.

Le même jour, les demandes de livret sont transmises par le directeur départemental à la direction centrale, où, après avoir été récapitulées sur le registre matricule, elles sont conservées et classées dans un ordre méthodique pour servir au contrôle des opérations ultérieures faites par les déposants.

Art. 15. Les versements postérieurs sont reçus par les receveurs des postes sur la présentation du livret, sans qu'il y ait à fournir d'autres justifications. Il est interdit aux receveurs et à leurs commis de se rendre porteurs de livrets appartenant à des tiers ou de faire pour eux quelque opération privée que ce soit près de la caisse d'épargne.

Les versements donnent lieu à la délivrance d'une quittance extraite du journal à souche prescrit à l'article précédent. La quittance énonce le numéro ainsi que les nom et prénoms du titulaire du livret, et elle contient l'avis que le livret sera rendu au déposant dans le délai de trois jours indiqué au même article.

A la fin de la journée, les livrets remis aux receveurs des postes sont adressés, avec un état détaillé des sommes reçues, au directeur départemental, qui, suivant la marche précédemment indiquée, fait annoter par le receveur principal, sur chaque livret, le montant des sommes versées et renvoie immédiatement les livrets aux receveurs des postes, pour être échangés contre les quittances à souche.

Il est interdit aux receveurs des postes autres que le receveur principal d'inscrire aucun versement sur les livrets. Les versements reçus par le receveur principal sont contresignés par le directeur départemental ou son délégué.

Art. 16. Lorsque les livrets n'ont pas été retirés dans le mois qui suit l'expiration du délai de trois jours ci-dessus mentionné, ils sont renvoyés au directeur départemental, qui les conserve jusqu'au jour où ils sont réclamés par les ayants droit, auquel cas ils sont de nouveau adressés au receveur des postes pour leur être remis.

Art. 17. Tout déposant qui veut se faire rembourser tout ou partie de son compte adresse directement au ministre des postes et des télégraphes une demande de remboursement indiquant le numéro de son livret, la somme à rembourser et le bureau de poste où il désire toucher. Cette demande est rédigée sur un bulletin préparé par l'administration. Des exemplaires du bulletin de remboursement sont mis à la disposition du public dans tous les bureaux de poste admis à participer au service de la caisse d'épargne.

La demande de remboursement ne peut être faite que par le titulaire du livret et doit être signée par lui ou, s'il ne sait pas signer, par le receveur du lieu où il réside.

Si le titulaire n'a pas signé la demande de livret, sa signature sur la demande de remboursement est certifiée par le maire ou le commissaire de police de la commune où il réside.

Art. 18. Les autorisations de remboursement, délivrées en exécution de l'article 6, sont adressées directement aux déposants, en temps utile pour que les délais déterminés par l'article 11 de la loi du 9 avril 1881 soient observés. Elles sont inscrites sur le bulletin de remboursement. Le même jour, un duplicata de l'autorisation, sous le titre d'avis d'émission, est envoyé au receveur des postes appelé à effectuer le remboursement.

Les délais pour le remboursement prescrits par l'article 11 de la loi du 9 avril 1881 courent à partir de la date constatée par le timbre de la poste sur la demande de remboursement.

Art. 19. Les remboursements sont effectués sur la production de l'autorisation émanée de la direction centrale. Le receveur doit préalablement comparer cette autorisation avec l'avis d'émission; puis, s'il y a identité, il inscrit sur le livret le montant de la somme remboursée; il y appose sa signature et le timbre à date du bureau, et il fait acquitter l'autorisation par le titulaire du livret, en ayant soin de s'assurer que la signature de la partie prenante est semblable à celle de la demande de remboursement, cette dernière signature ayant dû elle-même être rapprochée de la demande de livret conservée à l'administration centrale.

Art. 20. Lorsqu'il s'agit d'une femme mariée qui a fait son premier versement avec l'assistance du mari, le remboursement est fait au mari et à la femme, s'ils sont présents l'un et l'autre, et on leur fait signer à tous deux la quittance. Si un seul est présent, on le fait signer, et on annexe à la quittance le consentement écrit et signé de l'autre.

Pour le mineur admis à obtenir un livret sans l'assistance de son représentant légal, le remboursement ne peut être opéré, s'il a moins de seize ans, qu'en présence et sur le consentement écrit de son représentant légal.

Pour le mineur dont le livret a été délivré avec le concours de son représentant légal, la quittance est souscrite par la personne chargée de l'administration de ses biens ou de sa tutelle.

Art. 21. Si le déposant ne se présente pas lui-même, le tiers qui le remplace doit produire une procuration sous seing privé, à moins qu'il ne soit porteur du brevet original ou d'une procuration authentique, générale ou spéciale, contenant pouvoir de toucher et de donner quittance. Dans l'un et l'autre cas, le mandataire souscrit la quittance, à laquelle la procuration reste annexée, indépendamment de la mention qui en est faite sur la quittance même.

Quand le déposant ne sait ou ne peut signer, et que son identité est constante, la quittance peut être remplacée par un certificat signé de deux témoins. Le receveur des postes appose également sa signature sur cette pièce, afin d'attester que la formalité s'est accomplie en sa présence.

Les quittances pour les remboursements à une société de secours mutuels ou à toute autre institution analogue sont signées par un délégué ou mandataire porteur de toutes les pièces suffisantes pour justifier de l'accomplissement des formalités exigées par les statuts, en ce qui concerne les retraits de fonds. Si les statuts ne renferment aucune prévision sur ce point, le délégué ou mandataire doit être porteur d'une procuration revêtue des signatures de tous les membres composant le conseil d'administration de la société.

Art. 22. Le titulaire d'un livret dont le montant n'est disponible qu'après un certain délai doit, pour obtenir le remboursement, fournir la preuve de l'expiration du délai. Si le remboursement a été subordonné, pour une fille mineure, à la condition de son mariage, l'acte de célébration doit être accompagné du consentement du mari au payement demandé.

En cas de cession faite au profit d'un tiers du montant d'un livret par le titulaire, le cessionnaire doit justifier de son identité. La cession peut être faite par acte authentique ou par acte sous seing privé enregistré. Elle doit être signifiée régulièrement à la caisse d'épargne et accompagnée de la production du livret.

Art. 23. Toutes les fois qu'il y a lieu de rembourser des fonds après le décès du titulaire du livret, il est fait, au dos de la quittance, un extrait succinct des pièces produites pour justifier de la qualité des héritiers, donataires, légataires et autres ayants droit, et la quittance est souscrite par les ayants droit ou leurs mandataires.

Quand l'administration des domaines, appelée à recueillir une succession à titre de déshérence, se présente pour recevoir le montant d'un livret ayant appartenu à un déposant décédé *ab intestat* et sans avoir laissé d'héritiers connus, elle doit justifier de l'accomplissement des formalités prescrites par les articles 769, 770 et suivants du Code civil.

Art. 24. Lorsque, dans le mois qui suit la date de l'autorisation de remboursement, le déposant ne s'est pas présenté pour toucher la somme qui lui revient, sa demande est considérée comme nulle, et l'avis d'émission est renvoyé au ministre des postes et des télégraphes.

Le remboursement ne peut plus avoir lieu que sur une nouvelle demande de la partie et une nouvelle autorisation de l'administration centrale.

Art. 25. Dans le cas où le déposant viendrait à perdre sa quittance à souche, il y sera suppléé par une déclaration de perte formée par le déposant et légalisée par le maire ou le commissaire de police de sa résidence. Les livrets ne devront toutefois être rendus que sur l'autorisation du directeur départemental apposée sur la déclaration de perte.

Art. 26. En cas de perte d'un livret, l'ayant droit doit adresser au ministre des postes et des télégraphes une déclaration de perte légalisée par le maire ou par le commissaire de police, et le livret est remplacé par un duplicata dans le délai d'un mois à partir de l'arrivée de la demande à l'administration centrale. Il est pris note au registre matricule de la délivrance du duplicata. Le solde du compte de l'ancien livret est inscrit sur le nouveau comme premier article (capital et intérêts).

Si le livret primitif vient à être retrouvé, il est rendu à l'agent comptable de la Caisse d'épargne et annulé, après que toutes les pages en ont été biffées.

Art. 27. Chaque jour, et ainsi qu'il est dit à l'article 6 ci-dessus, les receveurs des postes adressent au directeur départemental un avis journalier indiquant, par numéros de livrets et noms de titulaires, le montant détaillé des dépôts reçus et des remboursements effectués pendant la journée. Dans le cas où il n'a été fait aucune opération, soit de recette, soit de dépense, il est établi un avis négatif. Lorsque tous les avis relatifs à une même journée sont parvenus au directeur départemental, il les adresse immédiatement à l'administration centrale.

En même temps, chaque receveur des postes adresse au directeur départemental, qui devra le conserver, un duplicata des avis de versements et de remboursements, auquel il joindra :

Pour les recettes, les demandes de livrets en cas de premier versement, et les livrets eux-mêmes en cas de versements ultérieurs ;

Pour les dépenses, les autorisations de remboursement émises par la direction centrale et dûment acquittées par les parties prenantes.

Art. 28. Dans les premiers jours de chaque mois, les receveurs des postes forment deux états détaillés et nominatifs comprenant : l'un, tous les dépôts reçus ; l'autre, tous les remboursements effectués pendant le mois précédent, et les adressent sans retard au directeur départemental.

Le directeur s'assure que l'état des recettes est conforme au montant des sommes que le receveur principal a successivement inscrites sur les livrets, suivant la marche indiquée aux articles 14 et 15 ci-dessus ; et il vérifie l'état des remboursements au moyen des pièces justificatives qui lui ont été adressées par journée.

Il dresse ensuite deux états récapitulatifs par bureau de poste, l'un des dépôts reçus, l'autre des remboursements effectués pendant le mois, pour l'ensemble du département, et il les fait parvenir sans délai à l'agent comptable de la Caisse d'épargne postale, par l'entremise de la direction centrale.

Art. 29. L'état récapitulatif des recettes est accompagné d'un récépissé de mouvements de fonds que le receveur principal délivre à l'agent comptable de la Caisse d'épargne et qui doit être égal au montant total des recouvrements opérés, tant par lui que par ses collègues, et centralisés en fin de mois dans ses écritures.

L'agent comptable de la Caisse d'épargne s'assure que le montant de ce récépissé est bien conforme aux avis journaliers de recettes qui lui ont été adressés par les receveurs des postes.

Art. 30. L'état récapitulatif des remboursements, dont le montant doit être égal aux payements centralisés dans la comptabilité du receveur principal, est justifié par les pièces de dépenses y annexées. Le receveur principal est couvert de ces payements par un récépissé de mouvements de fonds que lui délivre l'agent comptable de la Caisse d'épargne, après qu'il a vérifié le montant des dépenses, la validité des pièces produites et leur entière connexité avec les autorisations de remboursement délivrées par la direction centrale.

TITRE IV.

RAPPORTS DE LA CAISSE D'ÉPARGNE AVEC LA CAISSE DES DÉPÔTS ET AVEC L'ADMINISTRATION DES FINANCES.

Art. 31. Lorsque, d'après la balance journalière mentionnée à l'article 6, le montant des dépôts excède celui des remboursements, la différence est versée à la Caisse des dépôts et consignations par l'agent comptable de la Caisse d'épargne, sur l'ordre de la direction centrale. Ce versement a lieu en un mandat sur la banque, que l'agent comptable de la Caisse d'épargne demande à la caisse centrale du Trésor public, en échange d'un récépissé de fonds de subvention.

Art. 32. Quand, au contraire, la balance journalière fait ressortir un excédent de dépense, la Caisse des dépôts, sur l'avis qui lui en est adressé par la direction centrale, délivre un récépissé sur le Trésor au profit de l'agent comptable de la Caisse d'épargne, et celui-ci l'échange à la caisse centrale du Trésor contre un récépissé de mouvements de fonds.

Art. 33. La Caisse des dépôts et consignations remet à la Caisse d'épargne postale un extrait de son compte courant, arrêté, en capitaux et intérêts, à la fin de chaque année. Lorsque ce compte a été vérifié et reconnu exact, l'agent comptable de la Caisse d'épargne passe écriture des intérêts qui en résultent, tant au compte particulier des déposants qu'au compte affecté aux frais d'administration.

Art. 34. Les achats de rentes effectués conformément aux dispositions des articles 7, 9, 13 et 14 de la loi du 9 avril 1881 ont lieu par l'entremise de la Caisse des dépôts et consignations, au cours moyen du jour de l'opération.

Art. 35. Les rentes achetées sur la demande des déposants sont nominatives ou mixtes, au choix des parties. Il n'est toutefois acheté de rentes mixtes que lorsque les parties sont aptes à posséder cette nature de rentes. Les inscriptions sont remises, contre reçu, à l'agent comptable de la Caisse d'épargne postale, chargé de les faire parvenir aux ayants droit.

Le prix d'achat de ces rentes est inscrit au débit du titulaire sur le livre des comptes courants individuels. Il doit en outre être porté, comme le serait un remboursement ordinaire, sur le livret du titulaire, au moment de la remise de l'inscription de rente entre ses mains.

Art. 36. Les rentes achetées d'office sont exclusivement nominatives. Les achats sont faits conformément à l'article 2 de la loi du 30 juin 1851. Lorsque, pour une cause quelconque, il n'est pas possible de remettre aux titulaires les titres de rentes achetés en leur nom, ces titres sont conservés à la Caisse des dépôts et consignations. A mesure des échéances, les arrérages en sont portés au débit de la Caisse des dépôts et au crédit des titulaires, sur le livre des comptes courants individuels.

Art. 37. Dans le courant de chaque mois, l'agent comptable de la Caisse d'épargne postale adresse à la direction générale de la comptabilité publique :

1° La copie de la balance de son grand livre à la fin du mois précédent;

2° Un bordereau des opérations de recette et de dépense de toute nature effectuées directement par lui ou centralisées dans ses écritures pendant le mois précédent;

3° Les pièces justificatives desdites opérations.

La forme de la balance et du bordereau mensuel ainsi que la nomenclature des pièces à l'appui seront déterminées dans une instruction rédigée de concert par le ministre des postes et des télégraphes et par le ministre des finances.

Art. 28. En dehors du contrôle permanent exercé par le ministère des postes et des télégraphes, et de la vérification sur pièces faite par la direction générale de la comptabilité publique, la gestion de l'agent comptable de la Caisse d'épargne postale et de ses préposés dans les départements est soumise aux vérifications de l'inspection générale des finances.

Les rapports et les procès-verbaux de l'inspection des finances sont communiqués par le ministre des finances au ministre des postes et des télégraphes.

TITRE V.

DISPOSITION FINALE.

Art. 39. A partir du jour où la loi du 9 avril 1881 et le présent règlement seront appliqués à un bureau de poste, ce bureau cessera de prêter aux caisses d'épargne privées le concours qui leur avait été accordé par le décret du 23 août 1875.

3 décembre 1881. — *Décret fixant l'ouverture du service de la Caisse d'épargne postale.*

21 décembre 1881. — *Loi portant ouverture d'un Crédit de 200,000 francs pour frais de premier établissement de la Caisse d'épargne postale.*

10 juin 1882. — *Loi portant ouvertures et annulations de crédits.*

TITRE VII.

DISPOSITIONS SPÉCIALES.

Art. 33. Des décrets rendus sur la proposition du ministre des postes et des télégraphes pourront autoriser la Caisse d'épargne postale à recevoir de tous les déposants, ou de certaines catégories de déposants spécialement désignées, des versements inférieurs au minimum de 1 franc déterminé par l'article 8 de la loi du 9 avril 1881, ou comprenant des fractions de franc dans la limite du maximum fixé pour lesdites catégories par la même loi.

— Dans l'un et l'autre cas, les fractions de franc ne produiront pas d'intérêts en faveur des déposants.

12 juin 1882. — *Décret approuvant l'arrangement conclu le 31 mai 1882 entre la France et la Belgique concernant le transfert et le remboursement international des sommes déposées soit à la Caisse d'épargne postale de France, soit à la Caisse générale d'épargne et de retraite de Belgique.*

3 août 1882. — *Loi tendant à créer des timbres spéciaux pour la constatation des versements sur les livrets de la Caisse d'épargne postale.*

Art. 1er. Le ministre des postes et des télégraphes est autorisé à créer des timbres spéciaux, dits timbres-épargne, de un à mille francs, destinés à constater, sur les livrets des déposants à la Caisse d'épargne postale, ou Caisse nationale d'épargne, les versements effectués dans les bureaux de poste en conformité de la loi du 9 avril 1881, et du règlement d'administration publique du 31 août suivant. — Au moment de chaque versement, il sera apposé sur le livret, en présence du déposant, le nombre de timbres nécessaires pour représenter exactement la somme versée, laquelle continuera d'être inscrite en francs dans la colonne des sommes reçues. — Pour former titre envers la Caisse, les timbres-épargne devront être frappés du timbre à date du bureau de poste et être revêtus de la signature du receveur.

Art. 2. L'époque de la mise à exécution de l'article précédent sera déterminée par décret.

Art. 3. Les frais de composition, de gravure et d'impression des timbres-épargne seront avancés par le Trésor, jusqu'à concurrence de quarante mille francs (40,000 fr.), à titre de frais de premier établissement de la Caisse d'épargne postale ou Caisse nationale d'épargne, dans les conditions énoncées à l'article 5 de la loi de finances du 21 décembre 1818.

30 novembre 1882. — *Décret relatif au fonctionnement des Caisses d'épargne postales.*

Art. 1er. Toute personne qui désire obtenir un livret de la Caisse nationale d'épargne, et tout déposant déjà titulaire d'un livret de ladite Caisse, peuvent réaliser, au moyen de timbres-poste ordinaires de cinq (0,05) et de dix (0,10) centimes, le versement minimum d'un franc, prescrit par l'article 8 de la loi du 9 avril 1881.

Art. 2. Il sera délivré gratuitement, dans tous les bureaux de

poste, à tous ceux qui en feront la demande, des formules dites
« bulletins d'épargne », sur lesquelles ils indiqueront eux-mêmes
les nom de famille et prénoms de la personne qui doit en faire
usage. — Les numéros du livret, sur lequel le montant des bulletins d'épargne aura été porté comme versement, seront indiqués
sur ces bulletins par les soins du receveur des postes qui les aura
reçus.

Art. 3. Tout possesseur d'un bulletin d'épargne à son nom,
quelle que soit sa qualité civile, tout représentant d'un mineur,
notamment quand il s'agit des enfants des écoles primaires publiques ou privées, se borne à coller sur le bulletin les timbres-
poste destinés à l'épargne. Lorsque ces timbres atteignent la somme
d'un franc, il peut faire le versement de ce bulletin à un bureau
de poste qui le reçoit pour comptant, pourvu que lesdits timbres
ne soient ni altérés, ni maculés, ni déchirés. — Le versement, fait
en timbres-poste, est ensuite inscrit en francs sur le livret du déposant, s'il est déjà titulaire d'un livret de la Caisse nationale d'é-
pargne, ou, dans le cas contraire, donne lieu à la délivrance d'un
livret. — Il ne pourra être versé, au moyen de timbres-poste, pour
le compte d'une même personne, plus de 10 francs par mois. —
Les timbres-poste, employés à représenter l'épargne, seront, après
examen de leur état, oblitérés par les soins de la direction départementale des postes et des télégraphes.

Art. 4. Tous les mois, le ministre des postes et des télégraphes
remet au ministre des finances un état, dûment certifié, des timbres-poste compris dans les versements de la Caisse nationale
d'épargne. Le montant de cet état est déduit des produits budgé-
taires des postes du mois précédent et porté, dans les écritures de
l'administration centrale des finances, au crédit de la Caisse nationale d'épargne. — Toutefois, cette opération n'a lieu que pour
le montant net des timbres-poste, c'est-à-dire déduction faite de
la remise réglementaire de 1 fr. 0/0 allouée aux receveurs pour la
vente des timbres; le montant de cette remise reste à la charge de
la Caisse nationale d'épargne, qui l'impute sur ses frais de gestion
et d'administration, conformément à l'article 9 du décret précité
du 31 août 1881.

Art. 5. Le ministre des postes et des télégraphes et le ministre
des finances sont chargés, chacun en ce qui le concerne, de l'exécution du présent décret, qui entrera en vigueur à partir du
1er janvier 1883, etc.

18 mars 1885. — *Décret instituant une succursale navale de*

*la Caisse nationale d'épargne dans les divisions de la flotte et à
bord de chaque bâtiment de l'Etat.*

Art. 1er. Une succursale navale de la Caisse nationale d'épargne
est ouverte dans chacune des divisions des équipages de la flotte
et à bord de chacun des bâtiments de l'État. Cette succursale est
gérée par le conseil d'administration ou le capitaine comptable
conformément aux règles établies par le présent décret. Les opérations effectuées par les succursales navales sont centralisées par
l'agent comptable de la Caisse nationale d'épargne.

Art. 2. Les correspondances relatives aux opérations de la Caisse
nationale d'épargne et aux rectifications matérielles qui s'en-
suivent, sont échangées directement entre les conseils d'administration et les capitaines comptables, d'une part, et le ministre des
postes et des télégraphes, d'autre part. — Les redressements sont
notifiés par le ministre de la marine, sur la proposition du ministre des postes et des télégraphes.

Art. 3. Les opérations des succursales navales sont constatées
sur des livrets de plusieurs séries spéciales intitulées : *Séries
marines.* — Les comptes courants de ces séries sont récapitulés
par l'agent comptable de la Caisse nationale d'épargne dans des
comptes divisionnaires spéciaux. — Tout officier ou marin qui est
titulaire d'un compte à la Caisse nationale d'épargne peut continuer
ses opérations par l'intermédiaire des succursales navales, à la
condition d'échanger le livret qu'il possède contre un livret d'une
série marine. Cet échange a lieu sans frais. — Tout titulaire d'un
livret d'une série marine, en congé temporaire, peut continuer ses
opérations par l'intermédiaire des bureaux de poste, correspondants de la Caisse nationale d'épargne, sous la condition de produire son titre de congé et son livret dont l'avoir *net* aura été certifié par le conseil d'administration ou le capitaine comptable. —
Tout titulaire d'un livret d'une série marine, qui est libéré du service, reçoit, sur sa demande et sans frais, un livret de la série du
département qu'il désigne. — Les livrets des séries marines appartenant à des officiers mariniers ou à des marins en activité de
service sont conservés par les capitaines de compagnies, le trésorier de la division, l'officier d'administration ou le capitaine
comptable à bord.

Art. 4. Les conseils d'administration et les capitaines comptables
sont autorisés à recevoir les premiers versements et les versements
ultérieurs de tous les officiers ou marins appartenant à la division
ou au bord. — Ils sont, en outre, autorisés à faire, sous leur responsabilité, des remboursements aux titulaires des séries marines

dans les limites des sommes inscrites au crédit de chaque livret.

Art. 5. Les tables de bord sont autorisées à se faire ouvrir un compte à la Caisse nationale d'épargne aux conditions fixées par l'article 13 de la loi du 9 avril 1881.

Art. 6. Les opérations d'une succursale navale ne sont effectuées qu'aux jours fixés pour le payement de la solde des équipages. Les déclarations de versements et les demandes de remboursement doivent être remises au conseil d'administration ou au capitaine comptable trois jours au moins à l'avance. — Il peut toutefois être dérogé à cette double règle dans des cas exceptionnels et sur l'autorisation écrite du commandant.

Art. 7. Les opérations de versements et de remboursements sont inscrites sur les livrets par le trésorier, l'officier d'administration ou le capitaine comptable et signées par lui. — Elles sont, en outre, inscrites immédiatement sur des registres de premiers versements, de versements ultérieurs et de remboursements.

Art. 8. Les demandes de remboursement par achat de rente, par mandat-poste ou toutes autres demandes de remboursement, auxquelles la direction centrale de la Caisse nationale d'épargne peut seule satisfaire, sont transmises à cette direction par le conseil d'administration ou par le capitaine comptable. — Avant de transmettre une demande de l'espèce, le conseil d'administration ou le capitaine comptable la mentionne au livret du titulaire, avec l'évaluation présumée de la somme qui y sera employée. Cette somme se trouve rendue indisponible jusqu'à l'arrivée d'un avis de la direction centrale, sur le vu duquel le remboursement est inscrit au livret pour sa valeur exacte.

Art. 9. Les registres tenus à bord ou dans les divisions ne comprennent que l'inscription des capitaux versés ou remboursés par l'intermédiaire des succursales navales, sans aucune mention des intérêts en cours. — Les conseils d'administration ou les capitaines comptables doivent inscrire sur les livrets, en outre des opérations effectuées par eux, toutes les opérations effectuées en France et dont la direction centrale de la Caisse nationale d'épargne leur donne avis, savoir : — 1° Le report à un livret de série marine d'une somme transférée d'un livret préexistant de la Caisse nationale d'épargne ou d'une caisse d'épargne privée ; — 2° Les intérêts capitalisés au 31 décembre, en vertu de l'article 3 de la loi du 9 avril 1881 ; — 3° Les arrérages de titres de rentes laissés en dépôt à la Caisse nationale d'épargne par les titulaires de livrets ; — 4° Les remboursements effectués par la direction centrale, sous forme d'achat de rente ou de mandat-poste ; — 5° Les versements effectués dans un bureau de poste français correspondant de la Caisse nationale d'épargne, au profit du titulaire d'un livret de série marine.

Art. 10. Le trésorier, l'officier d'administration ou le capitaine comptable reporte, pour chaque journée d'opérations, sur des bordereaux distincts, les premiers versements, les versements ultérieurs et les remboursements inscrits sur ses registres. Ces bordereaux sont certifiés et arrêtés par le conseil d'administration ou par le capitaine comptable et expédiés, par le plus prochain courrier, au ministère des postes et des télégraphes, avec toutes les pièces justificatives à l'appui.

Art. 11. Lorsque les versements dépassent les remboursements, il est opéré ainsi qu'il suit : — Dans un port de France ou des colonies, cet excédent est versé au trésorier-payeur général ou au trésorier-payeur colonial ou à leur préposé qui en délivre un récépissé comptable. — Dans un port étranger, cet excédent est converti en une traite tirée sur le caissier central du Trésor public, à l'ordre de l'agent comptable de la Caisse nationale d'épargne.

Art. 12. Lorsque les remboursements dépassent les versements, le conseil d'administration où le capitaine comptable se procure l'excédent au moyen d'un mandat tiré sur le caissier central du Trésor pour le compte de l'agent comptable de la Caisse nationale d'épargne. — Dans un port de France ou des colonies, ce mandat est acquitté par le trésorier-payeur général, par le trésorier-payeur colonial ou par leur préposé. — Dans un port étranger, ce mandat sera négocié sur place.

Art. 13. — Les bénéfices de change sur les mandats tirés pour le compte de l'agent comptable de la Caisse nationale d'épargne sont acquis à cette Caisse ; les pertes au change des mêmes mandats sont imputés sur ses frais d'administration.

Art. 14. Le trésorier, l'officier d'administration ou le capitaine comptable joint aux bordereaux d'opérations prescrits par l'article 10 ci-dessus : — 1° Dans le cas d'excédent de versement, le récépissé comptable du trésorier-payeur général ou du trésorier-payeur colonial, lorsque cet excédent est versé dans un port de France ou des colonies, ou la traite marine à l'ordre de l'agent comptable de la Caisse nationale d'épargne, lorsque les opérations s'accomplissent dans un port étranger ; — 2° Dans le cas de remboursement, un avis d'émission du mandat tiré sur le Trésor pour le compte de l'agent comptable de la Caisse nationale d'épargne.

Art. 15. — L'agent comptable de la Caisse nationale d'épargne établit, chaque jour, au moyen des bordereaux des succursales navales qui lui parviennent, une balance présentant, d'une part, le montant des dépôts reçus, et, d'autre part, le montant des remboursements effectués. — L'excédent de recette ou de dépense, résultant de cette balance, détermine le montant du versement ou du retrait de fonds à opérer le même jour à la Caisse des dépôts et consignations au crédit ou au débit du compte courant de la Caisse nationale d'épargne.

Art. 16. L'intérêt dû aux déposants des succursales navales est calculé suivant les règles fixées par l'article 3 de la loi du 9 avril 1881. — En conséquence, un intérêt de trois francs pour cent par an est servi aux déposants. — Cet intérêt part du 1er ou du 16 de chaque mois après le jour du versement. — Il cesse de courir à partir du 1er ou du 16 qui précède le jour du remboursement. — Au 31 décembre de chaque année, l'intérêt acquis s'ajoute au capital et devient lui-même productif d'intérêts. Les fractions de francs ne produisent pas d'intérêts.

Art. 17. — Le présent décret sera mis à exécution le 1er juillet 1885. — Les règlements et instructions nécessaires pour son application seront concertés entre les ministres de la marine, des postes et des télégraphes, et des finances.

27 avril 1885. — *Décret autorisant sans condition de minimum les versements effectués au profit des marins en vertu du décret du 18 mars 1885.*

29 octobre 1885. — *Décret relatif à la création de succursales de la Caisse nationale d'épargne à l'étranger.*

Art. 1er. Des succursales de la Caisse nationale d'épargne pourront être ouvertes, par arrêté du ministre des postes et des télégraphes, sur l'avis conforme du ministre des affaires étrangères et du ministre des finances, dans les villes, à l'étranger, où fonctionne un bureau de poste français.

Art. 2. Chaque succursale sera gérée par le receveur des postes, sous la surveillance du consul ou vice-consul de France et dans les conditions déterminées par le présent décret. — Les opérations des succursales seront centralisées par l'agent comptable de la Caisse nationale d'épargne.

Art. 3. Les versements et les retraits de fonds, opérés dans les succursales, seront constatés sur les livrets prescrits par l'article 6 de la loi du 29 avril 1881. — Ces livrets formeront des séries spéciales à chaque succursale et dénommées *séries étrangères*. — Les comptes courants de ces séries seront récapitulés par l'agent comptable sur des comptes divisionnaires spéciaux.

Art. 4. Tout titulaire d'un livret de la Caisse nationale d'épargne, en France, pourra faire transférer son compte à une succursale étrangère, à la condition d'échanger le livret qu'il possède contre un livret de la série correspondante. Cet échange aura lieu sans frais. — Tout titulaire d'un livret d'une série étrangère pourra redevenir titulaire, sur sa demande, et sans frais, d'un livret d'une série départementale en France.

Art. 5. Le receveur des postes fera établir les demandes de livrets par les déposants et leur délivrera les livrets. — Il recevra tous versements afférents aux livrets de la série, qui lui seront faits dans les conditions fixées par les articles 6, 8 et 13 de la loi du 9 avril 1881, et il constatera ces versements par l'indication de la somme reçue en chiffres et en toutes lettres et par l'apposition de sa signature. — Il pourra faire aux titulaires desdits livrets des remboursements partiels, c'est-à-dire inférieurs d'un franc au moins au crédit du livret en capital. — Ces remboursements, justifiés par la quittance de la partie, seront inscrits sur le livret en chiffres et en toutes lettres avec la signature du receveur. — Le receveur n'effectuera les remboursements intégraux que sur l'autorisation préalable du directeur de la Caisse nationale d'épargne. — Les remboursements seront effectués soit au siège de la succursale, soit sur le visa du receveur des postes dans l'un des bureaux de distribution relevant de son propre bureau.

Art. 6. Les demandes de remboursement, sur livrets de séries étrangères, seront toujours accompagnées du livret auquel elles se rapportent. — Les receveurs pourront exiger du déposant, au moment du remboursement, toutes pièces justificatives d'identité qu'ils jugeront nécessaires.

Art. 7. Le receveur des postes transmettra à la direction centrale, après en avoir pris note, les demandes de remboursement intégral, les demandes d'achat de rentes et toutes autres demandes auxquelles il n'aurait pas la faculté de donner suite.

Art. 8. Le receveur des postes tiendra des comptes courants, en ce qui concerne les capitaux seulement, pour chacun des livrets appartenant à la série de sa succursale. — Il inscrira d'office sur les comptes courants les opérations concernant les livrets de la série étrangère que lui notifiera la direction centrale, et notamment les intérêts capitalisés au 31 décembre de chaque année. — Les opérations prévues au paragraphe précédent devront être transcrites sur les livrets à la diligence du receveur. — Les déposants seront invités à présenter leur livret une fois l'an, pour vérification de leur compte et inscription des intérêts échus au 31 décembre.

Art. 9. A des époques périodiques, la direction centrale de la Caisse nationale d'épargne enverra au consul ou vice-consul de France, dans la circonscription duquel se trouvera une succursale, des relevés individuels de compte pour chacun des titulaires de livret de la série étrangère correspondante. — Ces relevés de compte seront remis aux destinataires, sur leur demande, par les soins du consulat. — Toute réclamation concernant la Caisse nationale d'épargne sera reçue par le consul ou vice-consul, qui la transmettra, s'il y a lieu, au ministère des postes et des télégraphes, à Paris. — Le consul ou vice-consul se fera représenter les livrets des déposants toutes les fois qu'il le jugera utile. — Dans le cas où des irrégularités seraient reconnues dans le service de la Caisse nationale d'épargne, le consul ou vice-consul pourra prendre des mesures conservatoires.

Art. 10. Des arrêtés du ministre des postes et des télégraphes détermineront les allocations qui seront accordées aux receveurs des postes sur les ressources de la Caisse nationale d'épargne, ainsi que le mode de règlement de ces allocations.

Art. 11. Les règlements et instructions nécessaires pour l'application du présent décret seront concertés entres les ministres des postes et des télégraphes, des affaires étrangères et des finances.

TABLE ALPHABÉTIQUE.

INDEX BIBLIOGRAPHIQUE.

Journal des caisses d'épargne.

Paris. — Soc. d'imp. PAUL DUPONT, 41, rue J.-J.-Rousseau (Cl.) 32.4.86.

www.ingramcontent.com/pod-product-compliance
Lightning Source LLC
LaVergne TN
LVHW021150050726
842519LV00002B/570